上海市哲学社会科学规划青年课题（2017ESH001）
中国博士后科学基金面上资助（2017M621334）
国家自然科学基金重大项目（71490735）

Research on the Spatio-temporal Coupling of
Population Structure & Economic Development and Its Formation Mechanism
−Take Jiangsu Province as the example

人口结构与经济发展时空耦合及其形成机制研究

——以江苏省为例

吴连霞◎著

经济管理出版社
ECONOMY & MANAGEMENT PUBLISHING HOUSE

图书在版编目（CIP）数据

人口结构与经济发展时空耦合及其形成机制研究——以江苏省为例/吴连霞著.—北京：经济管理出版社，2019.2

ISBN 978-7-5096-6343-1

Ⅰ.①人… Ⅱ.①吴… Ⅲ.①人口构成—关系—区域经济发展—研究—江苏 Ⅳ.①C924.245.3 ②F127.53

中国版本图书馆 CIP 数据核字（2019）第 016714 号

组稿编辑：郭丽娟
责任编辑：詹 静 郭丽娟
责任印制：黄章平
责任校对：张晓燕

出版发行：经济管理出版社
（北京市海淀区北蜂窝 8 号中雅大厦 A 座 11 层 100038）
网 址：www.E-mp.com.cn
电 话：（010）51915602
印 刷：北京玺诚印务有限公司
经 销：新华书店
开 本：720mm×1000mm/16
印 张：13.75
字 数：210 千字
版 次：2019 年 4 月第 1 版 2019 年 4 月第 1 次印刷
书 号：ISBN 978-7-5096-6343-1
定 价：65.00 元

前　言

在经济全球化、快速城镇化、经济社会转型及人口结构转变成为全球及中国挑战的背景下，人口结构与经济的耦合发展问题已成为可持续发展最重要和亟须解决的问题。

本书主要利用全国第四次、第五次、第六次人口普查数据，以江苏省县域为基本研究单元，运用“理论分析—演化分析—格局分析—机制分析”的逻辑体系，综合利用总体差异测度指数、灰色关联法（GRA）、马尔可夫链模型、ESDA相关分析法、冷热点分析法、标准差椭圆模型、重心模型、古典经济模型、空间滞后模型、空间误差模型、地理加权回归模型、空间重叠性和变动一致性等多种方法，着重对社会热点问题诸如人口老龄化、“人口红利”、人口城乡结构等时间演变特征及空间布局的研究，从系统学视角，深入探讨江苏省人口结构与经济耦合发展的空间格局、演化规律及其影响机制。

本书具体内容如下：本书共分为七章。其中，第二章到第六章是本书的核心部分，第一章与第七章分别为基础理论与总结探讨部分。第二章是江苏省人口结构的时间演变；第三章是江苏省人口结构的空间演变；第四章是江苏省人口结构与经济发展的耦合关联分析；第五章是江苏省人口结构与经济发展耦合空间格局分析；第六章是江苏省人口结构与经济耦合的发展机制分析。

本书主要创新点有：将耦合发展与经济发展阶段相结合，探究人口结构与经济发展的耦合关联作用及其互动机制。综合运用Markov模型与冷热点分析法，分析人口城乡结构时空转移与空间集散特征。采用SEM模型对多指标进行降级，结合GWR模型，分别从静态与动态视角，探讨人口结构与经济耦合发展的驱动力机制。

本书主要面向从事人口与区域经济发展的实际工作者，在语言上力求通俗易懂，在内容上力求全面系统，在方法上力求操作性强。本书章节中提到的一些观点和方法系本人的研究成果，供读者参考。

由于编写时间仓促，本书难免存在一些不足与疏误，请读者予以指正。

目录

第一章　国内外研究综述与理论基础 …… 1

一、相关概念界定 …… 1

（一）人口结构 …… 1

（二）耦合、耦合度 …… 3

（三）“人口红利” …… 4

（四）人口老龄化 …… 5

二、国内外相关研究进展 …… 5

（一）人口结构特征及演变研究 …… 5

（二）人口结构与经济发展的关系研究 …… 7

（三）人口结构与经济发展的相互影响研究 …… 9

（四）研究述评 …… 15

三、理论基础 …… 18

（一）人口再生产理论 …… 18

（二）人力资本理论 …… 19

（三）“边际人”理论与社会认同理论 …… 20

（四）区域经济发展理论 …… 20

第二章　江苏省人口结构的时间演变 …… 23

一、江苏省人口发展概况 …… 23

（一）人口数量平稳上升 …… 23

（二）人口空间分布呈南高北低格局 …… 24
（三）人口再生产类型转向现代型 …… 26
二、人口年龄结构时间演变 …… 28
（一）分年龄组人口结构演变 …… 28
（二）人口抚养比演变 …… 30
（三）人口年龄结构类型演变 …… 34
三、人口文化结构时间演变 …… 37
（一）受教育程度人口数及其比重变化 …… 38
（二）平均受教育年限及文化程度综合均值变化 …… 40
四、人口产业结构时间演变 …… 42
（一）人口产业结构构成比变化 …… 43
（二）产业结构与就业结构偏离度变化 …… 46
五、人口城乡结构演变 …… 48
（一）人口城乡结构演变进程 …… 48
（二）人口城乡结构差异变化 …… 50
六、本章小结 …… 52

第三章　江苏省人口结构的空间演变 …… 56
一、人口年龄结构空间演变 …… 56
（一）少儿组人口结构空间格局变化 …… 56
（二）“人口红利”空间格局变化 …… 58
（三）人口老龄化空间格局变化 …… 61
（四）人口年龄结构类型空间格局变化 …… 65
二、人口文化结构空间演变 …… 66
（一）人口文化程度空间变化 …… 66
（二）平均受教育年限空间变化 …… 70
（三）人口文化结构空间自相关分析 …… 71
三、人口产业结构空间演变 …… 77

（一）三次产业从业人员比重空间变化 …… 77
（二）产业结构与就业结构的偏离度空间变化 …… 79
四、人口城乡结构空间演变 …… 81
（一）人口城乡结构时空转移 Markov 模型 …… 81
（二）全局空间自相关分析 …… 85
（三）空间集聚特征 …… 87
五、本章小结 …… 90

第四章 江苏省人口结构与经济发展的耦合关联分析 …… 96
一、研究方法 …… 96
（一）耦合度模型 …… 96
（二）指标体系 …… 99
（三）耦合类型及其划分 …… 102
二、江苏省人口结构与经济发展耦合度及耦合类型分析 …… 103
（一）耦合度演变 …… 103
（二）耦合类型演变 …… 105
三、江苏省人口结构与经济发展耦合关联分析 …… 108
（一）人口结构各要素对经济发展的耦合关联 …… 112
（二）经济发展对人口结构的耦合关联 …… 119
四、本章小结 …… 127

第五章 江苏省人口结构与经济发展耦合空间格局分析 …… 129
一、耦合度与耦合类型空间演变 …… 129
（一）耦合度空间演变 …… 129
（二）耦合类型空间演变 …… 133
二、耦合度空间差异先增大后减小 …… 137
三、耦合度空间集散特征演变 …… 139
（一）耦合度空间集聚趋势不断增强 …… 139

(二) 耦合度冷热点地区均增加 …… 140
四、耦合度重心移动轨迹演变 …… 143
(一) 研究方法与计算结果 …… 143
(二) 标准差椭圆分析 …… 145
(三) 重心演化轨迹分析 …… 146
五、本章小结 …… 148

第六章　江苏省人口结构与经济耦合的发展机制分析 …… 151
一、基于空间回归模型的影响因素静态分析 …… 151
(一) 空间回归模型及变量选取 …… 151
(二) 结果分析 …… 156
二、基于地理加权回归模型的主要机制动态分析 …… 159
(一) 地理加权回归模型及指标选择 …… 159
(二) GWR 结果分析 …… 161
三、重心空间耦合态势演变的影响机制 …… 172
(一) 各指标重心计算 …… 172
(二) 重心重叠性与一致性分析 …… 174
(三) 重心空间耦合过程机理 …… 177
四、本章小结 …… 183

第七章　结论与讨论 …… 186
一、主要结论 …… 186
二、政策建议 …… 187

参考文献 …… 193

后　记 …… 209

第一章　国内外研究综述与理论基础

一、相关概念界定

（一）人口结构

人口结构是指人口系统静止状态下各要素的构成，即一定地区、一定时点的人口系统内部各要素构成及其比重或比例关系（毛况生等，1989）。人口结构是人口规律的表现形式之一，要认识人口规律，就得研究人口的结构。

根据人口构成要素的特点和不同分类方式，可划分为许多人口结构，分清各种结构的性质，理顺各种结构的关系，建立科学的人口结构体系，对于正确地认识和利用人口结构规律至关重要。刘长茂等（1991）认为人口结构按性质可分为自然、社会、质量、经济、地域结构五大类型，李建新（2009）将人口结构分为人口自然结构、人口社会结构、人口经济结构三大类型。综上所述，人口质量结构依据某种素质划分为身体素质结构与文化结构，但两者均随着生产力与科技水平等的发展而变化。因此，本书认为人口质量结构亦可以依据人的社会标识而划分，从属于人口社会结构，人口结构可以分为人口自然、社会、经济、地域结构四大类型（图 1-1）（刘长茂等，1991）。

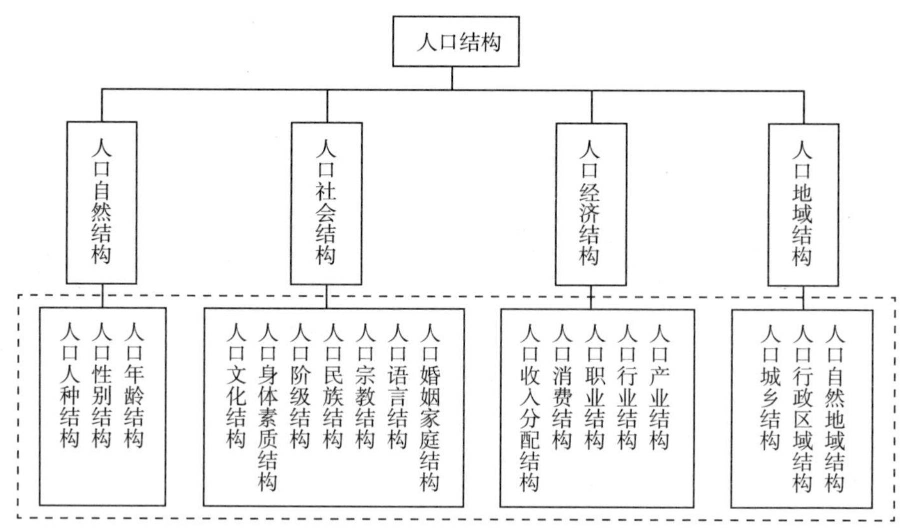

图 1-1　人口结构类型示意图

资料来源：刘长茂，张元纯．人口结构学［M］．北京：中国人口出版社，1991.

本书从人口自然、社会、经济、地域四大类型结构中各挑选一个对地区经济社会发展影响较大的人口结构，依次分别是人口年龄、文化、产业及城乡结构作为人口结构的代表进行重点研究，并将其作为人口结构子系统，研究人口结构与经济发展的耦合关联等特征及其形成机制。相关概念如下：人口年龄结构，是指一个国家或一个地区在某一时点上人口年龄的分布状况（曹明国，1989）。人口文化结构，是指总人口中具有不同文化程度人口之间的比例关系。人口产业结构，是指人口（仅指经济活动人口）分布于国民经济不同产业或行业各部门从事各种经济活动所构成的比例关系。人口城乡结构，是指总人口中城乡人口之间的比例关系（刘长茂等，1991）。选择上述四类人口结构作为人口结构的典型代表，主要原因有：

（1）人口结构类型多样，鉴于本书篇幅有限，为避免面面俱到无法突出重点，因而选择具有时代性、典型性的人口结构，进行深入分析。

（2）近些年来，人口性别比失衡、人口老龄化、"人口红利"等社会热点问题，引起了社会广大人士的重视，其中，人口性别结构与人口年龄结构均属于人口自然结构，选择人口年龄结构而非人口性别结构，主要是由于国家先后

推行了“单独二孩”“全面二孩”等政策，预计人口性别比失衡问题将会有所好转，但人口老龄化、“人口红利”等依然是中国一段时间内的热点问题，故选择人口年龄结构作为代表来研究全省人口老龄化时空演变特征及“人口红利”分布状况是非常有必要的。

(3) 在人口社会结构中，江苏省人口文化结构与经济发展的关系最为密切，人口文化结构对江苏省经济发展的影响最为深远，全省人力资本差异较大，从而导致区域经济社会发展具有不平衡性，因此，本书选择人口文化结构作为人口社会结构的代表进行分析。

(4) 经济产业结构变化将导致人口产业结构的变化，经济产业结构是否合理直接影响到人口的就业选择。而人口产业结构是否能满足产业结构调整的需求，能否随产业结构的变化而变化，在一定程度上也会对产业发展水平产生影响。可见，人口产业结构与经济产业结构密切相关、相互影响，两者关系直接影响到人口结构与经济的耦合发展状况，因此，本书在人口经济结构中选择人口产业结构作为代表进行研究。

(5) 新型城镇化是中国现代化建设的大战略和历史性任务，是推动中国经济持续健康发展的“火车头”，是中国全面建成小康社会和从经济大国向经济强国迈进的“王牌”引擎，伴随全国范围内新型城镇化的加速推进，对人口城乡结构进行深入研究的意义日益重大，尤其是城乡发展过程中的不平衡性问题。因此，本书选择人口城乡结构作为人口地域结构的代表进行分析。

(二) 耦合、耦合度

耦合 (Coupling) 是一个源于物理学的概念，指两个或两个以上系统或运动方式之间通过各种相互作用而彼此影响以至联合起来的现象，在各子系统间的良性互动下，子系统间存在相互依赖、相互协调、相互促进的动态关联关系。本书把这一物理学概念应用于人文地理学中，将人口结构与经济作为区域社会经济发展过程中的两个系统有机联系起来进行研究。

耦合度 (Coupling Degree) 是对两个及以上模块 (系统) 间关联程度的度量，反映了两个或多个系统之间的密切关系程度，即互相依赖的程度。协调度

（Coordination Degree）与耦合度不同。协调度是系统或系统内部各要素之间在发展过程中相互和谐一致程度的度量，体现了系统由无序走向有序的趋势，是协调状态好坏程度的定量指标。人口与经济是否协调发展已引起学者们的关注。纵观已有研究可发现，不少学者采用协调度来分析协调发展的情况，协调度（在 0~1 之间）达到某一值就协调，达不到就不协调，在此基础上或进一步分类或提出协调发展的建议措施（于潇，2011；曹文莉，2012；Yang Q，2010）。但耦合度不同，耦合度只说明两者间关系的密切程度，而两者之间是因相互协调而密切，还是由于矛盾非常大而密切，尚需进一步研究。例如研究人口与经济发展的耦合度时，耦合度越高，只能说明两者的关联作用越强，其包括两种情况：① 两者越趋于同步发展——趋向协调；② 两者矛盾冲突非常激烈——趋向非常不协调，需要大幅度改变现状（扭转其中一个发展总方向或两者都需要改变使两者向共同的方向发展）才有可能协调。同理，耦合度越低，只能说明两者关联作用越弱，也包括两种可能：①两者平行同向发展，但相关性较小；② 两者异向发展——不协调，需要改变其中一个的发展方向才可以使两者协调。因此，耦合发展研究有利于更深入地研究问题、挖掘问题的本质（吴连霞，2015）。

（三）“人口红利”

“人口红利”（Demographic Dividend）最早是由国外学者在研究东亚 1960~1990 年经济奇迹时提出的。“人口红利”，又叫“人口机会窗口”（Demographic Gift），是指在人口结构转变过程中形成少儿负担与老年负担较低、劳动年龄人口比重较大的“中间大，两头小”的人口结构，通常具体表现为人口总抚养比相对较低（低于 50%），这种抚养负担较轻、劳动力资源丰富的年龄结构形成了一段长期利于经济发展的“黄金时期”（David E. Bloom 等，2002；于学军，2003；蔡昉，2004；陈友华，2005；桂世勋，2014）。一般情况下，人口总抚养系数越小，就表明“人口红利”就越高；反之，“人口红利”就很低，甚至消失。“红利”往往与“债务”相对应（陈友华，2005），为此，在研究“人口红利”的同时，也必须注重“人口负债”存在的可能性，从长远

来看，“人口负债”势必将加剧人口老龄化，进而影响未来经济的持续发展。

“人口红利”的生产潜力主要因生育率降低而引起劳动年龄人口比重增大；妇女将更多精力投入经济生产中。“人口红利”分成“第一人口红利”期和“第二人口红利”期两个阶段。“第一人口红利”是指单纯因出生率下降所导致的劳动力人口比重提高而使人口总负担减轻，促进经济的增长。“第二人口红利”是指人口结构转变的特定阶段，因劳动年龄人口比重不断提高，理性行为将引起储蓄与资本增加，促使整个经济的资本深化，促进人均劳动力产出，推动经济较快发展。即为了应对老龄化而增加财产和资本积累，通过教育等一系列措施而提高单位劳动者产出（Mason，2004；Feng，2005）。

（四）人口老龄化

人口老龄化是指总人口中因年轻人口数减少、老年人口数增加而导致的老年人口比重增长、人口结构呈老年状态，进入老龄化社会的动态趋势。国际上通常认为，人口老龄化是指一定时期内某区域65岁（或60岁及以上）老年人口在总人口中的比重超过7%（或10%），则表示该地区进入老龄化社会（衣保中，2008）。

国际上对于老年人口的年龄划分标准不完全一致。本书分析时选择65岁及以上的人口作为老年人口，而老龄化系数为65岁及以上人口占总人口的比重，当然在引用相关部门与学者预测数据时均对老年人口的年龄有说明，也有以60岁及以上人口作为老年人口的情况。

二、国内外相关研究进展

（一）人口结构特征及演变研究

1798年马尔萨斯发表《人口论》引起对于人口问题的广泛关注，最初人口学研究的核心是人口规模的变化，而人口结构最早由国外学者豪瑟与邓肯于20世纪50年代提出，他们认为人口学的实质内容是人口结构，自此国外人口学开始转向人口结构研究并取得显著成就。中国学者马寅初于20世纪50年代在《新人口论》中第一次提出人口控制的理论，拉开了中国学者对人口结构研究的帷幕，进入21世纪以来，基本已形成较完善的研究理论体系。

在研究内容上，主要有两条主线：一条是从人口学视角，研究人口的自然结构（如人口年龄结构等）；另一条则是结合社会学、经济学等学科视角，研究人口结构与经济社会发展的关系及前者对后者的影响。国内外人口结构的研究内容，主要分为两种类型：一种是分散型研究，偏重于研究人口结构的某一个方面或某一种类型；另一种是综合型研究，涉及的内容丰富而全面，包括基于人口的自然结构（如年龄结构、性别结构）、社会结构（如婚姻家庭结构等）、经济结构（如人口产业结构、职业结构等）、地域结构（如城乡结构）等。近些年来伴随中国部分地区人口老龄化与城镇化等现象而有更多研究趋向于关注人口老龄化、人口城镇化及其产生的相关热点问题。鉴于本书主要是从总体上系统地研究人口结构而非从某一方面研究人口结构的某一特征，故暂且先不对分散型研究进行梳理，而主要对国内外综合型研究进行整体上的梳理与把握，当然，该过程中可能会涉及分散型研究。

在研究方法上，国外学者运用计量模型来分析人口结构。例如，Jager（2000）运用population-size-dependent模型来研究人口结构，Andrew（2006）通过建立动态人口发展模型对伦敦人口结构进行分析，Lee等（2007）创立了一种全新的人口结构模型等。而国内对于人口结构的特征与演变等研究的方法比较简单，人口学、社会学领域偏向定性分析，兼通过少量图表数据比例进行横向与纵向对比分析来描述现象或问题，提出对策；而地理学及经济学等领域则偏向运用数量模型与相关软件进行定量分析，着重针对空间差异演化特征进行分析，例如张旭等（2012）通过利用探索性空间数据分析及运用GIS软件、空间自相关等方法进行人口生育率时空演变及空间差异的研究，袁俊等（2007）运用人口老龄化地区差异的测度方法对人口老龄化空间差异进行定量分析。

在研究区域上，全国层面有研究中国、俄罗斯以及日本、韩国、印度人口结构变动趋势（杨江权，2013；颜俊，2009；杨舸，2013），其中不乏有与中国的比较以及对中国的启示，区域层面主要是对中国长江三角洲、珠江三角洲与京津唐三大区域的人口结构演化特征进行比较分析（盛光耀，2006），省域及市域层面则针对北京市、内蒙古自治区、南京市等人口结构现状与变动进行分析（敬嘉，1996；贾晓峰，2002；李晓壮，2014），其中省域研究较多，市域研究较少，而县域甚至更小尺度范围的研究就更少了。伴随城镇化的发展，人口结构的研究从农村向城市转移，在伴随城镇化二次转型及城镇化进程中对城镇及农村带来各种影响而进入农村、城镇的人口结构以及城乡一体化建设备受关注的研究阶段。

（二）人口结构与经济发展的关系研究

人口结构与经济发展密切相关，不同的人口结构，其消费需求偏好、投资储蓄、劳动力供给与产业结构等有所不同。在过去的经济增长实证研究中人口结构变化一直被忽视，如 Sala-i-Martin 于 1997 年（李杏等，2012）提出 200 万个回归使用的 60 个变量，仅包括人口增长率与劳动人口比重两个人口统计变量。伴随着人口老龄化趋势的影响，人口结构与经济增长关系的研究成为国内外学术界关注的热点。王霞（2011）、车士义（2011）等均利用相关数据分析了两者之间的关系，指出人口结构及家庭收入对经济增长具有显著的影响。此外，钟水映（2010）、王颖（2010）、陈波（2011）等从“人口红利”视角对中国人口现状与经济增长的关系进行了研究，认为存在人口结构对经济增长具有促进作用的“人口红利”，同时指出“人口红利”呈现出即将消失的趋势，这些研究主要讨论如何把握住中国“人口红利”的最后优势，以促进中国经济持续稳定的发展。

1. 两者关系研究

张泽厚等（1981）定性分析了人口再生产与物质资料再生产的关系，在此基础上重点探讨了人口的年龄结构、职业结构、城乡结构等对国民经济发展的影响。珊丹（2002）对深圳市改革开放 20 年来人口结构变化及其与经济发展的相互关系进行了定性的研究。朱孟楠等（2013）通过定性分析指出了人口结构的变化会引起劳动力供给的增加与高储蓄、高投资、高增长的“人口红利”，当婴儿潮出生的人口相继到退休年龄时，“人口红利”窗口逐渐关闭且相应的人口负债将到来。

李杏等（2012）通过固定效应模型和 SYS-GMM 计量方法分别测算人口结构对储蓄、投资与经济增长的效应，并考虑到老年抚养比在经济增长方程的内生性，将滞后 30 年的就业人口比率作为工具变量来识别老年抚养比对经济增长的因果效应。雷社平等（2012）通过协整检验和 VEC 模型分析了陕西省人口结构与经济增长的关系，指出劳动力人口比重与经济增长呈正相关，文盲及半文盲人口比重与经济增长呈负相关。汪伟（2009）从生命周期理论出发，利用不同的识别方式与各种计量方法对经济增长、人口年龄结构及其交互作用对中国储蓄率的影响进行了实证分析。赵文哲（2013）在内生人口转变框架下，利用跨国面板数据向量自回归模型对 1960~2011 年的人口结构、储蓄与经济增长的影响关系进行了研究，指出中国需重视人力资本对经济增长的促进作用。刘家树（2007）运用格兰杰（Granger）因果检验与线性—对数模型分析了中国人口结构与经济间的关系。

2. 耦合发展研究

毕其格等（2007）、何海林（2013）、吴连霞（2015、2016）等利用灰色关联法，建立人口结构（或人口）与区域经济（或经济结构）的关联度模型与耦合模型，并将所研究区域划分为低水平、拮抗、磨合与协调耦合四种类型，进行关联分析与耦合发展的空间差异探讨。任永泰等（2015）将灰色关联法与层次分析法相结合定量研究黑龙江省人口结构与区域经济社会发展的耦合性。陈艳华等（2008）采用比较分析法对闽台主要城市的人口迁移模式及其与经济发展阶段的耦合关系进行研究。逯进等（2014）通过层次分析法揭示了中国省域人口迁移与经济增长耦合规律，并指出高素质人力资本迁移带动经济增长的趋势明显。此外，还有学者（涂建军等，2013）通过层次分析法（AHP）确定权重，利用耦合协调模型对人口与经济的耦合协调关系进行研究；也有学者在建立协调发展评价体系的基础上，通过因子分析法（付云鹏

等，2015）或主成分分析法（曹瑞瑞等，2015）、熵值法（王宏卫等，2015）确定权重并计算出耦合度与耦合协调度，对人口、经济与资源环境（社会等）的耦合特征进行分析（党建华等，2015；蒋晓娟，2015；杜忠潮，2015）；还有学者（许月卿，2005；沈续雷，2009；徐艳艳，2009；秦振霞，2009；等等）对人口与经济重心的耦合态势进行研究，其中樊杰等（2010）揭示了1952~2005年中国经济与人口空间分布的耦合态势，认为它与区域差异高度相关，而李细归等（2015）运用人口经济耦合指数、空间自相关、区域重心法研究了武汉城市圈人口分布与经济的空间耦合关系。

（三）人口结构与经济发展的相互影响研究

1. 人口结构对经济发展的影响研究

由于人口结构转变与经济发展关系的研究自20世纪90年代才开始，且局限于发达国家，对于发展中国家人口结构的问题研究自21世纪才开始，故目前国内外关于人口结构研究的重点在于其演变特征与经济社会影响效应及对策方面，从整个人口结构的视角出发，其影响因素与动力机制的研究较少，目前仅有几篇论文，除毕其格等（2007）运用灰色关联法构建人口结构与区域经济耦合模型来揭示内蒙古人口结构与经济耦合的主要因素，并指出经济总量、经济水平、产业结构与贸易水平等均对人口结构产生重要影响且其中经济总量影响最大外，大多是从单一视角分析某一要素对人口结构（不同类型人口结构分散型研究）的影响，从人口的文化结构、就业结构、城乡结构与年龄结构等单一结构对经济发展的影响进行研究（王维国，2004；许月卿，2005；王维国，2006；李秀霞，2007）并取得了一定的进展，但多以定性分析为主。杨竞（2014）仅分析“单独二孩”政策对陕西省人口结构的影响，陈友华等（2007）通过比较分析人口现代化对中、德人口结构（实际上是针对性别年龄结构）的影响得出了人口现代化对人口结构具有正负两方面的影响。而针对某个类型的人口结构机制方面的分散型研究比较多。

国外学者对于人口问题及其社会影响的研究最初始于人口数量，中国人口的发展经历了两个阶段，一是20世纪主要围绕人口数量这一中国人口核心问题，二是21世纪核心问题转向人口结构（毕其格，2006）。迄今为止，其对于人口结构的经济社会影响广泛，包括在宏观尺度上的经济社会影响研究，以及在微观尺度上的储蓄、资本积累、金融资产、国际收支、汇率、投资居民消费与收入、住房、城市化水平、城市创新能力、养老等，这里主要涉及前者，从宏观尺度上研究人口结构对经济社会的影响。纵观国内外研究，主要有两种方式：一种是综合型研究，即从整体上分析整个人口结构的经济社会影响效应；另一种是分散型研究，即某种类型人口结构的社会经济影响研究，诸如人口年龄结构（科尔与胡佛提出）、人口文化结构（舒尔茨、丹尼森及贝克尔等提出的人力资本理论）、人口产业结构、人口城乡结构、人口迁移结构（刘易斯提出的二元经济结构中指出）等对经济社会发展的影响。这里选择国内外综合型研究进行整体上的梳理与把握。

分析人口结构与经济增长之间的交互作用有两类传统方法：一类是采用定性或定量的方法，建立理论模型与数学模型宏观分析人口结构变动对经济增长的作用机制，其中最常用的是简单相关分析法、生产函数分析法和增长回归分析法三种方法（Kelley等，1995）；另一类则认为人口结构的作用机制不可知，是通过分析人口结构变量与人均收入之间的关系，并通过人口预测推算经济增长率（Bloom等，1998），Croix等（2009），通过上述两种方法得到一致结论，即人口结构变化与经济发展存在高度稳定且有规律的关系。

人口结构与经济增长的研究范式目前虽然还没有针对性的研究，但是可以追溯并参考人口与经济关系的研究范式。在诸多研究中可以提炼并发现，人口通过影响劳动力、资本及技术从而对经济产生影响。人口因素对经济发展影响的研究有很多模型，包括单部门模型、多部门模型以及增长—趋同模型（都阳，2004），不同分析模型提出的理论假设不同，着眼点也不同，例如，单部门模型仅考虑人口因素作为生产要素对经济发展的影响，多部门模型则从人口因素不同方面对经济发展的影响做系统分析。Balnchet（1991）提出人口经济研究的范式，认为传统的人口经济模型假设人口和技术进步均是外生的，则忽略了限制经济发展的真正原因，而修正模型假设技术进步是内生的，人口增长利于经济发展，虽能揭示发达国家的现实，但这与发展中国家的情况不符。蔡昉（2003）提出人口转变模型，假设技术是外生的，人口增长则是内生的，人口转变是由经济增长和技术进步导致的，这很好地解释了发达国家与发展中国家不同的人口与经济关系问题。

人口结构对经济的总体影响路径主要有以下两种：一种是从整体上总的人口结构出发，探讨其对经济发展的效应；另一种是仅从某一种人口结构出发分析其对经济的影响。其中，第一种具有代表性的研究有王学萌等（2004）运用灰色关联法建立人口结构灰色预测模型，对人口结构与经济关系进行相关性分析。毕其格等（2007）通过建立人口结构与经济发展的耦合度模型与关联度模型，揭示人口结构与经济发展的耦合关联。苏飞等（2009）构建了人口结构与经济协调度的评价指标体系与模型，揭示辽宁省人口结构和经济协调发展符合倒“U”形曲线。第二种路径具体而言，主要是通过人口性别结构（性别比）、人口年龄结构（劳动年龄人口、“人口红利”、老龄化、抚养比等）、人口产业结构、人口城乡结构（农业人口比重）、人口文化结构（人口质量、人力资本）、人口迁移结构等来对经济发展产生影响。张继红（2006）通过多元逐步回归方法建立人口—经济模型，指出了性别比、农业人口比及总抚养比三个人口结构指标与人均 GDP 成显著负相关。刘家树（2007）和郑娜（2008）等研究指出了人口结构对经济增长具有重要的影响，但性别比失调及人口老龄化加剧则带来负面效应。人口性别结构主要通过影响区域社会的稳定及产业布局来影响经济社会发展（吴殿廷，2003）。

通过人口年龄结构变化与经济发展的文献研究可以看出，劳动年龄人口增长、“人口红利”、总抚养比快速降低等因素能够促进经济的迅速增长。人口年龄结构转变导致的劳动人口比重增加将会产生第一个“人口红利”，而在年龄结构转变时对个人教育等进行调整将会产生第二个“人口红利”。人口结构不断老化促使人口老龄化问题日益加剧，且主要产生负面的经济效应。人口老龄化一方面促使劳动人口数量减少，另一方面导致了高龄劳动力比例及劳动力丧失的人口比重增长，并通过影响要素生产率（技术创新与人口流动）进而影响生产力。同时，人口结构老化对产业结构及其就业结构均产生负面影响，并将限制经济的发展，长期的“双重老龄化”（生育率下降及预期寿命延长）

也不利于经济的增长（Malmberg，1994；Fougere，1999；Lindh，1999；Hondroyiannis，2001；Andersson，2001；Bloom，2009、2010；Prettner，2013；Peng，2008；刘雪飞，2009；彭秀健，2006；Poot，2008）。Lu（2009）运用生产函数模型检验中国人口结构演变的经济效应，指出总抚养比对人均收入有显著的消极影响，跨区域流动力的沿海地区，人口结构老龄化的经济负效应较小。Wei（2010）指出在市场开放的省份，年龄结构的影响更显著，生育率下降促进了经济增长，同时，经济发展通过出生率、预期寿命及结婚年龄等对人口结构具有相反作用。劳动年龄人口数与人均 GDP 呈正相关，与老年人口比呈负相关（国际货币基金组织，2004），劳动年龄人口影响生产力水平，劳动年龄人口增加，总人口抚养比降低，有利于经济发展，劳动年龄人口的就业水平成为人口与经济及社会可持续发展的核心问题，受社会经济发展的需求影响（于学军，2003；蔡昉，2004）。

王化波（2004）认为人口结构通过人口产业结构的变化来影响产业结构升级进而影响经济发展，人口产业结构的转变为经济结构和产业结构的调整打下扎实的资源基础（王红蕾等，2010）。城镇化率与人口第三产业结构比重具有正相关关系，人口第三产业从业人员比重提高有利于产业结构的升级，促使第三产业产值的提高，促进经济的发展（Yoshima Araki，1997；Messina，2004；Chang，2006）。人口结构中迁移人口对产业结构升级调整具有重大影响从而对经济产生影响，因此部分学者从外来人口角度研究人口结构与产业结构关系，探讨其关联模式可以发现，人口迁移伴随人口迁入与迁出，从而改变迁入地与迁出地人口产业结构，进而对产业结构发展产生深远影响，例如迁入人口大部分从事第二产业，促使第二产业劳动生产率不断提高，而第三产业劳动率则下降（米红，2006），又如迁移人口促进了农村与城市产业结构的调整（赵晶晶，2011）。

任远（2004）指出人口城乡结构对经济社会发展具有重要影响。人口城乡结构演变对于社会经济的发展意义重大，城镇化的发展能促进城乡经济发展，解决城乡二元经济结构矛盾，有效拉动社会消费需求，增加农民收入，从根本上解决“三农”问题，因此引起了广大学者的广泛关注。目前人口城乡

结构的经济影响效应研究众多，其主要着眼于城镇化对于经济发展（靖学青，2014）、产业与就业结构（李丽莎，2011）、房地产价格（常亮，2012）、城乡收入差距（欧阳金琼，2015）、农业与农村建设及空心化问题（刘彦随，2009）、居民消费（朱勤，2014）、人口老龄化（朱勤，2014）、碳排放与生态环境（刘焱序，2013）等方面。其中，人口城镇化率提高对 GDP 增长的促进作用异常明显，且城镇化水平对经济增长的影响作用在大城市比中小城市更大（张景华，2007；阳立高等，2009）。人口城镇化的发展程度对于产业结构升级转换有很大影响。首先，伴随城镇化进程的推进，居民消费结构转变进而促进第一产业转型，其次，越来越多的劳动力从第一产业向第三产业转移，即人口产业结构不断趋于合理化，不断促进第三产业的扩张与发展，尤其是服务业的发展，城镇化水平的提高有效降低了产业结构的偏离度，进而有利于经济社会的发展（Singlnann，1978；Daniels，1991；苏雪串，2002；曾芬钰，2002；江小娟，2004；王庆丰，2010）。宋健（2002）认为，人口城乡结构的发展，尤其是农业人口向非农产业人口的转移，既取决于农业生产率，又依赖于二、三产业的吸纳能力，它们均推动着经济的发展。农村人口比例越大，人均 GDP 越低，人口城乡结构不均衡发展将对社会可持续发展产生直接的影响，优化人口文化结构以及经济社会可持续发展的重点与难点均在农村（刘朝臣，2005），因此，调整人口城乡结构，有利于人口社会经济的协调发展。研究方法主要有灰色关联法（闫海龙，2014）、面板数据模型（欧阳金琼，2015）、线性回归模型（靖学青，2014；李丽莎，2011）、VAR 模型（刘彦随，2009）、KAYA 恒等式及因素分解模型（张乐勤，2015）等方法与数学模型。

人口文化结构与经济发展之间有很强的相关性（程前昌，2008），人口文化结构在经济增长中有重要的作用，人口质量对经济发展有显著的影响（朱国宏，1994），20 世纪 60 年代后，国外学者诸如 Theodore Schultz、Cary S. Becker、Jacob Mincer、Dward F. Denison、Robert Lucas、Paul Romer、Domar、Roy Forbes Harrod 等对人口文化结构进行广泛研究，形成了以人力资本和“新增长”理论为代表的人口文化结构与经济增长关系的理论体系，人口质量是人力资本的核心，教育为人力资本投资的主要内容。“新增长”理论将技术进步和人力资本作为经济增长的内生变量而融入经济增长模型中，其认为人力资本对经济增长意义重大（王维国，2006）。不少国内学者探讨了人口文化结构对产业结构的影响（李东航等，2008），人口文化结构的差异是产业结构失衡的主要原因之一（赵岳，2007）。彭希哲（2006）指出通过对教育、健康和就业机会投资而产生的“人口红利”，促进了经济快速增长。此外，还有学者侧重某一类型人口的文化结构与经济增长间的关系研究，如对老年人口文化结构与经济发展作相关性分析（沙吉才，1989），女性人口文化结构对经济发展影响的研究（许屹，1995）。

人口结构还通过人口迁移来影响区域经济的发展，王德等（2003）通过对比迁移前后各省区人口与 GDP 基尼系数，认为人口迁移对经济发展差异具有均衡作用，大量研究从经济绩效视角得出了人口迁移对经济发展具有重大贡献作用的结论（王桂新，1997；陈浩，1996）。程岩（2002）研究中国辽东山区人口迁移与经济发展间的关系，提出人口迁移对经济发展具有积极与消极的影响。袁晓玲（2009）、逯进（2009）分别从省级、市级两个层面研究人口迁移对经济发展的影响。

2. 经济发展对人口结构的影响研究

经济发展对人口年龄结构、文化结构、产业结构、城乡结构影响单独成文的研究很少，但大多会在研究某些方面人口结构的影响因素时有所涉及，例如在人口年龄结构、人口城镇化等影响的因素中会提到。

以人口城镇化为例，一方面，1975 年国外学者霍里斯·钱纳里最早提出“城市化与经济发展双向互促的规律”（宋丽敏，2007），国外学者不仅从微观经济学角度（如 Banerjee，Decressin，Carrington，Borjas，Spilimbergo 等）分析收入、效用以及利润对人口城乡迁移的影响，而且还从宏观经济学视角（如 Obstfeld，Daveri，Bruckner M）通过分析传统农业与现代工业部门的变化对劳动力迁移产生的影响来说明现代工业是农村人口向城镇迁移的本质原因（宋丽敏，2007；Bruckner M，2011、2012）。另一方面，国内学者对城镇化动力机制的研究从一元向多元转变（马晓冬，2004、2007；马晓冬等，2007），对人口城乡结构影响因素的探讨从经济因素到文化、制度因素再发展到个人特质等因素，越来越全面，越来越微观。周一星指出经济水平是最为重要的城市化水平影响因素，从本质上发展了钱纳里关于城市化水平与经济发展的理论。张颖对货币价值量加以折算，加入了国家人口数进行重新修正，对钱纳里的研究成果提出了改进（宋丽敏，2007）。

城镇化的根本动力在初期主要来自工业化的进步，中后期主要来自服务业与新兴产业的创新（郑卫，2003），伴随城镇化的发展其影响因素越来越多元化，概括起来影响城镇化的因素主要有：①经济因素，如经济水平（宋丽敏，2007）、农业动力、国有动力、非国有动力（杨勇，2014）、非农化（赵新平，2002）、工业化（顾朝林，2004）、乡镇企业（崔功豪，1999）、外资利用（薛凤旋，1997）、第三产业（汪发元，2015）、城乡收入差距（宋丽敏，2007）等；②社会文化制度，如文化背景、社会习俗、户籍制度（宋丽敏，2007）等；③个人特征和需求引起的人口迁移，如年龄、性别、婚姻、受教育程度、城市住宅、就业（帅友良，2005）等。在研究方法方面，近些年来随着科学技术水平的提高，越来越多的学者运用数学模型与 GIS 等空间分析软件运用到城镇化的驱动机制研究中，并取得丰硕的成果（尚正永，2011；辜胜阻，2010；蒋伟，2009；刘盛和，2007；王桂新，2005；曹广忠，2008；欧向军，2008；陈明星，2009）。主要运用的研究方法有因子分析法（尚正永，2011）、四维分析法（宋丽敏，2007）、地理加权法（庞瑞秋，2014）、灰色关联法（党兴华，2005）等，尤其是地理加权法，不仅能定量分析不同因子对城镇化的影响力强度大小，而且还能够通过 GIS 制图形象地描述不同因子影响力的空间变异，有利于结合城镇化空间格局差异来更深入地挖掘不同区域的城镇化动力机制的差异。

（四）研究述评

纵观国内外人口结构的相关研究内容，主要有分散型研究和综合型研究两种类型，本研究立足宏观、系统视角，暂且先不对分散型研究进行梳理，而是选择国内外综合型研究进行整体上的梳理与把握。国内外对于人口结构的研究历史不长，伴随人类的发展与各项相关社会问题的出现而越来越引起学者们的广泛关注。国内关于人口结构的研究经历了由浅入深、从简单到复杂的演变过程。

在研究内容上，虽有从人口学、社会学视角研究人口自然结构和经济学、从地理学视角研究人口结构与社会经济发展的关系这两条主线，但伴随人口老龄化、人口城镇化等各项社会热点问题的出现而逐渐向两者相结合的方向发展。人口结构与经济发展关系的定性分析主要落实到“人口红利”与经济的关系，定量分析则运用简单的计量方法和模型主要关注人口结构与储蓄、投资、经济增长等的相互关系。经济发展对人口结构的影响单独成文的较少，而人口结构对经济发展影响的研究成果较多。发达国家人口结构和经济发展关系的研究于 1990 年才开始，而发展中国家自 2000 年才开始，且目前国内外关于人口结构的研究重点在其演变特征与对经济社会影响及建议方面，对影响因素与动力机制的研究较少，同时，分散型研究从人口结构某一方面进行机制分析的研究较多，而综合型研究从整个人口结构的视角出发分析驱动机制的研究却很少。为数不多的研究中大多仅从单一视角分析某一要素对人口结构的影响，以经济发展影响因素为主，对其他社会及文化影响因素考虑不全，由于特定社会背景与研究技术的局限，不能将所有影响因素与机制都纳入考虑的范围，缺乏全面系统的整合。而人类社会的快速发展，随着研究技术水平的提高，影响人口结构转变的因素已经不是仅限于某一要素了，而是错综复杂甚至相互影响的多种因素共同作用下引起的，多因素、大规模与交叉影响的研究将是未来人口结构的主要分析方向。

在研究方法上，国外学者注重建立定量模型分析人口结构；国内学者则分为两部分，人口学、社会学领域侧重人口结构内部特征的定性分析，地理学及经济学等领域则侧重诸如人口结构演化特征、空间差异等的定量分析。近些年来伴随科学技术的进步，研究方法从定性分析向定性与定量分析相结合的趋势发展，开始运用各种软件制图与分析，逐渐趋向成熟、有效。20 世纪 90 年代以定性分析为主，而进入 21 世纪以来逐渐以因子分析法、层次分析法、灰色关联法、熵值法、空间自相关、区域重心法等数学方法与模型来定量分析为主，研究方法上有了一定进步，研究内容上更进一步深入。在人口结构与经济发展相互影响的研究方法上，形成两大类：一类是采用定性或定量的方法，建立理论模型与数学模型宏观分析人口结构变动对经济增长的作用机制，简单相关分析法、生产函数分析法和增长回归分析法三种常见方法已被广大学者成熟运用；另一类则认为人口结构的作用机制不可知，分析人口结构变量与人均收入之间的关系，并在此基础上通过人口预测推算经济增长率。这两大类方法均被 Croix 验证能得到一致结论，故两大类方法均可行，且第一类研究方法更适用于本研究。研究方法中关于人口规模预测的研究方法较为成熟并运用广泛，而针对人口规模特征与影响因素等研究方法的研究尚少，今后可从这方面出发进行深入研究。

在研究区域上，全国层面集中于不同国家与中国的比较，而区域层面则集中在经济较发达区域，省域研究较多，但是涉及江苏省的研究还没有，市域研究较少，而县域甚至更小尺度范围的研究就更少了，而且很少有从三个具体普查年份进行时间对比分析的研究。江苏省作为人口大省，但关于其人口结构与经济发展的相关研究还是比较少见的。

本书利用全国第四次、第五次及第六次人口普查数据，对江苏省 1990~2010 年人口结构的时间演变与空间演变进行比较分析，基于省域、县域等不同尺度的人口结构特征与演化研究，综合人口结构研究内容的两条主线，综合人口学、社会学、经济学与地理学等多学科理论知识与研究路线，既研究人口自然结构，也研究人口社会结构，注重对社会热点问题诸如人口老龄化、“人口红利”、人口城乡结构等的发展趋势及空间格局研究。立足整体上宏观把握人口结构与经济的耦合关系，系统、全面而深入地挖掘人口结构与经济发展的耦合关联及其动力机制。从系统学视角，将人口结构与经济耦合发展作为一个大的系统，将系统内的诸如人力资本、人口老龄化等影响因素作为其内生因素，将系统外的诸如交通条件、历史基础、政策制度等作为外生因素，通过建立人口结构子系统与经济子系统指标体系，构建耦合模型分析人口结构与经济发展耦合关联特征及其形成机制。揭示耦合度与协调度的区别，突出耦合发展研究的重要性，对江苏省省域及县域人口结构与经济发展的耦合关联及其互动机制进行分析，在一定程度上丰富了人口结构与经济发展互动机制理论与实证的研究。采用空间回归模型与地理加权回归模型相结合的方法进行人口结构与经济耦合发展形成机制分析，利用均衡点跃迁及区域发展势能差，从重心空间视角探析人口结构与经济耦合发展的驱动力机制，具有重要的理论意义与实践价值，在视角上、理论上、方法上均具有一定的创新性。

三、理论基础

（一）人口再生产理论

人口再生产类型分为原始人口再生产类型、传统人口再生产类型以及现代人口再生产类型三种基本类型，每种类型均与一定的经济、社会、文化等发展相联系。伴随人类生产力水平的不断提高以及人类社会文明的不断进步，新的人口再生产类型将取代不能适应经济、社会及文化发展需要的旧的人口再生产类型。

原始人口再生产类型是指极高死亡率、高出生率以及极低自然增长率的人口再生产类型。该类型人口自然增长率几乎为零，世代更替迅速，人均寿命极短，人口规模基本不变，人口再生产长期处于停滞状态，所以早期的人口发展过程主要是简单的人口再生产。

伴随生产力的发展，以采集、渔猎为主的经济转化为以手工劳动为基础的农业、畜牧业生产经济。因而产生了传统的人口再生产类型，即高出生率、高死亡率和较低人口自然增长率的人口再生产类型。

伴随机器大工业的发展，以现代科学技术为基础的工业化生产经济逐步代替以手工劳动为基础的农业生产经济。因此产生了与以现代科学技术为基础的工业化生产经济相适应的现代人口再生产类型，表现为低出生率、低死亡率和低人口自然增长率的人口再生产类型。人口再生产类型现代化是整个社会现代化的重要组成部分，并对社会、经济和文化的发展有重要促进作用（刘铮，1994）。

人口再生产理论有助于探讨江苏省人口年龄结构的特征及其与经济发展的关系，并深入挖掘人口老龄化及其与经济发展关系的驱动机制。

（二）人力资本理论

最早的人力资本思想可追溯到古希腊思想家柏拉图的著作《理想国》中关于“教育和训练的经济价值”的论述。重农主义的代表人魁克是最早研究人素质的经济学家，他认为“构成国家财富的是人”。威廉·配第最先提出和论证了劳动决定价值的思想，而第一个将人力视为资本的经济学家是亚当·斯密，其后，大卫·李嘉图、穆勒等人继承并发展了斯密的一些思想，19 世纪末英国著名经济学家马歇尔也提出知识和组织是资本的重要组成部分，是最有力的生产力。马克思关于劳动的许多观点也是人力资本理论的重要思想基础。

20 世纪 60 年代后，以舒尔茨（Theodore Schultz）、贝克尔（Cary S. Becker）、丹尼森（Dward F. Denison）、雅各布·明赛尔（Jacob Mincer）、罗默（Paul Romer）、卢卡斯（Robert Lucas）、哈罗德（Roy Forbes Harrod）、多马（Domar）等学者对人口质量的研究，形成以人力资本理论和“新增长”理论为代表的人口质量与经济增长关系理论体系（Sauvy，1969）。

1960 年，舒尔茨在美国经济学年会上的演说中第一次系统阐述了人力资本理论，并使其成为经济学一个新的分支，他还进一步研究了人力资本形成方式与途径，并对教育投资的收益率以及教育对经济增长的贡献做了定量研究。贝克尔弥补了舒尔茨关于教育对经济增长的宏观作用的缺陷，对人力资本投资、生育率、个人收入分配、经济增长之间的关系等进行微观分析，提出了许多新的人力资本分析方法。丹尼森修正了舒尔茨论证的教育对美国经济增长的贡献率。雅各布·明赛尔首次将人力资本投资与收入分配联系起来，并给出完整的人力资本收益模型。20 世纪七八十年代，哈罗德、多马等人将古典经济增长模型进行修正，提出“新增长”理论，他们将技术进步、人力资本纳入了经济增长模型，把二者视为经济增长的内生变量，揭示了人力资本对于经济增长的重要作用（Sauvy，1969）。

人力资本理论突破了传统理论的束缚，将资本划分为人力资本和物质资本，从全新角度研究经济理论和实践。相对于人力资本理论将人力资本作为经济增长的外在变量而言，新增长理论将其作为内在变量，能够很好地反映20世纪后期经济发展中的问题，使关于人口质量对经济增长的促进作用机理更趋于成熟。

人力资本理论有助于研究江苏省人口文化结构与人口产业结构的特征、与经济发展的关系、形成机理等。

（三）“边际人”理论与社会认同理论

“边际人”在不同领域具有不同的理论内涵，其内涵最初由德国的社会学家乔治·奇美尔于《异乡人》一书中提出。美国社会学家罗伯特·帕克最早揭示了人的“边际性”，即游离于各种社会主流结构的边缘人。本书认为，“边际人”是指处于社会或文化边际（边缘）位置的人。这些人可能在社会文化变迁或地理迁移中产生一种特殊的转型心态，即“边际人”心态。

20世纪70年代，Tajfel等人首次提出社会认同理论，随着群体行为研究的发展，社会认同理论开始兴起。社会认同理论主要是指个体通过社会分类对自己的群体产生认同，个体因思维习惯与认识局限而产生的内群体偏好与外群体偏见（张莹瑞，2006）。该理论认为“社会”是群体关系的背景，认同则在群体关系中产生。结合本书的内容，我们可以推论到农民市民化中的角色认同（宋仁登，2012）。农民向市民进行角色转换的过程中，通过社会比较，对自己归类，并将自己与其他城市居民或农村居民区分开来。若进入城市的农民进入不到一个群体，无法产生社会认同，便会在农村农民与市民间徘徊，甚至会退回到农村，这将阻碍城市化的推进。由此可见，帮助进城农民融入城市的社会群体，进而产生社会认同是在分析农民市民化对策时需要考虑的内容。

“边际人”理论与社会认同理论是探讨江苏省人口城乡结构及通过解决农民市民化问题来推动人口结构与经济耦合发展的理论基础。

（四）区域经济发展理论

区域经济发展理论主要包括均衡增长理论、非均衡增长理论、新增长理论、新经济地理学理论、“后发优势”与“后发劣势”理论等（李小建，2006）。

1. 均衡增长理论

均衡增长理论包括大推进理论、临界最小努力理论、贫困恶性循环理论与低水平陷阱理论等，这些理论认为发展中国家应加大投资规模与速度，从而突破发展瓶颈。但是，由于欠发达地区缺乏资金，因而该理论对实际经济解释无效，只能为欠发达地区的发展初期提供指导，而非发展出路。

2. 非均衡增长理论

非均衡增长理论强调重点发展，以带动整个区域经济发展。该理论包括增长极理论、经济增产传递理论、中心—外围理论以及循环累积因果理论、倒“U”形理论等。增长极理论最早由法国经济学家佩鲁提出，他认为“增长极”是主导部门与大城市中有创新力的大企业集聚而成的经济中心，该中心类似于一个磁场，具有吸引与辐射作用。主张集中投资，促进部分区域或产业优先发展，再通过不同渠道向外扩散，带动其他区域或产业的发展。区域经济增产传递理论是赫希曼提出的，他认为增长必然非均衡。赫希曼将回流效应称为“极化效应”，将扩散效应称为“涓滴效应”，若涓滴效应长期不能抵偿极化效应，国家将长期两极分化严重。20 世纪 60 年代弗里德曼提出中心—外围理论，并提出了典型二元结构分析框架中心—外围模式，伴随经济的发展以及政府的干预，二元界限将会消失，最终发达地区与欠发达地区的差异缩小。缪尔达尔于 20 世纪 40 年代提出循环累积因果理论，认为经济发展水平高的区域优先发展，当优先发展的区域获得更多资本积累，将不断地积累有利因素而继续快速地发展，导致区域差异扩大。这种累积包含回流效应（资金劳动力流入发达地区）与扩散效应（资金劳动力流入欠发达地区）两类。在经济发展起飞阶段，回流效应远大于扩散效应，即穷国愈穷，富国愈富。因此，他认为政府应先发展条件优越的地区，再通过扩散效应带动其他地区的发展。在经济发展差异过大时，政府则需制定欠发达地区经济的刺激政策。1956 年，威廉姆逊提出倒“U”形理论，指出区域经济发展阶段与区域差异存在倒“U”形关系。

总体而言，经济发展初期，非均衡发展理论具有更强的指导意义。改革开放前，中国有意识地主张均衡理论；改革开放后则实施非均衡发展战略。均衡发展与非均衡发展对中国区域经济不同发展阶段产生了不同的影响。

3. 新增长理论

罗默提出了新增长理论，指出内生技术进步是经济增长的唯一原因。发达国家比发展中国家拥有更多知识溢出与技术进步，故发达国家经济发展快于发展中国家。卢卡斯模型认为发达国家和发展中国家的人力资本存在巨大差异，广泛的人力资本溢出使得经济增长伴随资本深化。强者恒强，弱者愈弱，地区经济差距是发散的。新增长理论指出政府在经济发展过程中的重要作用，政府能刺激资本积累、制定经济发展政策、支持教育等，但该理论尚存在假设过于严格、忽略制度因素等不足。

4. 新经济地理学理论

新经济地理学理论由美国经济学家克鲁格曼提出，他认为经济差距与经济活动空间集聚以及经济增长收敛密切相关。空间集聚的因素有交通成本和劳动力移动性。经济积聚时，竞争获胜的区域具有较大吸引力，从而获得较大的财政激励，随后企业可收获外部经济效益，进一步形成产业族群。新经济地理学对区域经济差距形成的原因、发展阶段、发展趋势做了大量论述，填补了传统经济地理学对收入增加研究的缺口。但亦存在不足：一未考虑技术外溢，二忽略了社会、文化、制度等因素，三忽略了国家行为与外在需求。

5. “后发优势”与“后发劣势”理论

“后发优势”理论由俄国经济学家格申克龙提出。“后发优势”是指后来发展的国家在工业化过程中拥有特殊利益，这种利益是由于经济落后而带来的优势。其一是落后国家可通过创造替代物发展工业；其二是落后国家可引进发达国家的技术、资金等；其三是落后国家的紧张状态促使工业化发展愿望强烈，激发创新。“后发劣势”理论是指落后国家单一模仿先进国家的技术与工业化模式，长期发展会有隐患，导致最终失败。“后发优势”与“后发劣势”均强调了政府的作用，但两者在一定条件下可以转化，任何一个国家都面临如何发挥后发优势，避免后发劣势的问题。发展中国家应借鉴发达国家的成功经验，选择适合自己的发展路径。

区域经济发展理论为本书中人口结构特征及其与经济发展耦合关联研究提供了理论基础与科学指导。

第二章　江苏省人口结构的时间演变

本章基于全国第四次、第五次、第六次人口普查数据，通过对江苏省人口发展概况、人口年龄结构、人口文化结构、人口产业结构以及人口城乡结构时间演化过程进行研究，探讨江苏省人口结构的基本状况及其时间尺度的演变特征。

一、江苏省人口发展概况

（一）人口数量平稳上升

根据全国第四次、第五次、第六次人口普查数据，江苏全省总人口从1990年6705.68万人增长到2010年7866.09万人，20年间增长了1160.41万人，年平均增长率约为0.80%。其中，1990年到2000年年平均增长率约为0.86%，低于全国同期平均增速（0.95%）；2000年到2010年为0.74%，高于全国同期平均增速（0.70%）。1990~2010年的20年间，江苏省人口增长速度与全国保持相同的趋势，均是前10年人口增长速度稍快于后10年，21世纪前，全国人口增速快于江苏省，进入21世纪以后，全国和江苏省人口增长速度均减慢，并且全国减慢幅度大于江苏省（图2-1）。

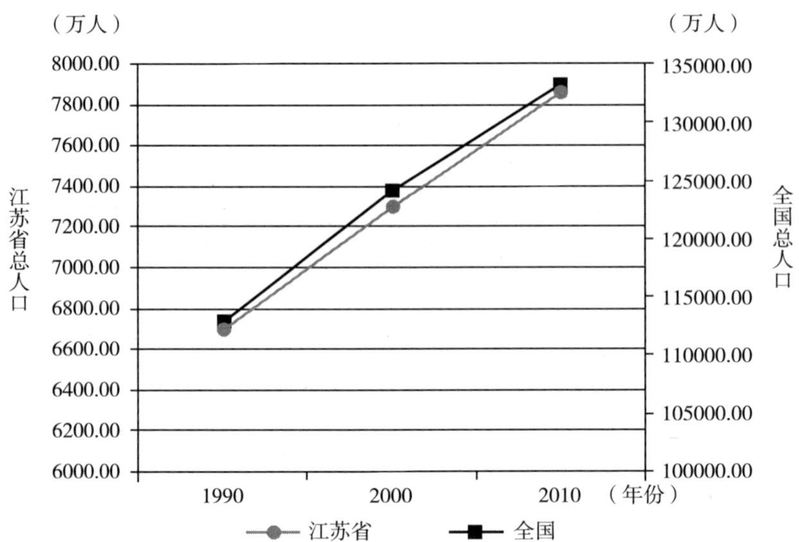

图 2-1　1990~2010 年江苏省与全国总人口演变趋势

资料来源：全国第四次、第五次、第六次人口普查。

与其他省域相比，1990~2010 年江苏省人口总数在全国各省（除港、澳、台外）中由第四名变为第五名，1990 年少于四川、河南及山东 3 个省，2010 年广东、山东、河南、四川 4 个省的总人口多于江苏省。但江苏省面积狭小，人口密度较大，从 1990 年的 660 人/km^2 增长到 2010 年的 767 人/km^2，虽然由全国排名第三名（在上海、天津之后）下降为第四名（在上海、北京、天津之后），但仅低于上海、北京、天津 3 个直辖市，是各省域中人口密度最高的（图 2-2）。

（二）人口空间分布呈南高北低格局

参考党安荣（1990）的人口密度分级，结合江苏省实际情况，将全省 63 个县域划分为以下四个等级区：低密度区（<500 人/km^2）、较低密度区（500~600 人/km^2）、较高密度区（601~1000 人/km^2）与高密度区（>1000 人/km^2）。运用 GIS 将江苏省 1990~2010 年 63 个县进行人口密度空间聚类分析（图 2-3）。

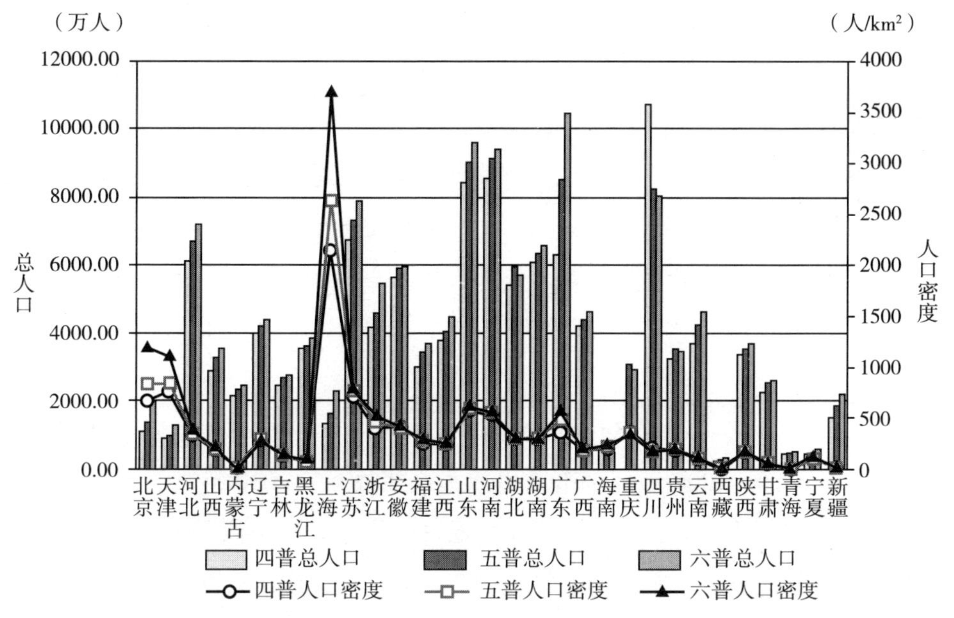

图 2-2　1990~2010 年中国各地区人口数及人口密度变化

资料来源：根据全国第四次、第五次、第六次人口普查数据计算。

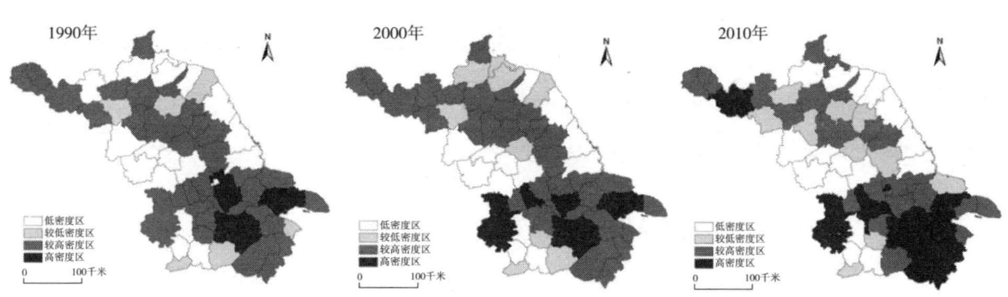

图 2-3　1990~2010 年江苏省人口密度空间演变

资料来源：全国第四次、第五次、第六次人口普查。

从图 2-3 中可见，1990~2010 年，全省人口密度总体呈现不断增加的趋势，人口高密度区数量由 1990 年的 7 个增加至 2010 年的 16 个，比重由仅占全省 11.11%上升至 25.40%；低密度区数量则由 1990 年的 17 个下降至 2010 年的 15 个，比重由 26.98%下降为 23.81%。人口密度最大值由 1990 年的 1327 人/km^2 增加至 2010 年的 2157 人/km^2。反映了伴随着江苏省经济发展水平、医疗卫生水平等的不断提高，一方面，因人们生活方式得到改变而使其寿命延长，另一方面，在全国人口迁移不断增强的时代背景下，江苏省成为全国人口的净迁入区致使迁移人口不断增多，因而人口机械增长率不断升高。

空间分布上，以长江为分界线，呈南高北低的总体格局。长江两岸人口最集聚，京杭大运河沿岸次之，形成“+”字型空间形态，而且伴随时间演化，人口有向沿长江两岸集聚的趋势，并以长江以南的苏南地区为主。苏南地区以高密度区为主，苏中地区以较高密度区为主，而苏北则以较低密度区和低密度区为主。

例如，1990 年高密度区主要分布在常州市区、江阴市、无锡市区、南通市区等 7 个地区，2000 年南京市区也成为高密度区，2010 年则又增加了常熟市、苏州市区、昆山市、吴江市等 8 个地区，可见人口集聚区呈向苏南演化的趋势。人口密度最小值所在的地区 20 年来一直未变化，且都在大丰市，1990 年、2000 年、2010 年该地区人口密度分别为 248 人/km^2、247 人/km^2 及 231 人/km^2，而人口密度最大值从 1990 年的南通市区（1327 人/km^2）转变为 2000 年与 2010 年均在无锡市区（分别为 1587 人/km^2 与 2157 人/km^2），1990 年、2000 年及 2010 年，人口密度最大值分别是最小值的 5 倍、6 倍与 9 倍。说明人口分布空间差异非常明显，苏北地区人口密度仍然相对较低，而人口集聚区已从苏中地区向苏南地区转移。

（三）人口再生产类型转向现代型

由图 2-4 可见，1990~2010 年，江苏省人口发展实现了人口再生产类型的历史性转变，即实现了由“高出生率、低死亡率、高增长率”向“低出生率、低死亡率、低增长率”的转变。2000 年以前，全省人口出生率和自然增长率变动幅度较大，2000 年之后变化幅度变小。全国第四次到第六次人口普查期间，江苏省人口出生率、死亡率和自然增长率分别于 2001 年、1991 年及 2003 年达到最低值。江苏省人口出生率从 1990 年的 20.54‰下降至 2010 年的 9.73‰，人口自然增长率则从 14.01‰下降至 2.85‰，而死亡率则维持在 6.50‰~7.20‰之间小幅度变动。

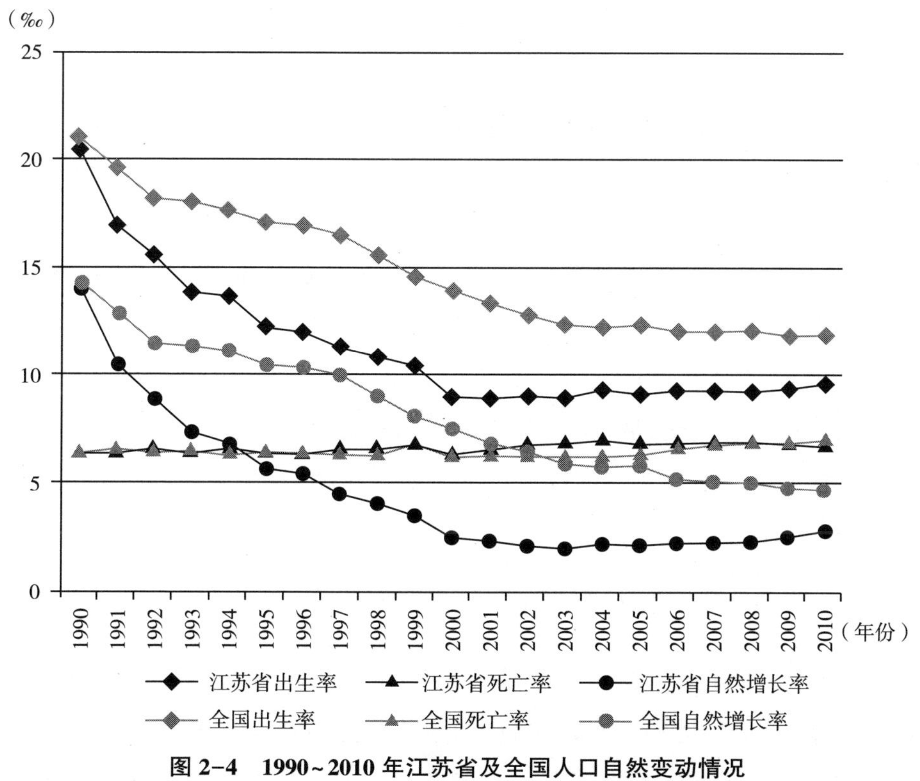

图 2-4　1990~2010 年江苏省及全国人口自然变动情况

资料来源：2011 年《中国人口和就业统计年鉴》，2011 年《江苏省统计年鉴》。

1990~2010 年，江苏省人口出生率、死亡率与自然增长率总体上均与全国保持一致的变动趋势且均低于全国平均水平，这反映了江苏省人口转变在全国处于领先地位以及该省在经济发展及人口控制方面所取得的成效。1990~2010 年全国人口自然增长率由 14.39‰降至 4.79‰，江苏省人口自然增长率与全国的差距由 1990 年低 0.38 个千分点上升到 2010 年低 1.94 个千分点，出生率和死亡率也分别由 1990 年的低于全国 0.52 个千分点和 0.14 个千分点上升到 2010 年的低于全国 2.17 个千分点和 0.23 个千分点。这说明全国平均人口转变水平与江苏省间的差距在拉大，同时也在一定程度上说明了江苏省人口结构转变与经济发展水平在全国的领先状况。

二、人口年龄结构时间演变

人口年龄结构是指一个地区在某一时点上人口年龄的分布状况，反映了各年龄组人口占总人口的比重（曹明国，1989），它是长期以来的出生率、死亡率及迁移变动共同作用的结果，也是经济增长与社会发展共同作用的结果。根据人口年龄结构可大致判断未来人口再生产的发展趋势，同时，鉴于人口年龄结构反映了人口中的育龄与非育龄人口、劳动与非劳动年龄人口、少年儿童与老年人口等比例，为分析人口再生产与经济社会发展提供科学的依据。

（一）分年龄组人口结构演变

为分析人口年龄结构与人类自身生产及社会生活等相互作用的关系，将人口分为各种不同的年龄组。国际通用的主要年龄组是少儿组（0~14 岁）、劳动年龄组（15~64 岁）及老年组（65 岁及以上）。

1. 少儿组人口比重低且呈下降趋势

1990~2010 年，全省常住人口从 6705.68 万人增加到 7866.09 万人，其中，0~14 岁人口从 1592.37 万人减少至 1023.35 万人，占当年总人口的相应比重从 23.75%下降为 13.01%，20 年间人口数减少了 569.02 万人，比重共下降了 10.74 个百分点，前 10 年下降了 4.11 个百分点，后 10 年下降了 6.63 个百分点（图 2-5）。

2. 劳动年龄组人口比重高且呈增加趋势

1990~2010 年，15~64 岁人口从 4657.93 万人增加到 5986.88 万人，占当年总人口的相应比重从 69.46%上升至 76.11%，20 年间人口数增加了 1328.95 万人，比重共上升了 6.65 个百分点，前 10 年上升了 2.06 个百分点，后 10 年上升了 4.59 个百分点（图 2-5）。

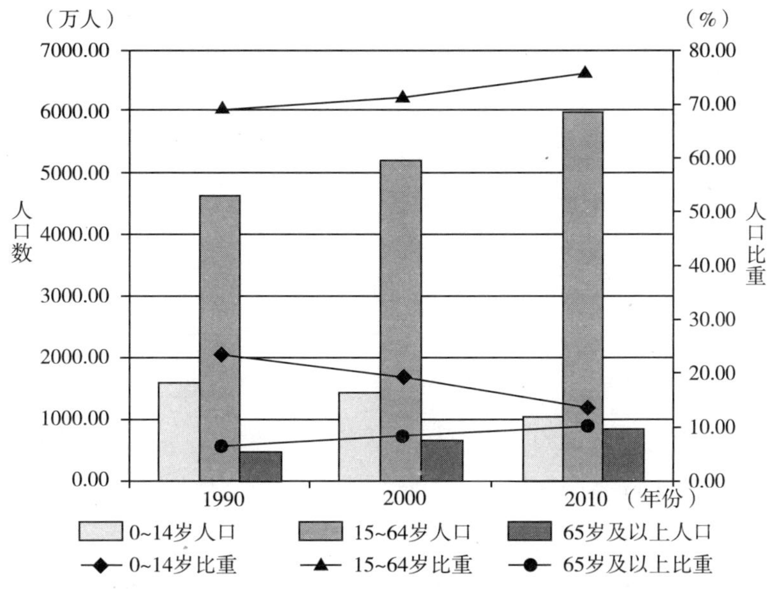

图 2-5　1990~2010 年江苏省分年龄组人口结构演变

资料来源：全国第四次、第五次、第六次人口普查。

3. 老年组人口比重相对较低且呈不断增加趋势

1990~2010 年，65 岁及以上人口从 455. 39 万人增加至 855. 86 万人，占当年总人口的相应比重从 6. 79%上升至 10. 88%，20 年间人口数增加了 400. 47 万人，比重共上升了 4. 09 个百分点，前 10 年上升了 2. 05 个百分点，后 10 年上升了 2. 04 个百分点（图 2-5）。

综上可见，20 年中，少儿组人口比重的下降幅度与劳动年龄组的上升幅度均是后 10 年大于前 10 年。同 1990 年第四次全国人口普查相比，2010 年第六次人口普查 0~14 岁人口的比重下降了 10. 74 个百分点，15~64 岁人口的比重上升了 6. 65 个百分点，65 岁及以上人口的比重上升了 4. 09 个百分点，说明人口老龄化的问题日趋严重。

同样的分析方法可以得到，1990~2010 年，江苏省各县域单元少儿人口比重在 8. 10%~33. 70%之间；各县域单元劳动人口比重在 61. 07%~86. 37%之间，各县域单元老年人口比重在 4. 97%~19. 00%之间，结合前文省域不同年龄组人口比重的结果，可以发现，县域与省域人口年龄结构均呈现显著的“中间高、两头低”的锥形特征，劳动力资源丰富、负担较轻，有利于“人口红利”的产生。

（二）人口抚养比演变

抚养比也称负担系数，包括总抚养比、少儿抚养比（少儿组人口与劳动年龄组人口的比率，用百分比表示）和老年抚养比（老年人口与劳动年龄人口之比率，用百分比表示），少儿抚养比与老年抚养比之和称为总抚养比。抚养比是衡量劳动人口负担的常用指标。从整个社会来看，少儿抚养比与老年抚养比分别表明每100名劳动年龄人口负担的少儿人口数与老年人口数，是反映人口年龄结构对社会经济影响最常用的指标。

1. 全省总人口与少儿抚养比下降，老年抚养比上升，总体尚处于“人口红利”期

1990~2010年，江苏省人口总抚养比由43.96%下降至31.39%，下降了12.57个百分点；少儿抚养比从34.19%下降至17.09%，下降了17.10个百分点；老年抚养比从9.78%上升至14.30%，增加了4.52个百分点（表2-1）。综上可见，尽管总抚养比明显下降，且少儿抚养比下降幅度最大，但是老年抚养比则显著上升，说明从时间角度来看，江苏省劳动年龄组人口抚养子女的负担在减轻，而其赡养老人的负担在加重，养老形势越来越严峻。

表2-1 1990~2010年江苏省人口抚养比

单位:%

年份	少儿抚养比	老年抚养比	总抚养比
1990	34.19	9.78	43.96
2000	27.45	12.36	39.81
2010	17.09	14.30	31.39

资料来源：根据全国第四次、第五次、第六次人口普查数据计算。

此外，当生育率伴随少儿比重开始下降时，由于老人比重一时不会明显上升，因此总抚养比也开始下降，其时间一般会持续几十年，这时劳动力供给充沛，劳动人口负担轻（人口负担系数小于或等于50%），因而称之为“人口红利”期（或称“人口机会窗口”期）。直到老人比重的增大超过少儿比重的减小，使得总抚养比上升，“红利”窗口即告关闭。比较图2-5、表2-1与表2-2可见，1990~2010年江苏省老人比重增大了4.09%，尚未超过少儿比重的减小（10.74%），同时，老年抚养比增加（4.52%）、少儿抚养比减小（17.10%）、人口总抚养比减小（由43.96%下降至31.39%）而非增加，故可判断江苏省尚处于“人口红利”期，而由于全省已迈进初级老龄化阶段，新进入老龄阶段的人往往有较高的储蓄率与储蓄倾向，因此又有人把老龄化的初期阶段看作第二次“人口红利”期。这一阶段，不仅意味着劳动力资源丰富，劳动力负担较轻，还意味着较高的储蓄率和较强的社会需求，对经济社会的持续发展非常有利。但是鉴于老龄化日益加剧，所以，江苏省应重视人口老龄化问题，抓紧“人口红利”期，注重人口迁移的有序合理化，促进经济社会可持续发展。

2. 县域总人口抚养比下降，据此判断2010年全部进入“人口红利”期

参照瑞典“人口红利”划分标准（表2-2）并结合江苏省具体情况，进一步将总抚养比（Z）划分为四类：“人口暴利”、总抚养比低（Z<44.5）；“人口高利”、总抚养比较低（44.5≤Z≤47.5）；“人口红利”与“微利”、总抚养比较高（47.5<Z≤53.5）；“非人口红利”、总抚养比很高（Z>53.5）。少儿抚养比（S）亦划分为四类：“人口暴利”、少儿抚养比很低（S<25）；“人口高利”、少儿抚养比较低（25≤Z≤26.5）；“人口红利”与“微利”、少儿抚养比较高（26.5<Z≤29.5）；“非人口红利”、少儿抚养比很高（Z>29.5）。

1990~2010年，江苏省县域总抚养比总体呈下降趋势，江苏省整体逐渐进入“人口红利”的黄金时期。总抚养比最大值由63.74%下降至47.52%，下降了16.22%，前10年下降了3.33个百分点，后10年下降了12.90个百分点；最小值由34.22%下降至15.79%，下降了18.43个百分点，前10年下降了5.38个百分点，后10年下降了13.05个百分点；极差值由29.52%增加至

31.73%，增加了2.21个百分点，前10年增加了2.06个百分点，后10年增加了0.15个百分点，说明不同地区差异在扩大，前10年差异扩大的幅度大于后10年。总抚养比大幅度下降，1990~2000年的下降幅度小于2000~2010年的下降幅度，劳动年龄组人口负担大幅度减轻，并且进入21世纪以来“人口红利”越来越显著。

表2-2　瑞典“人口红利”及“人口负债”的划分标准

单位：%

	抚养比	少儿抚养比	老年抚养比	总抚养比
人口红利	微利	28.0~29.5	21.5~23.0	50.5~53.5
	红利	26.5~28.0	20.0~21.5	47.5~50.5
	高利	25.0~26.5	18.5~20.0	44.5~47.5
	暴利	< 25.0	< 18.5	< 44.5
人口负债	暴债	> 37.0	> 31.0	> 68.5
	高债	35.5~37.0	29.5~31.0	65.5~68.5
	负债	35.0~35.5	28.0~29.5	62.5~65.5
	微债	33.5~35.0	26.5~28.0	59.5~62.5

资料来源：陈友华．人口红利与人口负债：数量界定、经验观察与理论思考［J］．人口研究，2005，29（6）：21-27.

1990~2010年，依据总抚养比判断江苏省63个县域单元从由17个（约占26.98%）处于“非人口红利”阶段，转变为没有一个地区属于“非人口红利”阶段，即全部已进入“人口红利”期。2010年总抚养比最大值（睢宁县）47.52%，标志着自此江苏省各县（市、区）全部进入“人口红利”阶段。

总抚养比大幅度下降，主要是由于江苏省劳动力资源丰富且日益增长，大量劳动力人口迁入导致的。2010年，劳动年龄组人口数达到5986.88万人，比1990年增长了1328.95万人，伴随经济的发展，人口迁移空前频繁，2010年，迁入人口高达737.93万人，比1990年多539.80万人，约是1990年净迁入人口数的3.72倍，净迁入人口高达432.04万人，比1990年多414.82万

人，约是1990年净迁入人口数的25.09倍，大量劳动年龄组人口迁入，促使全省劳动力资源越来越充沛，虽然全省日益严峻的老龄化问题导致老年人口比重增大，但20年来少儿比重减小（569.06万人），而且劳动力资源涨幅（1328.95万人）远远高于老年人口涨幅（20年增长了400.47万人），故劳动年龄组人口的总负担较轻且呈下降趋势。总抚养比大幅度降低，江苏省正处于“人口红利”的黄金时期，有利于经济社会的快速发展，但是人口老龄化程度日益加重的趋势不容忽视，应重视老龄化问题，抓住“人口红利”阶段机会。而地区差异扩大主要归因于地区经济发展水平的差异扩大导致人口迁移、人口寿命等地区差异的扩大。

总抚养比地区差异前10年大于后10年，主要是1990~2000年（前10年）出生率较高且苏南、苏北地区出生率差异较大导致的，而2000~2010年（后10年）主要因为出生率普遍下降、劳动力人口数与老年人口数地区差异较小，导致总抚养比的地区差异有所减小。

3. 县域少儿抚养比大幅下降，据此判断2010年大部分地区进入“人口红利”期

1990~2010年，江苏省县域少儿抚养比总体呈现下降趋势，除灌南县等7个苏北地区外，全省已基本处于“人口红利”阶段。最大值由55.19%下降至31.30%，下降了23.89个百分点；最小值由21.81%下降至9.38%，下降了12.43个百分点；极差值由33.37%下降至21.92%，下降了11.45个百分点，前10年下降了4.63个百分点，后10年下降了6.82个百分点。说明不同地区差异在不断缩小，前10年差异缩小的幅度小于后10年的，主要由于经济发展较快，吸引大量以劳动年龄为主的外来人口迁入，从而导致劳动力人口日益增多，同时计划生育政策的成效日益显现出来，各地区出生率普遍下降导致少儿人口数量大幅度减少，因而少儿抚养比大幅度降低，劳动年龄组人口抚养子女的负担不断减轻。

1990~2010年，依据少儿抚养比判断江苏省63个县域单元从有33个地区处于“非人口红利”阶段转变为仅剩7个地区处于“非人口红利”阶段，主要由于苏北地区农村较多，人们的生育观念较为落后，出生率依然较高，因而少儿抚养比较高，如 2010 年灌南县少儿抚养比为 31.30%（>29.5%），处于“非人口红利”阶段，因此，应在全省尤其是灌南县等 7 个苏北地区推广“全面二孩政策”，普遍提高出生率，增加未来劳动年龄组人口规模，从长远看有利于缓解劳动年龄人口的少儿负担，促进“人口红利”；同时应重视人口迁出问题，通过大力发展经济以及各项政策留住人才，增加人力资本投资等方法，来缓解少儿抚养的压力，更重要的是争取赢得第二次“人口红利”。

4. 老年抚养比上升，据此判断 2010 年已有 7 个地区处于“非人口红利”期

江苏省老年抚养比总体呈上升趋势，除如东县等 6 个苏中地区及东台市外，全省已基本处于“人口红利”阶段。最大值由 13.93%上升至 26.38%，上升了 12.45 个百分点，前 10 年上升了 5.25 个百分点，后 10 年上升了 7.20 个百分点；最小值由 7.21%下降至 6.41%，下降了 0.8 个百分点，前 10 年增加了 1.68 个百分点，后 10 年下降了 2.48 个百分点；极差值由 6.73%增加至 19.97%，增加了 13.24 个百分点，前 10 年增加了 3.56 个百分点，后 10 年增加了 9.68 个百分点，说明不同地区差异在扩大，前 10 年差异扩大的幅度小于后 10 年，老年抚养比增加的幅度前 10 年小于后 10 年。劳动年龄组人口抚养老年人的负担在增加。

1990~2010 年，依据老年抚养比判断江苏省 63 个县域单元从全部处于“人口红利”阶段转变为有 7 个地区（如东县等 6 个苏中地区及东台市）处于“非人口红利”阶段。这些地区由于比较宜居且医疗水平不断提高等原因而使老龄化程度日益加剧，老年人口数量不断增大，导致老年抚养比增大，例如 2010 年如东县老年抚养比高达 26.38%（>23%），故这些地区处于“非人口红利”阶段，其余地区仍处于“人口红利”阶段，但是伴随全省县域老龄化问题的不断加剧，老年抚养比不断增大，因此，应更加重视老龄化问题并寻求其解决途径。

（三）人口年龄结构类型演变

人口年龄结构有三种主要类型，即年轻型（增长型，人口数量趋向增

加)、成年型（静止型，人口数量相对较稳定）、老年型（缩减型，人口数量趋向减少），其划分标准主要有少儿系数（0~14岁人口比重），老年系数（≥60岁人口百分比、≥65岁人口百分比）、老少比（老年人口与少儿人口的比率）、年龄中位数（指全体人口按年龄大小排列，位于中点的那个人的年龄）等（表2-3），1990~2010年江苏省各类人口年龄结构数据见表2-4。

表2-3　人口年龄结构类型国际标准

	年轻型	成年型	老年型
0~14岁（%）（少儿系数）	>40	30~40	<30
≥65岁（%）（老年系数）	<4	4~7	>7
老少比（%）	<15	15~30	>30
年龄中位数（岁）	<20	20~30	>30

资料来源：吕荣侃．人口科学概论［M］北京：北京师范大学出版社，1996.

表2-4　1990~2010年江苏省各类人口年龄结构

	1990年	2000年	2010年
0~14岁（%）（少儿系数）	23.75	19.63	13.01
≥65岁（%）（老年系数）	6.79	8.84	10.88
老少比（%）	28.60	45.03	83.63
年龄中位数（岁）	27.62	33.51	38.73

资料来源：根据第四次、第五次、第六次人口普查数据计算。

1. 依据年龄中位数可见由成年型转变为老年型

对比表2-3与表2-4可以发现，1990~2010年，依据年龄中位数可以初步判断江苏省人口年龄结构由成年型转变为老年型。1990年江苏省年龄中位数为27.62岁，人口年龄结构属于年轻型，2000年与2010年年龄中位数均高于30岁，属于老年型。1990~2010年的20年内江苏省人口年龄中位数上升幅度为40.22%，其中，1990~2000年上升幅度为21.33%，2000~2010年上升幅度为15.58%，可见，后10年人口年龄中位数上移的速度要慢于前一个10年，可以推断出21世纪以来老龄化速度要慢于21世纪以前，同时21世纪以来老龄化程度有所加深，这是由于低生育率、低死亡率进一步稳定所致。全省人口年龄中位数的变化，一方面说明全省总人口中，约有一半人口是20世纪70年代实行计划生育政策后出生的，未来的人口发展将延续这一政策作用的影响；另一方面也说明了总人口中，中高龄人口群体逐步增大，人口老龄化程度持续升高。

2. 据少儿系数判断全省总体而言一直属于老年型，据老年系数及老少比判断全省由成年型转向老年型

1990年江苏省人口年龄结构依据少儿系数属于老年型，从老年系数、老少比以及年龄中位数等指标看，总体而言全省人口年龄结构属于成年型，有向老年型过渡的趋势。2000年与2010年，所有指标均显示全省人口年龄结构属于老年型。1990~2010年，江苏省省域少儿系数由23.75%下降至13.01%，20年来一直小于30%，属于老年型，县域少儿比重在8.10%~33.70%之间，由1990年的48个地区（约占76.19%）属于老年型转变为2010年全部地区均属于老年型；省域老少比由1990年的28.60%上升至2010年的83.63%，从成年型（15%~30%）转向老年型，县域老少比由1990年有33个地区大于30%，过半数（约52.38%）的地区属于老年型，转向2010年全部地区均大于30%，完全进入老年型。依据国际上的通行标准，老年人口比重是判断一个地区是否属于老年型社会最重要的标准，因此，可认为江苏省人口年龄结构在省域尺度与县域尺度上均处于从成年型转向老年型阶段。参考依据不同，结果亦可能不同，主要由于计划生育政策的成效促使1990年从少儿系数看人口年龄结构属于老年型，由于经济社会的发展促使医疗卫生技术水平及人民健康意识等快速提高，进而使进入21世纪以来从老年系数等各类指标来看人口年龄结构呈现老年型。

3. 依据人口金字塔形判断全省由成年型转向老年型

上述三种类型在图形上相应有三种人口金字塔形：年轻型塔形下宽上尖，呈典型的金字塔形（山形）；成年型塔形较直，仅顶部急剧收缩，呈钟形；老年型塔形下窄上宽，呈壶形（曹明国，1989）。由图2-6可见，1990年江苏省

人口金字塔呈钟形，人口年龄结构属于成年型，而 2000 年与 2010 年的人口金字塔塔形下窄上宽，呈壶形，人口年龄结构属于老年型。

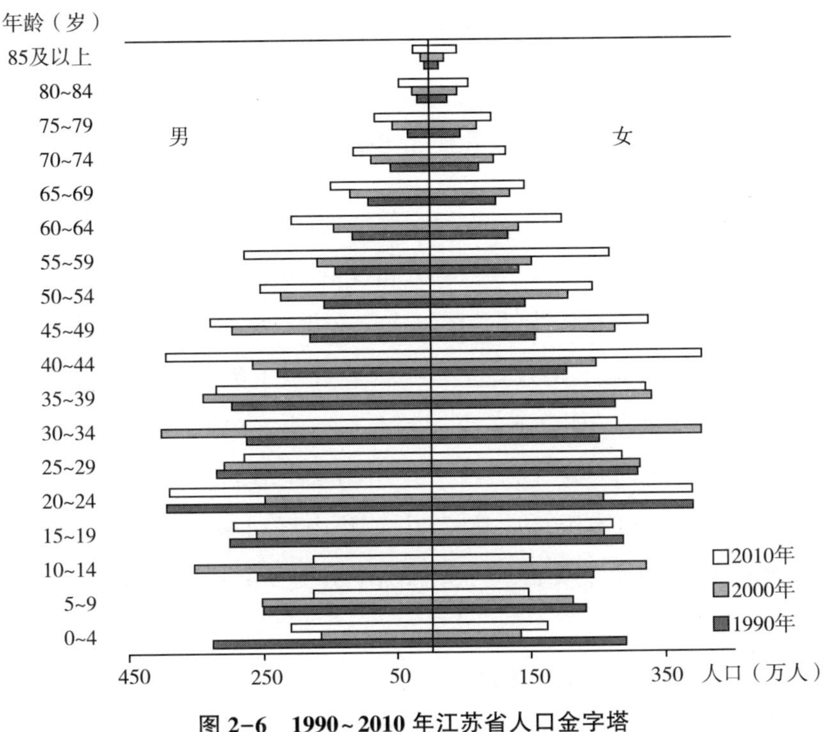

图 2-6　1990~2010 年江苏省人口金字塔

资料来源：全国第四次、第五次、第六次人口普查。

三、人口文化结构时间演变

人口文化结构是指总文化人口中不同文化程度人口间的比例关系。不同人口文化结构水平形成不同的循环（刘长茂，1991）。高水平文化结构的劳动力只能适应高水平的物质生产，在高水平的物质生产基础上，劳动人口的文化结构水平则高。这是人口文化结构与物质再生产的一种良性循环，与此相反则是恶性循环。同理，人口文化结构与人口再生产之间也存在恶性循环和良性循环。要使恶性循环转变为良性循环，就需要全面认识和利用人口文化结构发展变化的规律，在大力提高人口文化结构水平的同时，提高物质生产和人口生产的现代化水平。

（一）受教育程度人口数及其比重变化

1. 全省文化人口规模增大，人口文化结构从低等水平发展至中等水平

世界上绝大多数国家和地区，将人口文化程度分为三个等级，即初等教育、中等教育和高等教育。为评价各国人口文化结构水平，依据受过高等教育人口比重，将各国（地区）人口文化结构分成以下类型：①低水平结构，受过高等教育人口比重在7%以下；②中等水平结构，在7%~14%之间；③高等水平结构，在15%以上。中国人口文化结构水平是世界上较低的国家之一，1990年全国文化人口有99408.99万人，其中受过高等教育的人口比重仅1.59%，2010年全国文化人口共124254.61万人，其中受过高等教育的人口占9.53%。

江苏省文化人口从1990年的6003.49万人增加至2010年的7411.95万人，受高等教育的人口比重由1.65%上升至11.48%。从低等水平发展至中等水平，江苏省人口文化程度虽然高于全国平均水平，但也有待于进一步提高。

2. 低学历人口数量及比重下降，高学历人口数量及比重上升

具体分析不同受教育程度的人口数及比重，1990~2010年，在全省常住人口中，具有小学文化程度的由2334.04万人下降为1903.31万人；具有初中文化程度的由1771.40万人上升为3042.30万人；具有高中文化程度的由582.33万人上升为1270.38万人；具有专科文化程度的由62.09万人上升为489.95万人，具有本科及以上文化程度的由36.79万人上升为361.19万人。其相应比重变化如表2-5所示，由四普时小学人口比重最大转变为六普时初中人口比重最大，20年间，人口比重下降的有15岁以上文盲人口、未上过学及小学的人口，其中下降幅度最大的是15岁以上文盲人口（18.78%），其次是未上

过学的人口（15.62%），两者均是前10年下降幅度大于后10年，小学人口比重亦大幅度下降（13.20%），但前10年下降幅度小于后10年；人口比重上升的有初中、高中、专科、本科及以上文化程度，其中初中人口比重上升幅度最大（11.54%），前10年上升幅度大于后10年，其次是高中人口比重（7.44%）和大专比重（5.58%），最后是本科及以上（4.26%）的人口比重，除高中外，大专、本科及以上均是前10年上升幅度小于后10年。由此可见，低学历人口数量及比重下降，高学历人口数量及比重在不断增加，文化程度越低，人口比重下降幅度越大，文化程度越高，上升幅度越小。1990~2010年的20年期间相比较而言，21世纪前的10年15岁以上的文盲人口以及未上过学的人口比重下降幅度更大，初中及高中人口上升幅度更大；而进入21世纪以来的10年小学人口比重下降幅度更大，大专与本科及以上人口上升幅度更大。说明江苏省文化发展水平在不断提高，人口文化结构不断向高文化程度升级转换，但是鉴于文盲人口与未上过学的人口尚存在，且大专、本科及以上人口比重还很低，人口文化结构尚且以初中人口比重为主，故提高全省文化人口结构依然任重而道远。

表2-5　1990~2010年江苏省人口文化结构演变

单位：%

时间	未上过学	小学	初中	高中	大专	本科及以上	15岁及以上文盲人口
四普	20.27	38.88	29.51	9.70	1.03	0.61	22.59
五普	6.79	35.54	39.30	14.14	2.75	1.49	7.88
六普	4.65	25.68	41.05	17.14	6.61	4.87	3.81
20年差值	-15.62	-13.20	11.54	7.44	5.58	4.26	-18.78
前10年差值	-13.48	-3.34	9.80	4.44	1.71	0.87	-14.71
后10年差值	-2.14	-9.86	1.74	3.00	3.87	3.39	-4.07

资料来源：全国第四次、第五次、第六次人口普查。

3. 文盲人口数量及其比重下降

2010年全省常住人口中，文盲人口（15岁及以上不识字的人）为298.30

万人，同1990年第四次全国人口普查相比，文盲人口减少了864.39万人，文盲率由22.59%下降为3.81%，下降了18.78个百分点，与全国相应年份从22.27%下降至4.08%相比，江苏省文盲率由1990年高于全国转变成2010年低于全国，可见江苏省教育文化水平由20年前落后于全国转变为21世纪以后走在全国前列。

（二）平均受教育年限及文化程度综合均值变化

1. 平均受教育年限上升，文化程度综合均值上升

1990~2010年全省平均受教育年限由6.42年上升至9.13年，相对于全国的由6.26年上升至8.80年，说明全省文化水平不断提高，且在全国平均水平之上（图2-7）。

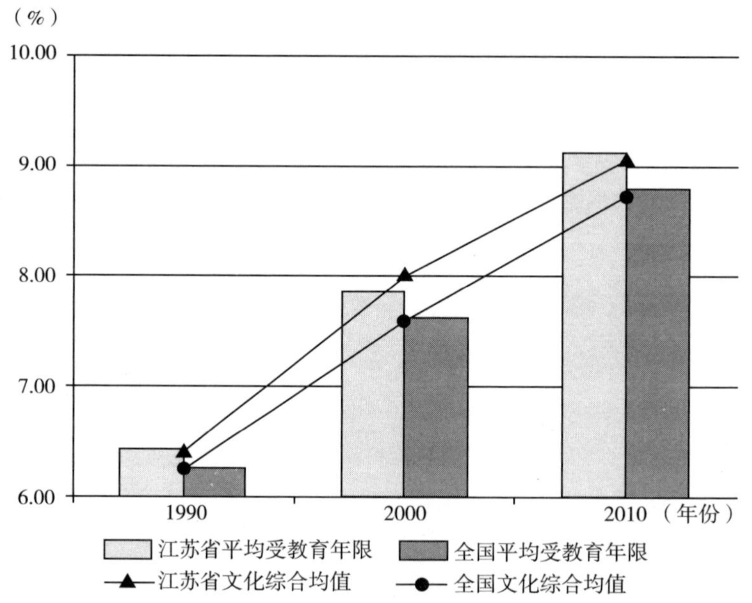

图2-7　1990~2010年江苏省与全国平均受教育年限及文化综合均值演变

资料来源：根据全国第四次、第五次、第六次人口普查数据计算。

鉴于用不同受教育程度比重、文盲率与平均受教育年限来衡量文化水平有

参差，这种结构与全国相比亦互有参差。若不采用数理统计上的综合评估方法，则很难得出总体评价。上述指标虽可以从不同侧面反映一个地区人口文化程度的高低，但每个指标仅能从一个侧面反映一个地区的人口文化程度状况。

2. 据文化程度综合均值判断全省总体由初中阶段上升为高中阶段

鉴于中国目前普遍实行的教育制度为小学 6 年制，初中和高中各 3 年制等，将文化程度与其平均所受的教育年限对应起来，假设文盲、半文盲为 0 分，小学为 6 分，初中为 9 分，高中 12 分，大专 15 分，本科及以上 16 分，利用“人口文化程度综合均值”（$\overline{X}$），作为衡量人口文化程度的指标，公式如下（景跃军，1993）：

$$\overline{X}=\sum_{x=0}^{16} X \times P_x \tag{2-1}$$

式中，$\overline{X}$ 表示文化程度的综合均值，X 表示各种文化程度的分数，P_x 代表不同文化程度人口比重。综合均值 $\overline{X}$ 的范围为 $0 \leqslant \overline{X} \leqslant 16$，若 $\overline{X}=6$，说明人口文化程度达到了小学水平；若 $6<\overline{X}<9$，说明人口平均文化程度处于初中阶段，即达到了小学水平但未达到初中水平，若 $9<\overline{X}<12$，说明文化程度处于高中阶段，以此类推。综合均值反映了总体文化水平。

基于全国第四次、第五次、第六次人口普查数据中 6 岁及以上人口不同文化程度数据，根据上述公式计算得出（图 2-7），1990~2010 年，相对于全国由 6.25 增至 8.75 而言，江苏省文化程度综合均值由 6.41 上升至 9.06，说明江苏省文化程度高于全国相应年份的平均水平，相对于全国总体文化水平维持在初中阶段而言，全省文化程度总体水平从初中阶段上升为高中阶段，超过了初中水平但未达到高中水平，故尚需要不断努力调整政策以提高文化水平。

3. 据平均受教育年限判断县域人口文化结构由低、较低及较高水平三种类型转向较高与高水平两种类型

为进一步说明江苏省人口文化结构的演变特征，选择平均受教育年限（E）作为衡量指标，运用 GIS 软件，依据四分位法和中国不同教育阶段年限，结合江苏省实际情况，分成四种类型：低水平（$E \leqslant 6$）；较低水平（$6<E \leqslant 7.69$）；较高水平（$7.69<E \leqslant 9$）；高水平（$E>9$）。

1990 年，全省县域单元被划分为低水平、较低水平及较高水平三种类型，平均值 6.47，超过平均值的有 26 个地区，约占 41.27%，最大值 7.96，最小值 5.55，极差 2.41；2000 年，全省县域单元被划分为较低水平、较高水平及高水平三种类型，平均值 7.66，超过平均值的有 29 个地区，约占 46.03%，最大值 9.33，最小值 6.77，极差 2.56；2010 年，全省县域单元被划分为较高水平与高水平两种类型，平均值 8.88，超过平均值的有 25 个地区，约占 39.68%，最大值 11.26，最小值 7.75，极差 3.51。可见，全省人口文化水平在不断提高，由 1990 年尚没有一个县域属于高水平类型，且有 12 个县域均属于低水平类型，转变成 2000 年没有低水平类型，到 2010 年已没有低水平与较低水平这两种类型，有 24 个县域均属于高水平类型。20 年间平均值上升了 2.41，极差增加了 1.10，空间差异略有扩大，但各地区平均受教育年限平稳增加，人口文化水平稳步提高。

四、人口产业结构时间演变

人口产业结构是指人口分布于国民经济不同产业或行业各部门从事各种经济活动所构成的比例关系（刘长茂，1991）。此处人口不是全体人口，仅指经济活动人口。人口产业结构主要是各部门从业人员在量上的对比关系，但在量的背后，还隐藏着科技水平、劳动人口素质及劳动生产率高低等社会经济发展质的差异，且后者比前者对社会经济发展与人们生活质量的提高更具有意义。

人口产业结构的发展经历了传统型人口产业结构、发展型人口产业结构以及现代型人口产业结构。其中传统型人口产业结构的特征为从事农业的人口占绝对优势，且其人口比重在 60%~85%之间。发展型人口产业结构的根本特征是人口从第一产业向第二产业转移，导致第一产业从业人口数量减少，第二产业从业人口增加，第三产业人口绝对数量稍有增加，但相对比重提高不大。现代型人口产业结构的主要特征为从事第一、第二产业的人口向第三产业转移，

促使第三产业从业人口比重上升。从人口产业结构来看，传统型人口产业结构：第一产业就业人口比重≥50%，第二产业就业人口比重占25%左右，第三产业就业人口比重≤25%。发展型人口产业结构：第一产业就业人口比重为16%~49%，第二产业就业人口比重为26%~40%，第三产业就业人口比重为26%~49%。现代型人口产业结构：第一产业就业人口比重<15%，第二产业就业人口比重占35%左右，第三产业就业人口比重≥50%（董银兰等，2004）。

（一）人口产业结构构成比变化

1. 江苏全省人口产业结构由“一、二、三”转变为“二、三、一”

1990年江苏省第一产业从业人员数为2389.25万人，占全省从业人员总数的56.55%；第二产业从业人员数为1212.58万人，占28.70%；第三产业从业人员数为623.19万人，占14.75%，显示出第一产业人数所占比例最大。以上数据说明江苏是传统的农业大省，从事农业的人口比重很高，传统产业结构类型特征十分明显。

伴随着市场经济的不断发展，江苏省的经济有了长足发展，产业结构不断升级，城镇化进程不断推进，二、三产业从业人数不断增多，第一产业从业人员比重不断下降，并于1994年降到48.86%，首次降至50%以下。由图2-8可见，江苏省从业人口三次产业构成从1990年的第一产业为主逐渐演变为2010年的第二产业为主的结构，人口产业结构由“一、二、三”转变为“二、三、一”，从1990年的传统型人口产业结构向发展型人口产业结构过渡阶段转变为2010年的发展型人口产业结构。1990~2010年，第一产业从业人口数大幅度减少（减少了1328.96万人），其比重从56.55%下降至22.30%，20年间下降了34.25个百分点；第二产业从业人口数增加了784.39万人，比重由28.70%上升至42.00%，上升了13.30个百分点；第三产业从业人口数上升幅度最大（增加了1074.23万人），比重由14.75%上升至35.70%，上升了20.95个百分点。虽然2010年全省从业人口仍以第二产业为主，但是可以预见，第三产业从业人口数及其比重将超过第二产业而成为主要构成部分。

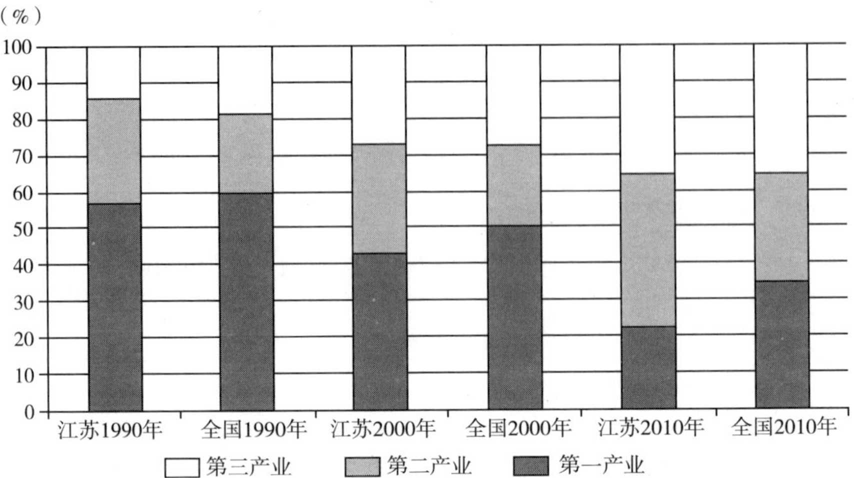

图 2-8　1990~2010 年江苏省及全国三次产业从业人员构成演变

资料来源：全国第四次、第五次、第六次人口普查。

2. 江苏全省人口第一、第三产业结构低于全国，人口第二产业结构高于全国

1990~2010 年的 20 年期间（图 2-8），江苏省人口产业结构与全国人口产业结构均呈现不断升级的趋势，均是第一产业从业人口比重大幅度下降，第二产业与第三产业从业人口比重上升，总体上江苏省人口产业结构由“一、二、三”转向“二、三、一”，而全国则由“一、二、三”转变为“三、一、二”。相对于全国而言，1990 年、2000 年与 2010 年，江苏省第一产业人口比重依次比全国低 3.15、7.20 及 12.50 个百分点，第二产业人口比重则相反，依次比全国高了 7.30、7.92 及 12.50 个百分点，第三产业则依次比全国由低了 4.15、0.72 个百分点至持平，其反映了 20 年来，江苏省从业人口比重变化幅度最大的是第一产业（江苏比全国下降的幅度大 9.35 个百分点），其次是第二产业（江苏比全国上升的幅度大 5.20 个百分点），最后是第三产业（江苏比全国上升的幅度大 4.15 个百分点），可见江苏省就业人口已顺利、快速地优先于全国而完成了从第一产业向第二产业与第三产业转变，由于江苏的第二产业较发达而第三产业发展起步时落后于全国，因而第三产业人口结构落后于全国，不过鉴于第三产业从业人口比重上升幅度大于全国，可以预见未来江苏第三产业人口结构将优于全国，故只需要合理引进人才，不断加强技术改革，发展高新技术产业，加快产业结构转变升级，从而推动人口产业结构的不断升级转换。

3. 县域人口产业结构传统型地区数减少，发展型与现代型地区数均增加

为进一步分析县域人口产业结构的演变特征，鉴于人口产业结构类型划分依据有三种，本书以第一产业从业人口比重作为衡量指标，将全省县域单元划分成三类：传统型人口产业结构（第一产业就业人口≥50%）；发展型人口产业结构（第一产业就业人口比重为 16%~49%）；现代型人口产业结构（第一产业就业人口比重<15%）。

以第一产业从业人口比重为衡量指标的江苏省县域人口产业结构时间演变主要体现在划分类型上。1990 年，全省 63 个县域单元被划分为传统型和发展型两种类型，平均值 67.45，超过平均值的有 40 个地区，约占 63.49%，最大值 91.37，最小值 16.11，极差 75.26。2000 年全省县域单元被划分为传统型、发展型及现代型三种类型，平均值 57.24，超过平均值的有 39 个地区，约占 61.90%，最大值 87.93（比 1990 年降低了 3.44 个百分点），最小值 12.70（比 1990 年降低了 3.41 个百分点），极差 75.23（仅比 1990 年降低了 0.03 个百分点）。2010 年全省县域单元被划分为传统型、发展型及现代型三种类型，平均值 27.91，超过平均值的有 35 个地区，约占 55.56%，最大值 60.49（比 2000 年降低了 27.44 个百分点），最小值 1.71（比 2000 年降低了 10.99 个百分点），极差 58.78（比 2000 年降低了 16.45 个百分点）。

可见，1990~2010 年，全省县域人口产业结构水平在不断提高，属于传统型的地区数量不断减少，而发展型和现代型的地区数量增多，其中传统型地区由 50 个减少至 5 个，而现代型则由 1990 年尚没有一个地区转变成 2000 年有 2 个地区，至 2010 年已有 16 个地区；平均值下降了 39.53 个百分点，下降幅度前 10 年少于后 10 年（分别为 10.21 和 29.33），极差减少了 16.48，空间差异呈缩小趋势，前 10 年减少幅度大于后 10 年（分别为 0.03 和 16.45）。说明各地区人口就业结构不断升级，地区差异进入 21 世纪以来伴随着交通条件与经济社会的发展加快而大幅度缩小了。

（二）产业结构与就业结构偏离度变化

产业结构与就业结构偏离度指各产业产值比重与相应劳动力比重的差异（是否处于同步变化与对称状态）（韩凤朝，2005）。测算产业结构的偏离度有两种方式：一种是产业结构比重与相应就业结构比重之比减 1；另一种是某一产业的就业比重与产业产值比重之差。本书选取前者，其计算公式如下（郝希亮，2013）：

$$P_t = \frac{C_t}{J_t} - 1 \tag{2-2}$$

式中，P_t 代表第 t 年某产业结构偏离度，C_t 代表第 t 年该产业占 GDP 的比重，J_t 代表第 t 年该产业的就业人口比重，1 是常数，代表产业结构与就业结构完全相适应的理想状态。由公式可见，P_t 绝对值越大，代表两者差异性越大越是处于不同变化中，劳动生产效率越低，反之则越接近同步变化状态，劳动生产效率越高。当 $P_t>0$ 时，即正偏离，表示产业比重大于就业人口比重，劳动力效率高，产业具有劳动力转入的空间；当 $P_t<0$ 时，即负偏离，表示产业比重小于就业人口比重，劳动力冗余，其效率低，产业具有劳动力转出的可能。

1. 江苏省与全国人口第一产业结构偏离度均为负，且绝对值均上升

根据式（2-2），计算出江苏省与全国分别在 1990 年、2000 年以及 2010 年的结构偏离度（表 2-6），江苏省与全国具有一致的演变特征：

首先，人口第一产业结构偏离度为负偏离，人口第二、第三产业则为正偏离。其中，人口第一产业结构偏离度为负，反映了劳动力冗余，生产效率低，大量剩余劳动力需要转移；而人口第二、第三产业结构偏离度为正，反映了其对劳动力有排斥作用，产业结构比重大于就业结构比重，未达到充分就业的状态，理论上来看存在劳动力转入的空间，可以接纳更多劳动力。

其次，人口第一产业结构偏离度绝对值上升，人口第二产业结构偏离度先上升后下降，人口第三产业结构偏离度大幅度下降。说明人口第一产业的产业结构与就业结构非常不对称，结构效益极低；人口第二产业结构与其就业结构的不对称性由大变小，从2000年开始确实在不断接纳从第一产业转移而来的劳动力；第三产业结构与其就业结构的不对称性由大变小并有趋向同步的趋势，第三产业的发展亦在不断吸纳剩余劳动力。主要由于落后的生产经营模式，农业生产的市场化、机械化水平相对较低，而江苏省与全国均存在农业人口基数大、增长速度快的特征，故导致劳动力效率低下，第一产业就业结构滞后于其产业结构。同时，由于江苏省与全国自然资源丰富、地理位置优越以及相关政策而逐渐建立起工业体系的雏形，构成了“二、三、一”的产业结构格局。伴随科技水平的提高、国家大力发展第三产业的政策，二、三产业人口劳动力效率不断提高，从而导致二、三产业尤其是第三产业的结构偏离度至2010年越来越小，就业结构与产业越来越趋向同步。

表2-6　1990~2010年产业结构与就业结构偏离度演变对比

地区	年份	第一产业	第二产业	第三产业
江苏省	1990	-0.56	0.70	0.76
	2000	-0.71	0.72	0.33
	2010	-0.73	0.25	0.16
全国	1990	-0.55	0.93	0.67
	2000	-0.70	1.06	0.41
	2010	-0.71	0.58	0.21

资料来源：根据全国第四次、第五次、第六次人口普查数据计算。

2. 江苏省与全国产业结构与就业结构偏离度具有差异性

首先，1990~2010年，两者虽产业结构均一直是“二、三、一”，但是江苏省就业结构为“一、二、三”转向“二、三、一”，而全国则由“一、二、三”转向“三、一、二”，即江苏省就业结构与产业结构更趋于同步，而全国到2010年则出现第一产业就业结构转移太慢，仍然落后于其经济产业结构的局面，且第二产业就业结构亦滞后于其产业结构，尤其在2000年，第二产业结构偏离度则绝对值最大（1.06），说明其就业结构与产业结构不对称性在三个年份中最大，而第三产业的产业结构却落后于其就业结构。

其次，江苏省第一产业结构偏离度绝对值均略高于相应年份的全国平均值，而第二产业结构偏离度则恰好相反（低于相应年份的全国均值），第三产业结构偏离度则在1990年高于全国，而2000年与2010年均低于全国。说明江苏省第一产业就业结构与产业结构的不对称性大于全国，劳动力冗余量大于全国，农业生产效率低于全国；江苏省第二产业就业结构与产业结构的不对称性则小于全国，工业化率高于全国，工业生产率高于全国；第三产业则1990年大于全国，而2000年与2010年又小于全国。说明了江苏省生产率在不断提升直至超越全国，主要是由于江苏省地处长江三角洲，地理位置优越，交通发达，人才引进政策较好，科技水平不断提高等导致的。

五、人口城乡结构演变

（一）人口城乡结构演变进程

1. 江苏全省人口城乡结构水平不断提升

伴随城镇化进程的加快，江苏省人口城乡结构水平呈不断增长趋势。1990年江苏全省城镇人口仅占总人口数的21.56%，乡村人口比重占78.44%，大量人口集中在乡村。随着城镇化的发展，乡村人口大量向城镇转移，城镇人口比重逐年上升，进入21世纪，城镇化水平迅速提高，城镇人口数量从1999年的2520.09万人迅速上升至2000年的3040.81万人，城镇人口比重上升了近7个百分点。这主要由于2000年江苏省政府将城镇化作为推进经济社会发展的“五大战略”之一，大力发展特大城市与大城市、积极推进中小城镇建设、加快城镇化进程等政策，加上跨世纪人口迁移空前频繁等综合因素导致的。依据全国第四次、第五次、第六次人口普查数据，江苏省城镇人口比重分别为21.56%、41.50%、60.58%，与全国人口城乡结构水平的发展同样呈上升趋势。但江苏省与全国人口城乡结构发展速度不同，江苏省人口城乡结构从

1990年滞后于全国平均水平（低4.85个百分点），到1999年以34.94%开始略超过全国平均水平（34.78%），进入21世纪以来始终与全国保持一致增长的趋势，而且越来越高于全国水平，2010年，江苏人口城乡结构水平比全国高出了10.63个百分点（图2-9）。

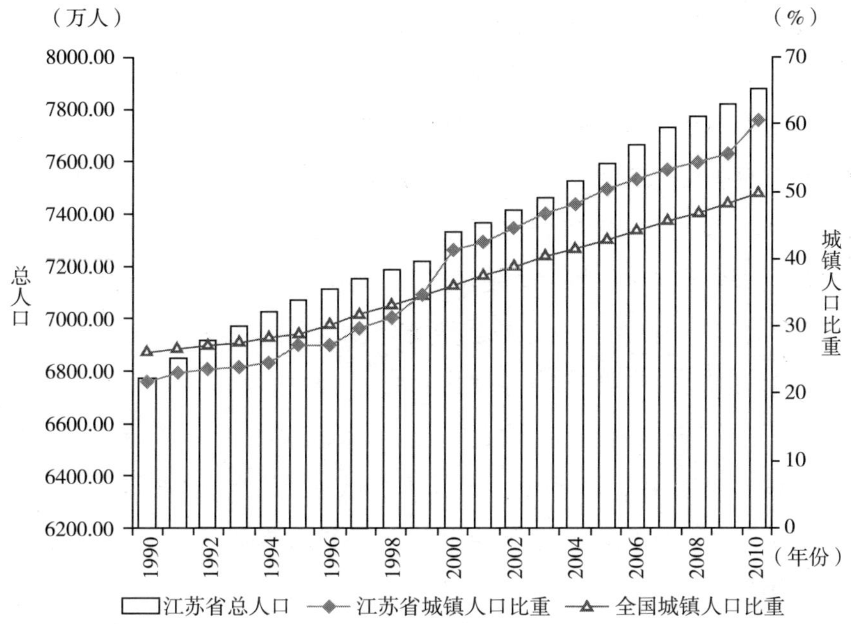

图2-9 1990~2010年江苏省及全国总人口与人口城乡结构变化

资料来源：江苏省的来源于《江苏统计年鉴》1991~2011年，全国的来源于《中国人口和就业统计年鉴》2011年。

2. 县域人口城乡结构由低水平型为主转向中高水平型为主

为进一步研究县域人口城乡结构演化进程特征，采用不考虑年份的四分位分类法，分别以13.05、19.94和29.00作为分类阈值，将人口城乡结构划分为以下4种类型：1—低水平（边缘）、2—中低（半边缘）、3—中高（半核心）、4—高（核心）。1990~2010年，江苏省各县域人口城乡结构由以低水平型为主转变为以中低水平型为主，继而转变为以中高水平型为主，4种类型人口城乡结构中，低水平型地区数量不断减少，由42个减少至4个继而减至2

个，约由66.66%降至6.35%进而降至3.17%，20年来共降低了63.49个百分点，前10年降低了60.32个百分点，后10年降低了3.17个百分点；中低水平型略有波动，由11个增至23个又减至13个，由17.46%升至36.51%又降至20.63%，20年来共升高了3.17个百分点，前10年升高了19.05个百分点，但后10年降低了15.88个百分点；中高水平型不断增加，由1个增至19个进而增至27个，由1.59%升至30.16%进而升至42.86%，20年来共上升了41.27个百分点，前10年升高了28.57个百分点，后10年升高了12.70个百分点；高水平型亦不断增加，由9个增至17个继而增至21个，由14.29%升至26.98%继而升至33.33%，20年来共升高了19.04个百分点，前10年升高了12.69个百分点，后10年升高了6.35个百分点。可见20年来，变化幅度最大的是低水平型（地区数量大量减少），其次是中高水平型（地区数量大量增加），再次是高水平型（地区数量增加），最后是中低水平型，具有波动性。同时各种类型的变化均为前10年变化幅度大于后10年。反映了经济社会的发展推动了产业结构的转移，进而促进了人口不断从第一产业向第二、第三产业转移，农村人口向城镇人口转移导致了人口城乡结构水平不断提高，其类型亦向更高水平升级，21世纪前的10年上升空间较大，而21世纪以后的10年上升空间较小。

（二）人口城乡结构差异变化

1. 研究方法

（1）标准差指数与变异系数。运用标准差与变异系数分别进行江苏省人口城乡结构绝对差异与相对差异的测度。其公式如下（程叶青，2009）：

$$S=\sqrt{\frac{\sum_{i=1}^{N}(U_i-\overline{U})^2}{N}} \tag{2-3}$$

$$V=\frac{S}{\overline{U}}=\frac{1}{\overline{U}}\sqrt{\frac{\sum_{i=1}^{N}(U_i-\overline{U})^2}{N}} \tag{2-4}$$

式中，S 是标准差指数，V 为变异系数，U_i 为第 i 个研究单元人口城乡结构，$\overline{U}$ 是各研究单元的人口城乡结构平均值，N 是某尺度研究单元的总个数。S 越大，说明绝对差异越大；V 越大，则说明相对差异越大。

（2）锡尔指数（Theil）。锡尔指数主要具有如下优点：将区域差异按照地域结构进行多层次分解，不随所有区域人口城乡结构与人口规模变动相同比例而变，不受研究单元个数的影响而有利于比较不同区域系统内人口城乡结构差异，符合庇古—塔尔图恩转移（Akita T，2003；Terrasi M，1999）原理。因此运用该指数对江苏省县域人口城乡结构差异进行研究并衡量其演变特征，其公式如下（王青等，2008）：

$$T = \frac{1}{N}\sum_{i=1}^{N} \log \frac{\overline{U}}{U_i} \tag{2-5}$$

式中，T 表示锡尔指数，T 值越大，差异越大。

2. 县域人口城乡结构差异较大并有缩小趋势

1990~2010 年，县域人口城乡结构绝对差异和相对差异都在不断下降中（图 2-10）。标准差指数由 12.95 下降至 11.69，变异系数则从 0.81 下降至 0.43，下降了近一半（47.67%），锡尔指数由 0.09 下降至 0.04，变异系数与锡尔指数也均是前 10 年缩小幅度较大，后 10 年缩小幅度较小，说明县域尺度的人口城乡结构相对差异在这 20 年间演化进程不同。

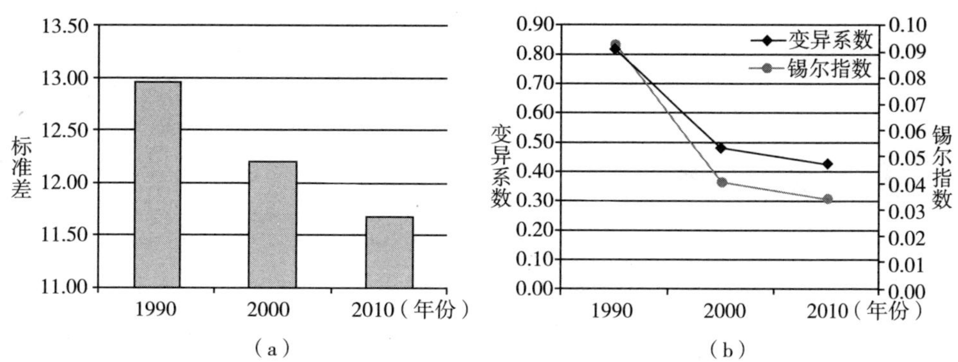

图 2-10　1990~2010 年江苏省县域人口城乡结构差异演变

资料来源：根据全国第四次、第五次、第六次人口普查数据计算。

虽然不同指标测度出的缩小程度结果不相同，但是可以看出，县域尺度人口城乡结构发展的不均衡性较大，且其差异性呈缩小趋势。主要是由于增长极的带动能力与范围差异、地区发展基础差异、政府政策侧重差异以及人口迁移驱动力机制较复杂等诸多错综复杂的因素的综合作用而导致的。

首先，县域人口城乡结构的非均衡性发展的主要原因是苏北和苏中各地级市之间存在着一定的经济实力差异，故其人口城乡结构水平提高的速度亦不同，因为苏北和苏中部分地级市的经济、资源、产业等发展有限，其对所辖县域带动能力以及乡村人口的吸引力均非常有限，由此导致了经济相对落后的部分县域人口城乡结构的水平依然相对较低，而且与人口城乡结构水平相对较高的县域差异比较大，所以县域差异是长期存在的。

其次，县域人口城乡结构差异不断缩小的原因主要有：在苏南、苏北两极分化显著且苏南保持高水平发展的背景下，政府为了追求宏观层面三大区域间的平衡发展而在政策上对苏中与苏北地区有所倾斜和引导，促进了全省跨江高速公路、地铁等交通条件的发展，尤其是进入 21 世纪以后，人口迁移日益频繁，促使大量人口从第一产业分离进而向二、三产业转移，促进人口城乡结构发展的同时缩小了地区差异；同时，人口从乡村转移到城镇主要是受经济水平、迁移距离、迁移政策等多种因素影响，而且因距离原因，省内人口主要从经济欠发达的苏北乡村地区向较发达的市区与周边城镇迁移，而苏中地区的乡村人口则主要向距离较近并且经济相对发达的苏南地区迁移，进而导致人口城乡结构差异不断缩小。

六、本章小结

基于全国第四次、第五次、第六次人口普查数据，采用标准差、锡尔指数及其分解等方法，运用数学公式计算文化综合程度值、产业结构偏离度等指标，主要对江苏省省域和县域尺度上人口发展概况、人口年龄结构、人口文化结构、人口产业结构以及人口城乡结构时间变化过程进行分析，揭示了江苏省人口结构发展的时间演化特征，具体如下：

（1）江苏省人口众多，密度较大，各县域人口密度空间上由南向北不断降低，分别沿长江和京杭大运河形成“+”字型密集分布的空间形态，主要向长江以南的苏南地区集聚。苏南地区以高密度区为主，苏中地区以较高密度区为主，苏北地区以较低密度区和低密度区为主。江苏省人口发展由“高出生率、低死亡率、高增长率”转变为“低出生率、低死亡率、低增长率”，实现了人口再生产类型的历史性转变，人口出生率、死亡率与自然增长率均低于全国平均水平，人口转变状况在全国处于领先地位。

（2）江苏省人口年龄结构呈现“中间高、两头低”的特征，正好处于“人口红利”阶段。江苏省省域及县域劳动年龄组比重均呈现稳步上升的趋势，人口年龄结构均表现出显著的“中间高、两头低”的锥形特征，劳动力资源丰富、负担较轻，有利于“人口红利”的产生。依据瑞典“人口红利”划分标准，1990~2010年，省域总抚养比均处于“人口红利”期，县域总抚养比由17个地区尚处于非红利期转变为全部进入“人口红利”期；省域少儿抚养比由人口微债期转向“人口红利”期，县域少儿抚养比由33个地区属于“非人口红利”期转变为仅剩7个而绝大多数地区（88.89%）进入“人口红利”期；省域老年抚养比均处于“人口红利”期，县域老年抚养比由全部处于红利期转变为虽绝大多数（约88.89%）地区仍处于“人口红利”阶段，但已有7个地区“人口红利”已经消失。总体而言，江苏省整体处于“人口红利”期，其劳动力资源充沛，抚养负担较轻，形成了一段长期利于经济发展的“黄金时期”，成为区域经济发展必要的动力。

（3）老龄化问题加剧，人口年龄结构类型由成年型转向老年型。全省老龄化速度快、老龄化问题严峻。1990~2010年期间人口老龄化系数增长了4.09个百分点，65岁及以上老年人口数增加了400.47万人；县域尺度上，老龄化系数由4.97%~10.26%上升为5.54%~19.00%，老年人口比重总体呈快速上升趋势，人口年龄结构类型由以成年型为主转变为除1个地区外其余地区全部进入老年型，且以初级老龄化阶段为主、中级老龄化为辅，同时有向重度老龄化发展的趋势。依据少儿系数、老少比、人口年龄中位数均可判别出江苏省人口年龄结构类型整体上由成年型向老年型转变。人口年龄中位数由 27.62 岁上移至 38.73 岁，中高龄人口群体不断扩大，人口老龄化程度不断加深。1990~2010 年，江苏省人口金字塔由钟形转变为壶形，反映了人口年龄结构由成年型向老年型转变。

（4）人口文化结构不断向高文化程度升级转变，低学历人口数量及比重下降，高学历人口数量及比重在不断增加，文化程度越低，其人口比重下降的幅度越大，文化程度越高，其人口比重上升的幅度越小。文盲率由 1990 年高于全国转变成 2010 年低于全国，但文盲人口与未上过学的人口数量依然不少，且大专、本科及以上人口比重还很低，人口文化结构尚且以初中人口比重为主。全省平均受教育年限由 6.42 年上升至 9.13 年，文化水平不断提高，且高于全国平均水平。由 1990 年尚没有一个县域属于高水平类型，且有 12 个县域属于低水平类型，转变成 2010 年已没有低水平与较低水平这两种类型，有 24 个县域属于高水平类型。通过计算得到 1990~2010 年江苏省文化程度综合均值由 6.41 上升至 9.06，相对于全国总体文化水平维持在初中阶段而言，全省文化程度总体水平从初中阶段上升为高中阶段，超过初中水平但未达到高中水平，故提高全省人口文化结构水平依然任重而道远。

（5）1990~2010 年，江苏省人口产业结构由“一、二、三”转变为“二、三、一”，由传统型向发展型人口产业结构过渡阶段转变为发展型人口产业结构。江苏省就业人口优先于全国完成从第一产业向第二产业与第三产业的转变，但是江苏的第二产业人口结构较发达，第三产业人口结构落后于全国。全省县域人口产业结构水平在不断提高，空间差异呈缩小趋势。第一产业结构偏离度为负偏离，第二、第三产业则为正偏离，第一产业大量剩余的劳动力需转移出去，第二、第三产业的产值比重大于就业人口比重，理论上可接纳更多劳动力。第一产业结构偏离度绝对值上升，第二产业结构偏离度先上升后下降，第三产业结构偏离度大幅度下降。第一产业的产业结构与就业结构非常不对称且增大，结构效益极低；第二产业结构与其就业结构的不对称性先增大后减小，从 2000 年开始不断接纳从第一产业转移而来的劳动力；第三产业结构与

其就业结构的不对称性变小、趋向同步，第三产业的发展亦在不断吸纳剩余劳动力。与全国相比，江苏省就业结构与产业结构更趋于同步，第一产业劳动力冗余量大于全国，农业生产效率低于全国；第二产业就业结构与产业结构的不对称性则小于全国，工业生产率高于全国。故须合理引进人才，不断加强技术改革，发展高新技术产业，加快产业结构转变升级，从而推动人口产业结构的不断升级转换。

（6）1990~2010 年，江苏省人口城乡结构水平不断提高，由以低水平型为主向以中高水平型为主转变，县域人口城乡结构具有非均衡性和差异性，其差异性不断缩小。城镇人口比重由 21.56%上升至 60.58%，由滞后于全国平均水平（低 4.85 个百分点）转变为高于全国（高 10.63 个百分点）。通过标准差、变异系数以及锡尔指数等方法发现，人口城乡结构无论绝对差异还是相对差异性均呈现不断缩小趋势，20 年来演化过程有所不同，其差异性缩小的程度亦不相同，呈现“前 10 年大幅缩小、后 10 年缩小程度减缓”的特征。县域人口城乡结构的不均衡性较大，主要受地区历史基础的差异、增长极带动能力及范围的差异、政府政策侧重的差异以及人口迁移机制的差异等多种错综复杂的因素综合作用的影响。

第三章　江苏省人口结构的空间演变

第二章主要从全省的角度，对 1990～2010 年江苏省人口年龄结构、人口文化结构、人口产业结构和人口城乡结构的时间演变进行分析，本章则以江苏省各县域为基本单元，运用第四、第五、第六三次全国人口普查数据，对 1990～2010 年江苏省人口结构的空间演变进行分析。

一、人口年龄结构空间演变

运用 GIS10.0 软件，将全省 63 个县域单元进行聚类分析，形成空间可视化图，从少儿组人口结构、“人口红利”、老龄化及人口年龄结构类型等方面，分析 1990～2010 年江苏省人口年龄结构的空间演变特点。

（一）少儿组人口结构空间格局变化

依据不考虑年份的四分位分类法，少儿组人口结构分别以 14.74、19.07 和 22.08 作为分类阈值，分为 4 类：低比重型（<14.74%）、较低比重型（14.74%～19.07%）、较高比重型（19.08%～22.08%）以及高比重型（>22.08%）（图 3-1）。从图 3-1 可以看出，1990～2010 年，少儿组人口结构总体呈下降趋势，最大值由 33.70%下降至 21.73%，降低了 11.97 个百分点，前 10 年下降了 4.63 个百分点，后 10 年下降了 7.34 个百分点；最小值由 16.07%下降至 8.10%，降

低了 7.97 个百分点，前 10 年下降了 2.97 个百分点，后 10 年下降了 5 个百分点；极差值由 17.63%下降至 13.63%，下降了 4 个百分点，前 10 年下降了 1.64 个百分点，后 10 年下降了 2.35 个百分点。以上均一致地说明地区差异在缩小，前 10 年下降幅度小于后 10 年。少儿组人口结构空间格局演变总体呈现由高比重型为主向低比重型为主转变，1990 年，尚无属于低比重类型，有 29 个地区属于高比重型，主要分布在苏北地区；2010 年，已无高比重型，有 42 个地区属于低比重型，且广泛分布在江苏南部及中部。少儿组人口结构空间差异显著，北高南低、西高东低，即苏北地区明显高于苏中与苏南地区，内陆地区高于沿海地区，这主要是由于苏北地区、内陆地区相对封闭，人们的思想观念及生育观念相对落后，出生率较高，导致了少儿组人口数量相对较多；伴随中国经济社会的快速发展，人们的思想观念越来越发生变化，不再追求“多子多福”“一定要生到儿子为止”等思想，取而代之的是“优生优育”“少生优生”“生儿生女都一样”等生育观念，出生率总体呈下降趋势。

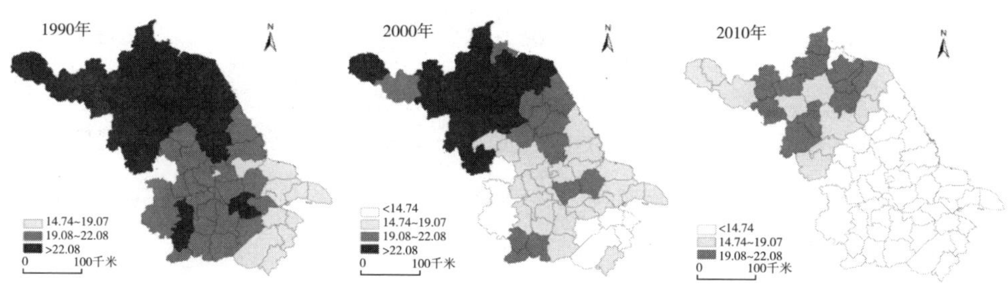

图 3-1　1990~2010 年江苏省各县域少儿组人口结构演变

2015 年 10 月中国实施“全面二孩政策”，全面放开二孩政策的实施，可以通过普遍提高生育率，增加未来劳动年龄组人口的规模及其比重，增加劳动力资源的未来供给，增加人力资本存量，刺激科学技术不断进步，延缓人口老龄化进程，有利于调节少儿组人口结构地区差异，有利于优化人口结构，有利于延长“人口红利”期，有利于政治、经济、文化的可持续发展。

（二）“人口红利”空间格局变化

基于第二章通过抚养比时间演变得到江苏省各地区相继进入“人口红利”阶段，相比于全中国因20世纪90年代后期局部出现“民工荒”而引起社会各界对“人口红利”消失的担忧而言，江苏省正处于“人口红利”的黄金时期，因此对“人口红利”进行空间演变分析意义深远。

1. 劳动力资源由较高水平型为主向高水平型转变，空间格局南高北低

同样采用四分位法，分别以69.60、72.05和73.96为分类阈值，将劳动年龄组人口结构分为四类：低水平型（<69.60%）、较低水平型（69.60%~72.05%）、较高水平型（72.05%~73.96%）以及高水平型（>73.96%）（图3-2）。从图3-2可以看出，1990~2010年，劳动年龄组人口结构总体呈上升趋势，最大值由74.50%上升至86.37%，增加了11.87个百分点，前10年增加了3.11个百分点，后10年增加了8.76个百分点；最小值由61.07%增加至67.78%，增加了6.71个百分点，前10年增加了1.27个百分点，后10年增加了5.44个百分点；极差值由13.43%增加至18.59%，增加了5.16个百分点，前10年增加了1.85个百分点，后10年增加了3.31个百分点。以上均一致地说明劳动年龄组比重在增加，地区差异也在扩大，后10年增幅均显著大于前10年。劳动年龄组人口结构空间格局演变总体呈现由较高水平型为主向高水平型转变，1990年，高水平型仅有2个地区，分别是高邮市和昆山市；2010年属于高水平型的地区有32个，主要分布在长江以南全部地区以及少量长江以北地区。劳动年龄组人口结构空间差异明显，南高北低，苏南地区明显高于苏中与苏北地区，反映了1990~2010年期间，尤其是进入21世纪以来，江苏省劳动力资源大量增长、不断丰富，伴随经济社会的快速发展，吸引了大量外来人口迁入，外来人口大多数以15~64岁组的劳动年龄人口为主，并且主要迁入江苏经济相对发达的苏南地区，充足的劳动力资源有利于促进经济的增长，有利于各地区呈现“人口红利”，甚至部分（如苏南等）地区进入“人口暴利”的黄金阶段。

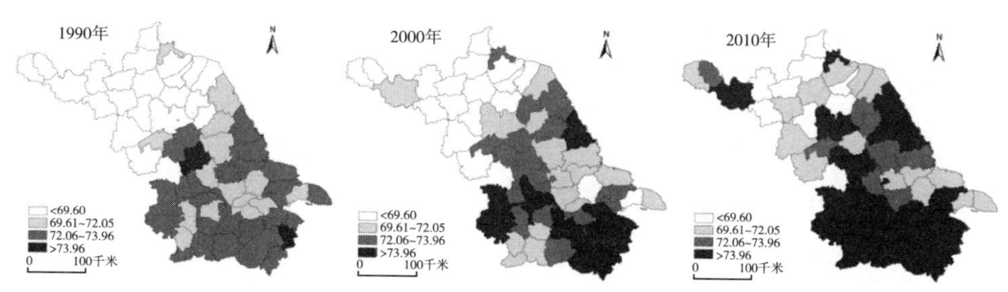

图 3-2　1990~2010 年江苏省各县域劳动年龄组人口结构演变

2. 依据总抚养比判断"人口红利"县域日益显著，且呈南高北低布局

"人口红利"概念在第二章已阐述，总抚养比是"人口红利"最常用的指标，因此利用 GIS 软件将总抚养比进行空间聚类分析，通过分析总抚养比的空间格局与差异来研究"人口红利"空间格局特征（图 3-3）。

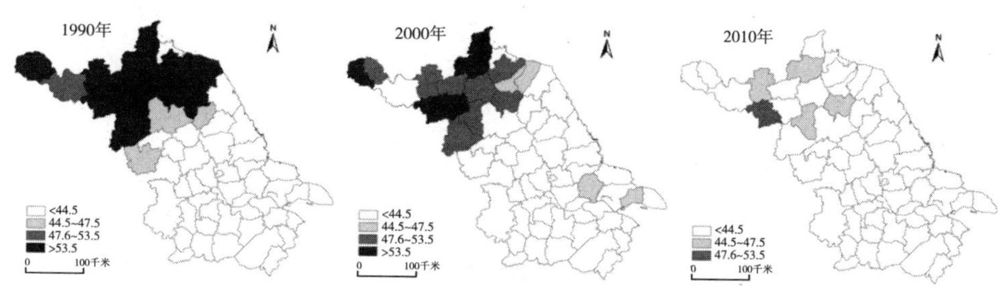

图 3-3　1990~2010 年江苏省各县域总抚养比演变

首先，从"人口红利"发展阶段看，县域总抚养比呈下降趋势，各县域单元"人口红利"越来越明显，劳动力资源越来越充沛，江苏省整体已进入"人口红利"的黄金时期。全省 63 个地区由 1990 年的 4 个阶段转变为仅有 3 个阶段（少了"非人口红利"阶段），主要由于 1990 年的 17 个（约占 26.98%）地区处于"非人口红利"阶段，转变至 2010 年无一个地区属于"非人口红利"阶段，即所有地区均已进入"人口红利"期。"人口暴利"期的地区数量由 1990 年的 42 个（约占全省的 66.67%）增加至 58 个地区（约占 92.06%）。1990 年，全省总抚养比有 21 个地区超过全省平均值，约占全省的 33.33%，其中最低值昆山市总抚养比为 34.22%，属于“人口暴利”期；而最高值响水县则为 63.74%，属于“非人口红利”期。2000 年全省则有 31 个市（县）高于全省平均水平，约占全省的 49.21%，最低值昆山市总抚养比为 28.84%，比 1990 年下降了 5.38 个百分点，进一步属于“人口暴利”期；而最高值睢宁县则为 60.42%，下降了 3.33 个百分点，依然属于“非人口红利”期。2010 年，全省有 40 个地区高于平均值，约占全省的 63.49%，最低值昆山市总抚养比为 15.79%，比 1990 年下降了 13.05 个百分点，更进一步属于“人口暴利”期；而最高值睢宁县则为 47.52%，下降了 12.90 个百分点，而进入了“人口红利”期。

其次，从空间格局上来看，1990 年总抚养比呈现北高南低的趋势，因而“人口红利”则北低南高，劳动力资源由北向南增多。北部除 1 个地区（徐州市区）属于“人口红利”与“微利”期、3 个地区（盱眙县、淮安市区、建湖县）属于“人口高利”期以及连云港市区等极少数地区属于人口暴利期外，大部分地区（共 13 个）均属于“非人口红利”期，其中响水县等 8 个地区总抚养比高于 59.5%而处于“人口负债”阶段，南部与中部地区则基本进入了“人口红利”期。2000 年总抚养比依然呈现北高南低的现象（除东南的如皋市与海门市外），北部地区丰县等 5 个地区属于“非人口红利”期的地区，比 1990 年少了 8 个地区，其中“人口负债”阶段的地区也减少至仅剩 1 个地区（睢宁县），灌云县等 8 个地区属于“人口红利”与“微利”阶段，响水县、灌南县以及东南部的如皋市与海门市属于“人口高利”阶段，北部剩余地区如徐州市区等以及中部、南部等大部分地区均已进入“人口暴利”阶段。到了 2010 年，全省 63 个县域单元全部进入“人口红利”期，总抚养比依然是北高南低，“人口红利”由北向南增大，劳动力资源由北向南越来越丰富。除睢宁县属于“人口红利”与“微利”期、东海县等 4 个地区属于“人口高利”期外，其余地区均属于“人口暴利”期。

最后，从空间差异来看，苏北与苏南地区总抚养比大幅度下降，苏中地区前 10 年总抚养比上升、后 10 年小幅度下降，均从总体上表现出“人口红利”越来越显著的趋势。区域空间差异在扩大，而且前 10 年差异扩大的幅度大于后 10 年，例如：一方面，极差值由 29.52%增加至 31.73%，增加了 2.21 个百分点，前10年增加了2.06个百分点，后10年仅增加了0.15个百分点；另一方面，1990~2000年下降超过10个百分点的地区集中于响水县、邳州市等7个苏北地区，其中下降最多的是响水县（下降了17.78个百分点）。2000~2010年的10年中，下降超过10个百分点的集中于以沛县、丰县等为主的7个苏北地区和以昆山市、张家港市等为主的6个苏南地区，其中苏北地区下降最多的是沛县（下降了15.56个百分点），苏南地区下降得最多的是昆山市（下降了13.05个百分点）。此外，也有总抚养比增加的地区由前10年的21个地区（其中12个苏中地区）转变为后10年的3个地区（2个苏中地区），但增加幅度大大下降，如增加最多的由前10年的6.20个百分点（如东县）降至后10年的1.11个百分点（阜宁县），可见其总负担在下降。

主要原因如下：第一，苏北地区思想较为封闭与落后，计划生育执行力度不如苏南苏中地区，因而出生率较高，少儿负担较重，再加上大量劳动力人口长期外出打工，其总抚养比较高，但是伴随着近些年来部分地区计划生育执行力度有所加强，因而出生率大幅度下降，故部分地区总抚养比亦大幅度下降，但是劳动人口资源仍然排在全省后列。第二，苏中地区则由于相对宜居，人口较长寿，老龄化相对高，老年负担较重，再加上劳动年龄组人口迁出务工，因而苏中地区总抚养比低于苏北地区而高于苏南地区，其劳动力资源居中（比苏北丰沛些，但比苏南地区少一些）。第三，苏南地区虽然老龄化较大，但大量以年轻人口为主的劳动力迁入（尤其是进入21世纪以来苏南经济迅速发展），再加上计划生育执行力度较强，因而劳动力资源相对其他地区更为丰富，总抚养比总体上比苏中、苏北低得多，基本上属于“人口暴利”期，劳动力资源全省最丰富。

（三）人口老龄化空间格局变化

1. 依据老龄化系数判断人口老龄化转向初级老龄化阶段为主，极差扩大

老龄化系数（W）是测度人口老龄化程度最常用的指标，指一定时期内，某一区域内65岁及以上老年人口数量占总人口数量的百分比。依据W值可大致确定人口发展模式类型：W≤4%时，表明人口模式处于年轻阶段；4%<W<7%时，人口模式处于成年阶段；W≥7%时，进入老龄化阶段（田雪原，

2004），结合江苏省实际情况与国际上相关标准，特定义：当 7%≤W<14%时，为初级老龄化阶段；当 14%≤W<21%时，为中度老龄化阶段；当 21%≤W 时，为重度老龄化阶段。将全省划分为以下四类：4%<W<7%，成年阶段；7%≤W<14%，初级老龄化阶段；14%≤W<21%，中度老龄化阶段；21%≤W，重度老龄化阶段。

1990~2010 年江苏省老龄化系数由 6.79%上升为 10.88%，从成年阶段转向中级老龄化阶段。为进一步分析县域尺度人口老龄化程度在空间分布上的特征，因而运用 GIS 软件聚类分析，详见图 3-4。

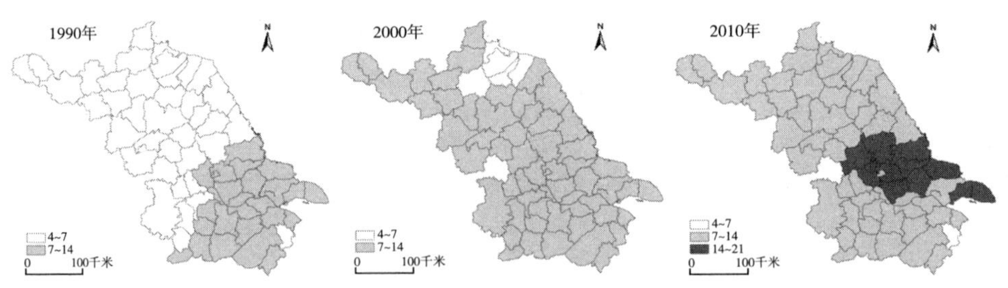

图 3-4　1990~2010 年江苏省各县域老年人口结构演变

1990~2010 年，老年组人口结构总体呈上升趋势，人口由成年阶段为主转变为初级老龄化阶段为主，同时有向中级老龄化与重度老龄化发展的趋势。最大值由 10.26%上升至 19.00%，增加了 8.74 个百分点，前 10 年增加了 3.21 个百分点，后 10 年增加了 5.53 个百分点；最小值由 4.97%增加至 5.54%，微幅增加了 0.57 个百分点，前 10 年增加了 1.14 个百分点，后 10 年微降了 0.57 个百分点；极差值由 5.29%增加至 13.46%，增加了 6.71 个百分点，前 10 年增加了 1.27 个百分点，后 10 年增加了 5.44 个百分点。以上均一致地说明地区差异在扩大，前 10 年增加幅度小于后 10 年。反映了进入 21 世纪以来，江苏省经济社会的不断进步，医疗水平的不断提高，带来人口寿命延长，老年人口数量不断增加，其比重亦不断上升，老龄化问题日益严峻。需要说明的是，昆山市是一个特例，由于昆山市靠近上海市的地理位置优势而成为上海发展的后花园，进入

21 世纪以来伴随中国加入世贸组织、上海成为国际化大都市，许多跨国公司与企业因上海高额地价而将工厂或分公司迁至昆山市，众多企业与产业在昆山市集聚并发展，进而促使大量劳动力人口迁入，仅 2010 年外省迁入昆山市的人口数就达到 733716 人，故昆山市 2010 年的老年人口比重仅为 5.54%，远远低于全省其他地区，从而使全省老年人口比重的最小值在后 10 年微降。

2. 苏中、苏北老龄化程度明显增加，苏南老龄化进一步分化

进一步从人口老龄化程度、发展阶段和空间格局与空间差异方面对各县域进行比较分析。

第一，从老龄化程度来看，进入 21 世纪以来，除苏州市区和昆山、吴江及太仓市人口老龄化系数出现递减外，其余各市（县）都呈现递增的趋势，江苏省县域人口老龄化现象进一步加剧。

第二，从发展阶段来看，全省从成年型转变为进入初级人口老龄化阶段并向中度和重度老龄化演进。1990 年，全省平均老龄化系数为 6.79%（<7%）尚处于成年型，其中有 29 个地区超过平均值，不过已有 26 个地区老龄化系数高于 7%，进入初级老龄化阶段。2000 年全省平均值 8.84%，比 1990 年增长了 2.05%，超过 7%的标准，已整体进入老龄化阶段。其中有 27 个市（县）高于全省平均水平，如东县更是高达 13.47%，已接近中度老龄化水平。2010 年，全省平均老龄化水平为 10.88%，比 2000 年时增长了 2.04 个百分点，增幅高达 23.08%。全省有 32 个地区高于平均值，11 个市（县）老龄化系数高于 14%，达到中度老龄化阶段，其中如东县更是高达 19.00%，接近重度老龄化阶段。

第三，从空间格局上来看，1990 年老龄化呈现西北低、东南高的现象，北偏西大部分地区老龄化系数低于 7%，尚未进入老龄化阶段。2000 年全省除东北角诸如连云港市区、灌云县等 5 个地区外，其余均进入初级老龄化阶段。到了 2010 年，呈现中部偏东南沿海、沿江地区的老龄化程度高，而北部与南部等地区均老龄化程度相对较低，即苏中高、苏北与苏南低。除昆山市特例外，其余均已进入老龄化阶段，其中启东市、如东县等 11 个以苏中地区为主的县域单元进入中级老龄化阶段。

第四，从空间差异来看，苏中、苏北地区老龄化系数明显增加，苏南地区老龄化进一步分化。1990 年，全省老龄化水平空间差异不大，极差值为 5. 29，有 58. 73%的地区属于成年阶段（老龄化系数<7%），太仓市老龄化系数最高值为 10. 26%，属于初级老龄化阶段。2000 年，全省老龄化水平空间差异略有增大，极差值为 7. 13%，除灌南县、灌云县、响水县、沭阳县及连云港市区 5 个地区老龄化系数低于 7%外，其余各市（县）均处于 7%~14%的初级人口老龄化阶段。例如 1990~2000 年，全省增幅最大的是姜堰市，增加了 4. 03 个百分点，由 7. 74%升至 11. 77%，老龄化系数增加超过 3. 15 个百分点的有 7 个地区，且全部属于苏中与苏北地区。

到 2010 年，全省老龄化水平空间差异明显增大，极差值为 13. 46%。首先，苏中、苏北地区老龄化系数明显增加，如 2000 年老龄化系数在全省排名倒数第五，并且低于 7%的灌南县、灌云县、响水县、沭阳县以及连云港市区 5 个县域单元在 2010 年其老龄化系数均超过 7%，进入人口老龄化阶段，在这 5 个县域单元中增加最快的是沭阳县，其老龄化系数由 6. 96%增加到 9. 82%，增加了 2. 86 个百分点。再如，全省老龄化系数增加 5 个百分点以上的地区有 6 个，全部都分布在苏中与苏北地区，其中增加最大的是东台市（由 10. 69%增加到 17. 01%，增加了约 6. 32 个百分点）；全省达到中度老龄化的 11 个县（市、区），除东台市属于苏北外，其余均分布在苏中地区。其次，苏南地区老龄化进一步分化。一方面，苏南工业化与经济社会相对发达地区，老龄化系数较低且增长较慢，甚至出现下降的现象，例如：全省老龄化出现下降的 4 个县域单元全部属于苏州市，其中，昆山市老龄化系数由 8. 46%下降到 5. 54%，减少了 2. 92 个百分点，并且低于了 7%，成为全省唯一一个由 2000 年的老龄化阶段到 2010 年转入成年型阶段的地区；无锡市区 10 年仅增加了 0. 20 个百分点，老龄化系数为 8. 87%，属于初级老龄化阶段。另一方面，苏南工业化及经济社会发展水平相对较低的地区，老龄化系数较高且增幅较大，例如：高淳县老龄化系数为 13. 6%，增加了 2. 87 个百分点，已接近中度老龄化水平。

老龄化水平空间分布格局的变化，一方面，从全局宏观视角来看，主要由于全省经济社会的发展，人民生活水平不断提高，人口寿命进一步延长，再加上计划生育政策的贯彻实施，因而全省 63 个县域单元老年人口比重均有不同

程度的提高，人口老龄化进程加快，老龄化问题日益凸显。另一方面，从各地区微观视角来看，不同地区情况不同，因而人口老龄化进程也有所不同，在空间上呈现出不同的空间格局与空间差异。具体原因如下：首先，苏中地区老龄化水平在全省整体上处于高位，除了伴随经济社会的发展、医疗卫生水平提高、人口寿命进一步延长外，还与苏中地区产业类型有关，如泰州、南通等地建筑业发达，全国及世界各地均有建筑项目分布，在一定程度上造成了大批人口的流出，老龄化水平增长迅速。此外，也与苏中地区相对于苏南、苏北地区而言比较宜居有关，苏中地区气候、降水等自然环境较好，医疗卫生水平比苏北地区高，同时生活压力又不如苏南发达地区大，因而这些苏中地区的县级市人口寿命较长，故苏中大部分地区的老龄化程度在全省名列前茅。其次，苏北地区主要由于经济发展较为落后，大量劳动年龄人口外出打工，导致老年人口比重上升，而且计划生育政策的贯彻力度不如苏中、苏南地区强，因而少儿比重比苏中、苏南高，这便是虽然苏北大量地区迁出人口远高于苏中地区但其老龄化程度却不如苏中地区的主要因素。最后，苏南地区则由于经济发展水平相对较高，吸引大量劳动年龄组人口迁入，这些数量庞大的外来人口大大稀释了人口老龄化程度，因而老年人口比重增幅没有苏中、苏北地区大，例如昆山市，经济发展快速，大量年轻人口迁入导致老年人口比例下降（从 8.46%下降至 5.54%），人口模式转型显著。

（四）人口年龄结构类型空间格局变化

依据老少比进行人口年龄结构类型分析（图 3-5）。从空间格局来看，人口年龄结构类型南北差异显著，整体上由北向南呈现由成年型向老年型递变的态势，1990~2010 年老年型地区由苏中及苏南地区扩散至全省全部范围。1990 年全省 63 个县域单元共划分为两种类型：年轻型，有 30 个县域单元（约占 47.62%），主要分布在苏北地区以及南部长江沿岸西部少量地区；老年型，有 33 个县域单元（约占 52.38%），主要分布在苏中及苏南地区。总体而言，1990 年全省县域人口年龄结构主要处于成年型向老年型过渡的阶段。2000 年，全省亦分为两种类型：年轻型数量大幅度减少，仅有 9 个地区（约占

14.29%)，集聚在苏北的赣榆县等北部地区；老年型数量大幅度增多，有54个地区（约占85.71%)，成片广泛分布在全省苏南、苏中以及苏北除成年型外的其他地区。总体而言，2000年全省县域人口年龄结构绝大部分地区属于老年型阶段。2010年，全省只有老年型1种类型，全部地区均属于老年型。人口年龄结构类型空间演变特征从另一个侧面反映了江苏省不同地区老龄化发展速度与程度的非均衡性，人口老龄化问题应引起各地区相关部门的重视。

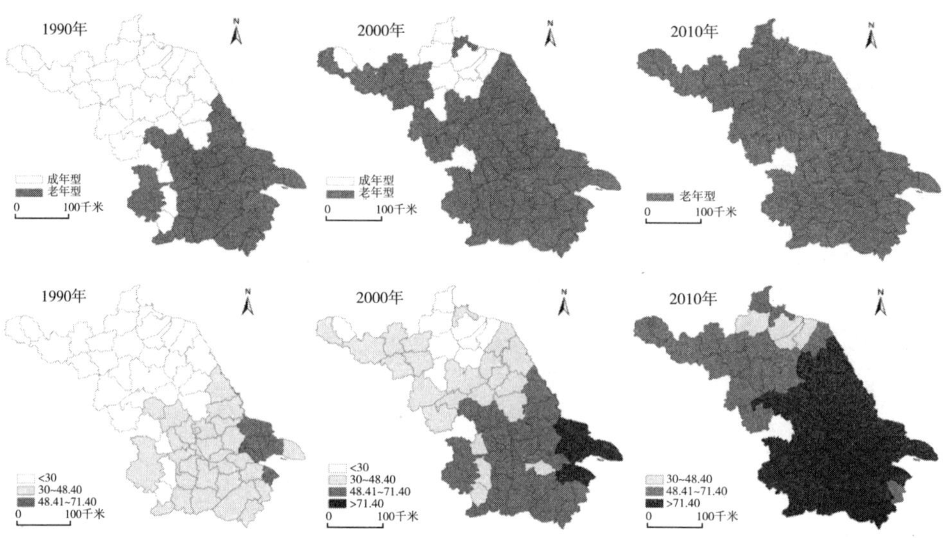

图3-5　1990~2010年江苏省各县域人口年龄结构类型及老少比演变

二、人口文化结构空间演变

（一）人口文化程度空间变化

1. 各县域由低水平结构为主转变为向中、高等水平结构过渡

依据人口文化程度等级划分标准，1990~2010年，全省各县域人口文化结

构由低水平结构为主转变为向中、高等水平结构过渡。1990 年，全省除南京市区（7.60%）受过高等教育的人口比重高于 7%属于中等水平结构外，其余地区（约占 98.41%）受过高等教育的人口比重均低于 7%，全部属于低水平结构。2000 年，全省仍然只有南京市区（高等教育人口比重为 14.77%）属于高等水平结构，但有 5 个地区属于中等水平结构，57 个地区（约占全省的 90.48%）属于低水平结构。至 2010 年，全省有 10 个地区属于高等水平结构，约占全省的 15.87%，17 个地区（约占 26.98%）属于中等水平结构，36 个地区（约占 57.14%）属于低水平结构，其中各地市区以及苏南的县级市人口文化结构升级速度最快而且高等教育人口比重均高于 7%，全部属于中等与高等水平结构。可见，江苏省县域人口文化结构不断升级。

2. 均值可见县域人口文化结构不断向高文化程度升级，受教育程度极差显示地区差异呈扩大趋势（除文盲人口比重外）

进一步分析县域不同受教育程度的情况，一方面，看县域平均值演变。1990~2010 年，全省县域人口文化结构的均值（图 3-6），由 1990 年的小学人口比重最大（40.50%）转变为 2010 年的初中人口比重最大（44.57%），20 年期间，在人口文化结构总体演变趋势中，除 15 岁以上文盲人口结构（下降了 16.53%）、小学人口比重下降（下降了 10.12%）外，其余文化程度的人口比重均呈上升态势，其中初中人口比重上升幅度最大（上升了 14.74%），高中人口比重上升幅度次之（上升了 9.05%），本科及以上人口比重上升幅度最小（上升了 2.86%）。1990~2010 年期间的两个 10 年对比发现，21 世纪前的 10 年 15 岁以上的文盲人口下降幅度更大（13.67%），初中人口比重上升幅度较大（上升了 11.67%）；而进入 21 世纪以来的 10 年小学人口比重下降幅度更大（下降了 8.31%），高中比重（5.86%）和本科及以上人口比重（上升了 2.23%）上升幅度较大。即：15 岁以上文盲人口结构与初中人口比重的变化幅度均是前 10 年大于后 10 年，其余文化程度变化幅度均是前 10 年小于后 10 年。由此可见，低学历人口比重下降，高学历人口比重不断增加，文化程度越低，人口比重下降幅度越大，文化程度越高，人口比重上升幅度越小。这一演变特征与省域变化特征一致，说明江苏省文化发展水平在不断提高，人口文化结构不断向高文化程度升级转换，但是鉴于文盲人口尚存，且高中、本科及以上的人口比重依然很低，人口文化结构尚且以初中人口比重为主，故全省县域人口文化结构升级亦任重道远。

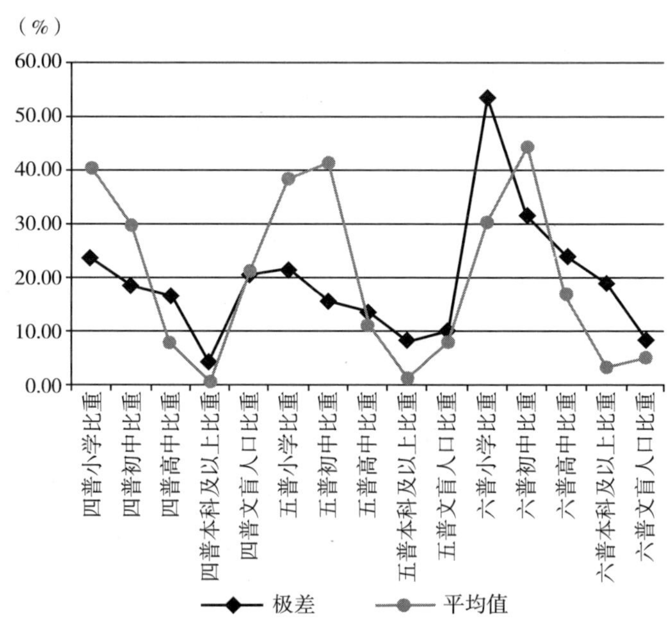

图 3-6　1990~2010 年江苏省各县域不同文化程度人口比重极差与均值演变

另一方面，看极差演变。1990~2010 年，人口文化结构极差值总体上除文盲人口比重外，其余文化程度人口比重的极差均呈上升态势，说明地区文化结构水平提高的同时其地区差异亦在不断扩大。其中，极差值增加幅度最大的是小学人口比重（增加了 29.86 个百分点），其次是本科及以上人口比重（增加了 14.97 个百分点），再次是初中人口比重（增加了 13.03 个百分点），高中人口比重极差值增加幅度最小（增加了 7.43 个百分点），而文盲人口比重的极差值下降幅度较大（降低了 11.91 个百分点），可见，伴随扫盲运动的开展，县域文盲人口结构的地区差异在大幅度缩小，其余文化程度人口结构的地区差异均在扩大，且不同文化程度人口结构的地区差异不同。

3. 苏南地区人口文化结构水平较高，苏中次之，苏北最少

将 63 个县域归纳至三大区域，探讨人口文化结构的变化特征（图 3-7）。

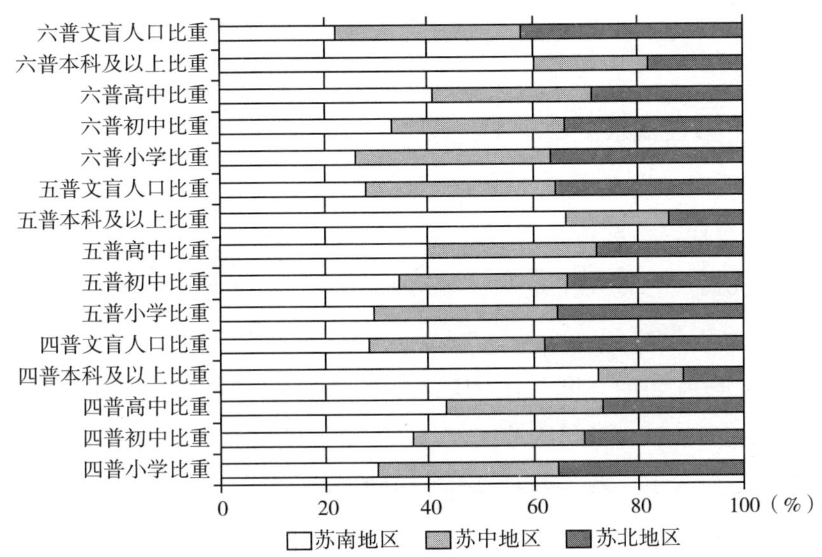

图 3-7 1990~2010 年江苏省三大区域不同文化程度人口比重演变

1990~2010 年，由小学人口比重最大转变为初中人口比重最大，小学人口比重与文盲人口比重大幅度降低，其中文盲人口下降幅度最大；初中、高中和本科及以上人口比重增加。比较三大区域，文盲人口比重最大值由四普时在苏北转向苏中（五普）再转至苏北地区（六普），小学人口比重最大的地区由苏北转变为苏中地区，初中人口比重最大的地区由苏南地区转变为苏北地区，高中人口比重最大一直都集中在苏南地区，本科及以上人口比重最大值亦一直在苏南地区，而最小值一直在苏北地区，苏南与苏北差距拉大。可见，文化程度较高的人口主要集中在苏南地区，苏中次之，苏北最少；而文化程度较低的人口比重则是苏北地区最大，苏中次之，苏南最小。即：由北往南，人口文化结构水平越来越高，文化程度高的人口比重越来越大。

（二）平均受教育年限空间变化

1. 平均受教育年限由较低水平型为主转变为较高水平型为主

由图 3-8 可见，江苏省县域平均受教育年限空间特征主要体现在划分类型上，由 1990 年尚无高水平类型转变成 2010 年仅有较高水平与高水平两种类型。1990 年，以较低水平型为主，该类型广泛分布于全省，共 47 个县域单元，约占 74.60%；其次是低水平型，主要分布在苏北地区，共有东海县、宿迁市区等 12 个地区，约占全省的 19.05%；较高水平型集中在苏南地区，仅有南京市区、无锡市区等 4 个地区，约占 4.76%。2000 年，虽依然以较低水平型为主，但与 1990 年相比，其比重已下降至 55.56%，约 35 个地区，且有由全省成片广泛分布转向苏北地区的趋势；较高水平型数量迅速上升至 27 个，约占 42.86%，且由 1990 年的苏南 4 个市区转变为宜兴市、苏州市区、南通市区等长江沿岸的苏南、苏中地区为主以及盐城市区、淮安市区等苏北少数地区；此外，还有分布在南京市区的高水平型。相比而言，2010 年，以较高水平型为主，大面积呈片状主要分布在苏北地区与部分苏中地区，共 39 个地区，约占 61.90%；高水平型主要集中于长江两岸的苏南地区及苏中地区，共有 24 个地区，约占 38.10%。说明伴随经济社会的发展，全省县域单元平均受教育年限不断增加，其类型不断升级转换，经济发达的苏南地区平均受教育年限在相应时段都高于经济相对落后的苏北地区。

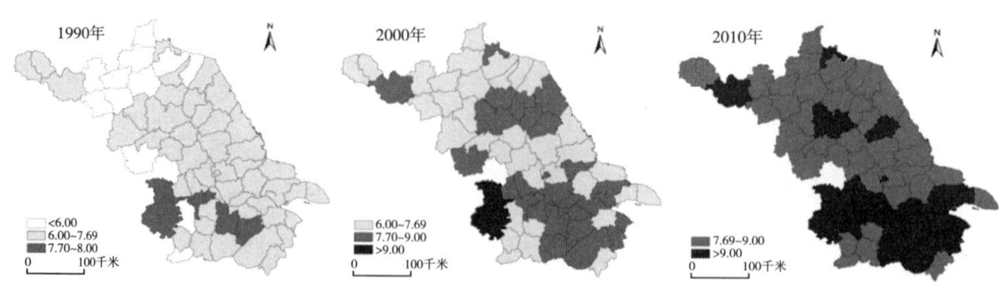

图 3-8　1990~2010 年江苏省各县域平均受教育年限演变

2. 平均受教育年限呈现以长江为界、南高北低的空间布局

空间上呈现以长江为界、南高北低的态势，伴随人口文化结构的升级以及文化水平的提高，苏南地区受教育年限高于9年的县域单元越来越多，而苏中、苏北地区则除了各个市区外，其余地区都低于相应年份的苏南地区。以高水平类型为例，1990年尚无1个地区达到该类型的水平，2000年仅有1个南京市区属于高水平类型，至2010年高水平类型则有24个地区，其中，苏南地区有14个地区（约占58.33%），苏中有6个地区（约占25.00%），苏北仅4个地区（占16.67%）。

3. 平均受教育年限苏中发展较慢，而苏南与苏北发展较快

20年来增加幅度最大的前10名中有7个县域单元处于苏南地区，仅有连云港市区等3个地区属于苏北地区。增加幅度排在后10名的地区中有丰县等5个苏北地区，以及兴化市等5个苏中地区。其中增加最大的是地处苏南地区的昆山市，增加了3.99年，而增加最小的是处于苏中地区的兴化市，20年仅增加了1.62年，可见苏中地区发展较慢，而苏南与苏北地区发展较快，但由于苏中地区历史文化基础高于苏北地区，因而总体上人口文化结构等级苏南地区最高，苏中次之，苏北最低。

（三）人口文化结构空间自相关分析

1. 空间自相关分析方法

ESDA（Exploratory Spatial Data Analysis，探索性空间数据分析），是一系列空间数据分析方法和技术的集合，以空间关联度为核心，通过对事物或现象空间分布格局的描述与可视化，发现空间集聚与空间异常，揭示研究对象间的空间相互作用机制（Anselin L，1999）。基于ESDA相关分析，描述江苏省县域人口文化结构差异在空间上的变化状况。空间自相关分析包括全局空间自相关分析与局部空间自相关分析。全局空间自相关Moran's I指数可用来测度整体的空间关联结构模式，全局Moran's I指数作为一种总体统计指标，仅说明所有地区与周边地区间空间差异的平均程度。在总体空间差异缩小的情况下，局部空间差异却有可能扩大。因此还需运用局部空间自相关分析法来全面反映地区空间差异的变化趋势。全局自相关用来探索区域内是否存在空间集聚，而局部空间自相关则可进一步获知其集聚程度（高或低）具体的空间分布。相关公式及其释义如下（靳诚等，2009）：

（1）全局 Moran's I 指数 。

$$I=\frac{n\sum_{i=1}^{n}(x_i-\bar{x})\sum_{j=1}^{n}W_{ij}(x_j-\bar{x})}{\sum_{i=1}^{n}\sum_{j=1}^{n}W_{ij}\sum_{i=1}^{n}(x_i-\bar{x})^2}\quad(i\neq j)\tag{3-1}$$

式中，n 为观测值的数量，x_i 与 x_j 分别为位置 i 和 j 的观测值，$\bar{x}$ 为平均值，W_{ij} 为空间权重，空间相邻为 1，不相邻则为 0。通常采用 Z 对 Moran's I 结果进行统计检验，公式为：$Z(I)=\frac{I-E(I)}{\sqrt{Var(I)}}$，其中 E（I）为数学期望值，Var(I) 是均方差（标准差）。

在给定显著性水平下，全局 Moran's I 指数值在-1～1 之间，若值为正（>0），则表示存在空间正相关，人口文化结构在空间上高高集聚或低低集聚的显著集聚，该值越大，越接近 1，说明总体空间差异越小，集聚程度越高，即越高高或低低集聚。反之，若 Moran's I 指数显著为负（<0），则表明该地区与周围地区具有显著的空间差异，该值越小，越趋近于-1，说明总体空间差异越大，分布越不集中或越扩散。若等于 0，则表示不存在空间相关性，呈无规律的随机分布状态。仅当 Moran's I 接近期望值$\frac{-1}{n-1}$时，观测值之间才相互独立，在空间上随机分布，此时满足传统区域差异度量方法所要求的独立条件。

（2）局部 Moran's I 指数。局部空间自相关分析可测度每个区域与其周围地区间的局部空间关联与差异程度，包括两种方法，即 Moran 散点图和局部 Moran's I 统计量。局部空间非稳定性的 Moran 散点图可用来定性地揭示每个研究单元与周围地区的空间关联，局部空间关联指标（Local Indicators of Spatial Association，LISA）可进一步揭示局部空间关联与差异的程度。局部 Moran's I 公式如下（Anselin L，1995）：

$$I_i = \frac{(x_i - x)\sum_{j=1}^{n} W_{ij}(x_j - x)}{\sum_{j=1,j\neq i}^{n} \frac{x_j^2}{(n-1)} - x^2} \quad (3-2)$$

其中各字母含义同公式（3-1）。Moran 散点图共四个象限，第一象限（HH）或第三象限（LL）表示某地与其周边相邻地区均有高（或低）程度的集聚，因而发展逐步趋向一致。第二象限（LH）或第四象限（HL）表示某地区发展或慢（较快）而其周边相邻地区发展或快（较慢），因而相邻地区存在着不同程度的差异性。

2. 人口文化结构全局空间自相关分析发现，总体空间差异呈缩小趋势

运用 Geoda 软件，选取高等教育人口比重作为人口文化结构的衡量指标，对 1990~2010 年江苏省 63 个县域单元人口文化结构进行全局 Moran's I 指数计算，结果分别如表 3-1 所示。

表 3-1　江苏省高等教育人口比重 Moran's I 估计值

时间	Moran's I	E(I)	sd	Z(I)	P
1990 年	0.1251	-0.0161	0.0798	1.9615	0.0500
2000 年	0.1289	-0.0161	0.0830	1.8147	0.0700
2010 年	0.2218	-0.0161	0.0955	2.4524	0.0300

由表 3-1 可见，三个年份高等教育人口比重的 Moran's I 估计值均大于 0，1990 年与 2010 年的正态统计量 Z 均大于 0.05 的置信水平（95%）的临界值（1.96），2000 年的正态统计量 Z 大于 0.10 的置信水平（90%）的临界值（1.65），均通过了显著性检验。说明江苏省县域人口文化结构具有显著的正的空间自相关特征。Moran's I 值由 1990 年的 0.1251 增至 2010 年的 0.2218，说明县域人口文化结构总体空间差异呈缩小趋势，集聚程度在不断增强。

江苏省县域总体空间差异的缩小并不能说明全省县域人口文化结构已走上全面和谐发展之路，这恰好是江苏省县域人口文化结构空间分异的反映。自 1990 年以来，江苏省县域人口文化结构呈现出苏南地区内部差异不断缩小，苏南与苏北之间差异不断扩大，苏北内部差异略有增大的趋势特点。这可以进一步从以下的局部空间自相关分析中得到相关证实。

3. 人口文化结构局部空间自相关——空间集聚特征日益显著，大致以长江为界、南北分异明显的集聚格局基本未变

为更好地比较分析 1990~2010 年期间江苏省县域人口文化结构差异的空间格局变化，通过 Geoda 软件采用局部空间关联指标，通过对全省县域单元的高等教育人口比重进行自相关分析，得到相应年份的 Moran 散点图（图 3-9）。

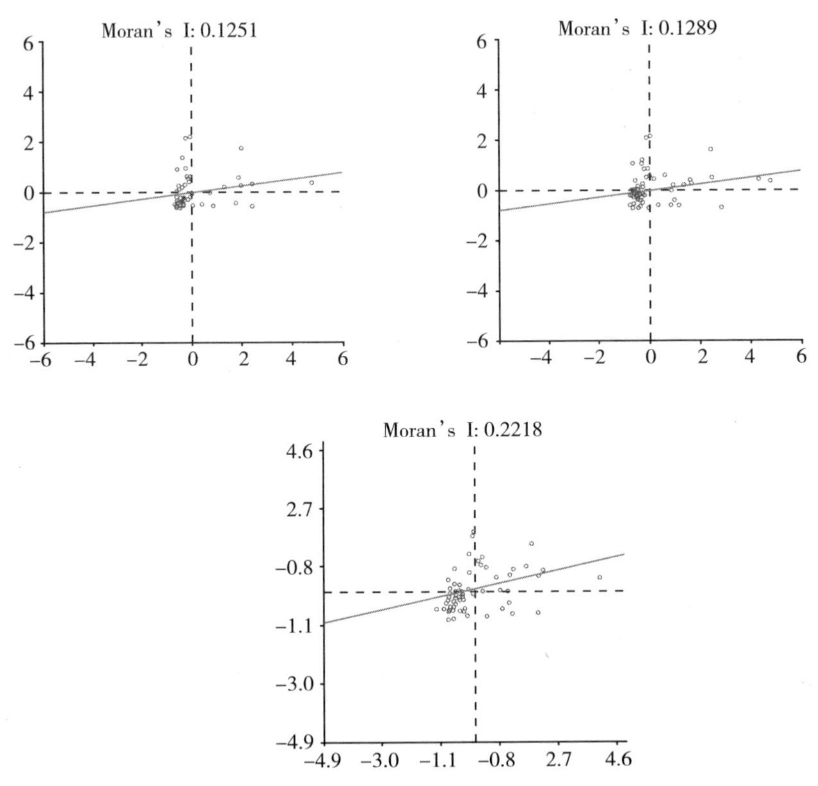

图 3-9　1990~2010 年江苏省各县域高等教育人口比重 Moran 散点图

比较 1990 年、2000 年和 2010 年江苏省高等教育人口比重的 Moran 散点图可以发现，自 1990 年以来，江苏省县域教育文化水平发展较快，县域之间的高等教育人口比重总体空间差异不断缩小，空间集聚特征日趋明显。1990~

2010年，位于HH象限的县域单元个数由7个增加到14个，约占江苏省区域总数的22.22%；相反，空间负相关的县域单元（LH类型与HL类型）数量减少，1990年与2010年的比重分别为38.10%和30.16%，均为自身与邻近地区城镇化水平差距较大的地区，其中，位于LH象限的数量由19个减少为13个，HL象限的数量则由5个增加至6个。位于HH象限的数量越多，代表总体空间差异就越小，这与表3-1中的全局Moran's I估计结果一致。

这说明了20世纪90年代以来尤其是进入21世纪后，伴随着社会经济、交通、科技、通信基础设施等的不断发展，江苏省县域之间经济技术、思想观念等的交流显著增加，不同县域政府与广大群众对教育的重视程度与日俱增，促使县域之间人口文化结构发展不同步的现象有所减少。但是与此同时，那些原先文化程度与人口文化结构水平较低的地区（LL象限），经过20年的发展，依然没有能够摆脱其相对滞后的局面。至2010年位于LL象限的数量仅比1990年减少了2个（由32个减少至30个），且仍占47.63%，这些地区主要以苏北为主，说明江苏省苏南与苏北差异依然较大，县域人口文化结构协调发展的路还很漫长。

为更清晰地揭示江苏省县域人口文化结构的地理空间格局演化，利用Geoda软件与GIS10.0软件，将Moran散点图与局部Moran's I值结合，利用GIS实现空间可视化，制作Moran散点地图，以进一步探讨空间集聚特征（图3-10）。

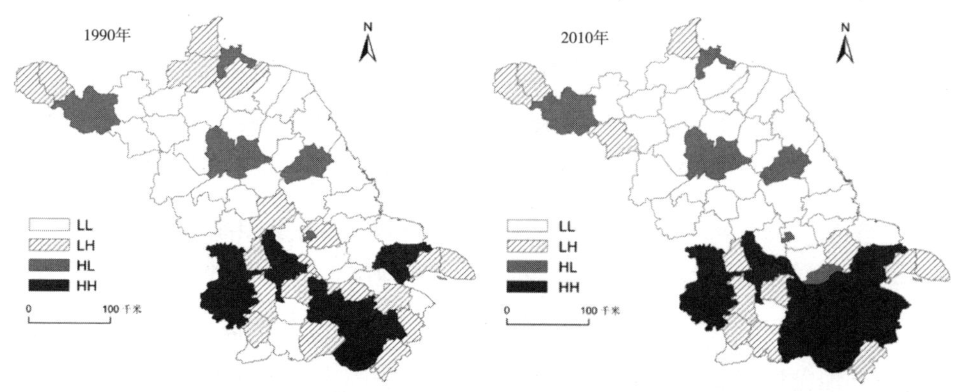

图3-10 1990~2010年江苏省各县域高等教育人口比重的LISA散点图

从图 3-10 中可见，1990 年，江苏省县域人口文化结构已表现出较为显著的空间分异格局。与周围地区相比，全省县域可划分为以下四种类型：①空间差异较小、区域自身与周围地区较高水平集聚的县域（HH），除苏中的扬州市区和南通市区外，主要分布在苏南各市区（如南京市区等）；②空间差异较小，但区域自身与周围地区较低水平集聚的县域（LL），除苏中与苏南少量地区外，广泛分布于苏北地区；③空间差异较大，区域自身水平较低，而周围地区较高的县域（LH），主要分布在全省的东、南、西、北四个角落；④空间差异较大，区域自身水平较高，周围地区较低（HL），除泰州市区外，主要坐落于苏北的各个市区。

经过 20 年的发展，江苏省县域人口文化结构空间集聚格局发生了以下变化：①HH 类型由原来的各市区向东南延伸包含了苏南的宜兴市、昆山市等县级市；②LL 类型虽数量略减（由于减少了 6 个，又多了 4 个，故共减少 2 个），但是其主要分布在苏北地区的基本格局并没有发生变化，其中经济快速发展的太仓市和张家港市 2 个地区转向 HH 类型，经济相对较落后的溧阳市、如皋市和睢宁县 3 个地区则转向 LH 类型，靖江市由于地缘优势而经济发展较快进而转向 HL 类型；③LH 类型共减少了 6 个（减少了 9 个，又多了 3 个），但主要位于东、南、西、北四个角落的基本格局未发生变化，其中经济落后的高邮市、姜堰市、东海县及灌云县 4 个地区转变为 LL 类型，经济发达的常熟市、昆山市、江阴市、宜兴市与扬中市 5 个地区转变为 HH 类型；④HL 类型仅增加了 1 个靖江市，基本格局亦不变。可见 20 年来，大致以长江为界、南北分异明显的空间集聚格局基本没有发生变化，而变化最大的是由于各市区增长极的涓滴效应，苏南有 7 个县级市的人口文化结构不断提高（太仓市和张家港市 2 个地区由 LL 类型转向 HH 类型，常熟市、昆山市、江阴市、宜兴市与扬中市 5 个地区由 LH 类型转变为 HH 类型）进而导致 HH 类型高水平集聚由苏南市区向苏南县级市发展。同时，LL 类型和 LH 类型虽空间分布格局不变，但其数量有较大变化，且主要受经济发展水平和扩散效应的就近原则的影响而向其他类型转变，距离增长极核心区（各市区）越近、经济发展较快则向更高水平转变，距离较远、发展较慢则向更低水平转变。

HH 类型与 LL 类型合计单元数由 39 个增加至 44 个，总体上全省趋同的县域单元增加，所占全省比重由 61.90%升至 69.84%，均为自身与周围地区人口结构相近的地区，说明集聚趋同现象有所加强，这主要是 1990 年以来由于苏南地区（HH 类型）趋同的县域单元逐渐增多，苏南地区内部差异逐渐缩小，但苏北地区伴随部分县域（LL 类型）较快发展而趋同减少，其内部差异略有增大。说明苏南地区人口文化结构总体水平提高较快，苏北地区虽总体有所提高，但依然没有摆脱相对落后的局面，江苏省县域人口城乡结构南北两极分化严重，政府应加大教育投入力度，从而推动边缘地区、苏北地区等的人口文化结构升级转换进程。

三、人口产业结构空间演变

（一）三次产业从业人员比重空间变化

1. 由传统型为主转向发展型为主，苏南人口产业结构一直均高于苏北

分别从平均值和第一产业从业人口比重来看江苏省县域人口产业结构的空间格局。从均值来看，1990~2010 年，第一产业人口比重超过均值的地区数量由 40 个减少为 35 个，主要分布在广大的苏北地区；第二产业人口比重超过均值的地区数量由 26 个增加至 28 个，主要分布在苏南及苏中地区；第三产业人口比重超过均值的地区数由 22 个增加至 28 个，分布空间由各市区（除宿迁市区、淮安市区外）及苏南的县市为主扩展至所有市区及苏南、苏北的县市为主。可见，从平均值分析的人口产业结构空间格局变化不大，这说明平均值更适合来分析时间演变，而分析空间演变则效果不太明显。因此需要以第一产业从业人口比重来分析，以期能够深入探讨得到人口产业结构空间演变的特征。

以第一产业从业人口比重为衡量指标的江苏省县域人口产业结构空间特征

主要体现在类型上（图 3-11），由 1990 年尚无现代型、仅有传统型和发展型这两种类型转变为 2010 年有 16 个现代型且三种类型齐全。1990 年，以传统型为主，该类型广泛分布于全省，共 50 个县域单元，约占 79.37%；另外一类是发展型，主要分布在苏南地区，如南京市区、昆山市等 10 个地区，约占全省的 20.63%。2000 年，虽依然以传统型为主，但与 1990 年相比，其比重已下降至 66.67%，约 42 个地区，且有由全省成片广泛分布转向苏北地区的趋势；发展型数量增至 19 个，约占 30.16%，且由 1990 年的苏南地区向长江沿岸的苏中地区（如江都市、仪征市、丹阳市、张家港市等）扩展；此外，还有现代型，分布在南京市区以及无锡市区，虽然仅 2 个地区，但是相对于 1990 年而言是一个突破。2010 年，以发展型为主，除苏南少数县市外，大面积呈片状主要分布在苏北地区与部分苏中地区，共 42 个地区，约占 66.67%；其次是现代型，分布地区由 2000 年的 2 个扩展为 16 个苏南为主的地区，约占 25.40%；最后是传统型，减少为 5 个地区，零星分布在苏北地区。说明伴随经济社会的发展，全省县域单元人口产业结构水平不断提高，其类型不断升级转换，经济发达的苏南地区人口产业结构在相应时段都高于经济相对落后的苏北地区。

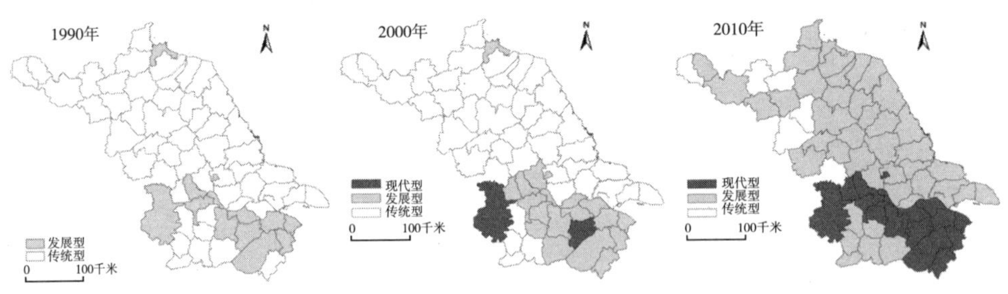

图 3-11　1990～2010 年江苏省各县域人口产业结构演变

2. 空间上呈南高北低格局，且苏中发展较慢，而苏南与苏北较快

空间上以长江为分界线，长江以南人口产业结构等级高于长江以北的等级，以 2010 年为例，长江以南的苏南地区主要是现代型，长江以北的苏中地

区是发展型，长江以北的苏北地区以发展型和传统型为主。伴随人口产业结构的升级而提高，苏南地区属于现代型人口产业结构的县域单元越来越多，而苏中、苏北地区人口产业结构的类型则都低于相应年份的苏南地区。以现代型为例，由 1990 年尚没有一个地区转变成 2000 年有 2 个地区分布在苏南地区，至 2010 年已有 16 个地区且主要分布在苏南地区。

另外，20 年来第一产业从业人口比重降低幅度最大的前 10 名中有 7 个县域单元处于苏北地区，仅吴江市等 3 个地区属于苏南地区，全省所有县域中下降最大的是地处苏北地区的睢宁县，下降了 61.82 个百分点，而下降最小的是处于苏中地区的泰州市区，20 年仅下降了 6.37 个百分点，可见苏中地区产业结构升级转换较慢，而苏南与苏北地区产业结构转换较快，但由于苏中地区人口产业结构基础高于苏北地区，因而总体上人口产业结构等级苏南地区最高，苏中次之，苏北最低。

（二）产业结构与就业结构的偏离度空间变化

分别从平均值和第三产业从业人口比重来看江苏省县域人口产业结构偏离度的空间格局，有以下特征：

1. 依据平均值，苏北产业结构与就业结构的不合理度远大于苏南与苏中

从均值来看，1990~2010 年，第一产业偏离度超过均值的地区数量由 39 个减少为 34 个，第二产业偏离度超过均值的地区数量由 21 个增加至 26 个，第三产业偏离度超过均值的地区数由 31 个降低至 27 个，这些超过均值的地区主要分布在广大的苏北地区的县或市（除宿迁等外市区），第一、二、三产业偏离度低于均值的地区均主要分布在苏南及苏中地区。产业偏离度越高于均值，说明其产业结构与就业结构越不协调，人口产业结构越不合理。可见从平均值分析的人口产业结构空间格局特征为：苏北地区产业结构与就业结构的不合理程度要远远大于苏南与苏中地区，同时第一产业和第三产业偏离度超过均值的地区在减少，而第二产业则在增加，第一产业和第三产业人口结构趋向不合理的地区减少，第二产业则在增加。这主要受经济社会的发展与政府宏观调控的力度影响，导致苏南地区与苏中地区产业升级转换要普遍快于苏北地区，以第三产业从业人口偏离度作为度量人口产业结构的县域空间差异与分布可以更深入地分析问题。

2. 依据第三产业从业人口偏离度，空间差异先扩大后缩小，苏北高于苏南与苏中，苏北产业结构与就业结构最不合理

以第三产业从业人口偏离度测算人口产业结构的空间分布具有如下特征（图 3-12）：

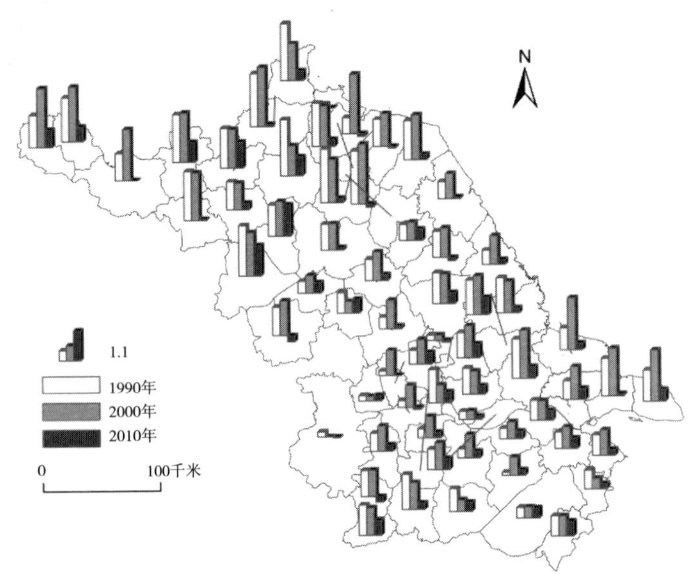

图 3-12　1990~2010 年江苏省各县域人口产业结构偏离度演变

首先，在空间差异方面，1990~2010 年，第三产业结构偏离度的空间差异先扩大后缩小。第三产业偏离度极差由 1990 年的 1.99 增至 2000 年的 2.21 又减至 2010 年的 1.38，20 年来共减少了 0.61，其中前 10 年增加了 0.22，后 10 年减少了 0.83。其次，在空间格局演变方面，总体上苏北地区高于苏中与苏南地区，而苏北地区的产业结构与就业结构最不合理。第三产业结构偏离度绝对值的最大值由 1990 年的赣榆县（2.10），到 2000 年的涟水县（2.21），再到 2010 年的泗阳县（1.14），虽然偏离度有所波动，但分布区域一直在苏北

地区经济相对落后的县域，而偏离度绝对值的最小值1990年在无锡市区（0.11），到2000年在南京市区（0.01），至2010年在扬州市区（-0.005），偏离度绝对值越来越小，分布地区从苏南地区市区转向苏中地区市区，然而苏中、苏北的少数地区如泰州市区、盐城市区、盱眙县等11个县域单元第三产业偏离度低于0，说明这些地区开始出现第三产业效率低，从业人口已出现冗余现象，劳动密集型产业居多，因此产业结构与人口产业结构需要调整。1990年，第三产业偏离度最高的主要分布在苏北地区，苏中地区次之，苏南地区最低，而2010年第三产业偏离度在-0.10～0.10间的地区主要分布在苏中地区，0.10～0.40之间的主要分布在苏南地区，高于0.40和-0.10～-0.23间的主要在苏北地区，说明1990～2010年，苏中地区产业结构与人口就业结构趋向合理；苏南地区由相对人口就业结构与产业结构最合理转变为人口就业结构不能满足产业结构发展的需要，第三产业效率较高，还有人口进一步转移的空间；苏北地区的产业结构与就业结构则最不合理，不是第三产业从业人口冗余就是第三产从业人口过少。这主要是由于苏南地区经济社会发展速度和产业升级转换的力度均快于苏中与苏北地区导致的，而苏北地区产业调整尚不稳定，力度把握得不是太好，产业升级转换与苏南和苏中地区相比仍然任重而道远。

四、人口城乡结构空间演变

（一）人口城乡结构时空转移 Markov 模型

1. 马尔可夫链模型

以著名数学家马尔可夫（Markov）命名的马尔可夫链（Marcov Chain）方法，是一种时间与状态均离散的马尔可夫过程（盛骤，1989），该过程具有“无后效性”的特征，即在事物的发展过程中，每次状态的转移都只与前一时刻的状态有关，而与过去的状态没有关系（徐建华，2004）。目前Markov模型主要在景观生态与土地利用等领域进行马尔可夫预测（刘耀林，2004；Wu，2006；Guan，2008；陆汝成，2009；胡雪丽，2013；何丹，2011），然而在经济学以及地理学领域中也有学者用来进行经济差异的时空转移分析，并且取得了一定的成果（蒲英霞，2005；覃成林，2007；罗迎新，2006；叶信岳，2014），但其应用尚未涉及更多其他方面，因此本书利用马尔可夫链模型，通过构建江苏省县域人口城乡结构类型马尔可夫转移的概率矩阵，研究县域人口城乡结构演变的时空转移特征，在一定程度上具有创新意义及实践意义。借助该方法将连续的县域人口城乡结构数据离散化为 K 种类型，然后计算相应类型的概率分布变化以及其年际变化的情况，近似逼近人口城乡结构演化的整个过程。

将 t 时刻某县人口城乡结构类别的概率表示为一个 K×1 维的状态概率向量 P_t，$P_t=[P_{1,t}, P_{2,t}, \cdots, P_{k,t}]$，而不同时刻某县人口城乡结构类别的概率则可以用 K×K 维的转移概率矩阵 M 来表示，K 是类别数量，转移矩阵中的元素 m（i，j）指某县在 t 时刻由 i 类别向 j 类别转移的概率。具体公式如下（蒲英霞，2005）：

$$m(i,j)=\frac{n_{ij}}{n_i} \tag{3-3}$$

$$P_{t+1}=M\times P_t \tag{3-4}$$

式中，n_{ij} 代表由 t 时刻属于 i 类别的县域在 t+1 时刻向 j 类别转移的区域数之和，n_i 为所有时刻中属于 i 类别的区域数之和。若两个类别之间转移概率在时间上平稳，即不随时间而变化，那么：

$$P_{t+a}=M^a\times P_t \tag{3-5}$$

式中，a 为状态转移的步数。在时间不变（a 趋向于无穷大）的假设下，马尔可夫转移概率矩阵 M 还可以用来被进一步检验，确定用来表明地域系统是否收敛的 P_t 的遍历性分布（叶信岳，2014）。

2. 人口城乡结构时空转移

为进一步揭示江苏省人口城乡结构的时空演变特征，结合上述研究的人口城乡结构类型，利用马尔可夫链模型，并可获得 1990~2000 年和 2000~2010

年两个阶段的马尔可夫转移矩阵（表 3-2）。该矩阵非对角线元素代表一个地区由 i 类型向 j 类型转移的概率，而主对角线上的元素代表一个地区初期属于 i 类型，并在随后的年份依然保持属于该类型的概率。

表 3-2　人口城乡结构类型的马尔可夫转移概率矩阵

时段		n	1 (≤13.05)	2 (13.05~19.94)	3 (19.94~29.00)	4 (>29.00)
1990~2000 年	1	42	0.095	0.548	0.286	0.071
	2	11	0.000	0.000	0.636	0.364
	3	1	0.000	0.000	0.000	1.000
	4	9	0.000	0.000	0.000	1.000
2000~2010 年	1	4	0.500	0.500	0.000	0.000
	2	23	0.000	0.391	0.522	0.087
	3	19	0.000	0.105	0.737	0.158
	4	17	0.000	0.000	0.059	0.941
1990~2010 年	1	46	0.130	0.543	0.261	0.065
	2	34	0.000	0.265	0.559	0.176
	3	20	0.000	0.100	0.700	0.200
	4	26	0.000	0.000	0.038	0.962

（1）由表 3-2 可见，2000~2010 年与 1990~2010 年这两个时间段主对角线上除第 2 类型外，其余所有元素全部大于非主对角线的元素，表明 20 年间，江苏省人口城乡结构前 10 年表现出不稳定且波动性较大的特征，后 10 年则趋向稳定性，故 20 年来总体上也呈现趋向稳定、地区差异具有长期性的特征。具体而言，前 10 年，一个地区在初期属于 i 类型而在随后年份属于该类型的可能性最高可达 100%，但最低却为 0，因此前 10 年表现为非常不稳定；而后 10 年以及 20 年来，最高达 96.15%，最低为 13.04%，稳定性要高得多。在 1990~2000 年，高水平类型地区继续保持领先地位的概率则高达 100%，虽在 2000~2010 年有所下降，但仍然高达 94.12%；在 1990~2000 年，低水平类型地区维持现状的概率仅有 9.52%，而到 2000~2010 年则上升为 50%，因此，

2000年以来，低水平类型地区停滞不前的可能性增大了。

（2）不同类型之间的转移概率前10年较大而后10年减小，并且距离主对角线越远，其数值越小。各类型地区在1990~2000年期间转移频繁。低水平类型地区向中低水平跨越的概率为54.76%，向中高水平跨越的概率为28.57%，向高水平跨越的概率为7.14%；中低水平地区向中高水平跨越的概率为63.64%，向高水平跨越的概率为36.36%；中高水平向高水平跨越的概率则为100%，但是没有向下降级转移的可能性（因为偏离主对角线的左下角全部是0），说明在此10年之间，除了高水平类型地区保持不变外，其余类型地区的稳定性都相对较差，波动性比较大，并且呈现向上逐级甚至是跨级转移的趋势。2000~2010年，低水平类型地区向中低水平转移的概率减少到50%，跨级转移的概率仅为0；中低水平类型地区向中高水平与高水平转移的概率分别比1990~2000年降低了11.46%和27.76%；中高水平类型地区保持的概率则上升了73.68%，向高水平转移的概率下降了84.21%，并且向下转移成为中低水平的概率是10.53%；高水平类型地区的保持概率虽有较小幅度下降但向中高水平转移的概率仅为5.88%。说明高水平的“俱乐部趋同”已经形成，类型转移主要是保持平稳，其次是向上级转移，最终促使全省人口城乡结构水平提高，而差异性小幅度缩小（图3-13）。

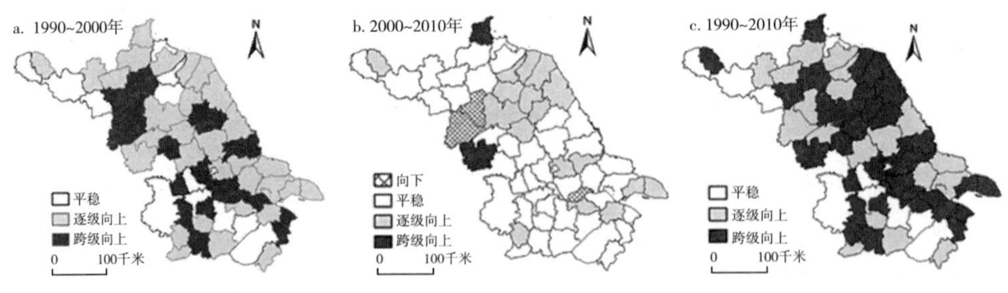

图3-13　1990~2010年江苏省县域人口城乡结构类型转移的空间分布格局

图3-13是全省县域人口的城乡结构类型转移在1990~2000年、2000~2010年和1990~2010年的空间格局。可以看出：①1990~2000年，江苏省的

人口城乡结构类型以向上转移为主（79.37%），但转移的程度并不相同，全省有 31 个地区逐级向上转移，而且大面积分布于苏北地区；19 个地区跨级向上转移，主要集中分布于苏北。剩余的 13 个地区则保持平稳状态，这 10 年大部分地区的类型向上转移，其余保持平稳，而且没有向下转移，因此苏南存在着高水平“俱乐部趋同”的现象，而苏北却存在着低水平“俱乐部趋同”的现象，可以看出，两极分化十分明显。人口城乡结构水平的快速上升，使差异大幅缩小。②2000~2010 年，向上转移的数量不断减少（共 19 个），以平稳为主（共 41 个），仅 3 个地区呈向下转移。全省约 65.08%的地区保持了平稳状态，广泛分布于苏南、苏中和苏北的北部及南部；向上转移的地区则主要集中在苏北的中部地区，17 个地区逐级向上转移，2 个地区跨级向上。这 10 年来，全省人口城乡结构主要以平稳为主，且向上转移为辅，其中，苏南地区保持了高水平“俱乐部趋同”现象，而苏北地区“俱乐部趋同”已消失，两极分化程度有所缓和。③1990~2010 年，全省以苏北（中部、东部沿海）与苏南成片状跨级向上转移、各地区零散地逐级向上转移为主，苏南各市区保持着高水平类型稳定发展，存在显著的“俱乐部趋同”现象。

（二）全局空间自相关分析

除空间自相关分析方法外，这里还需运用 Getis-ord Gi* 指数来识别区域要素空间的高值簇与低值簇，即冷、热点地区的空间分布格局，通过冷热点地区的空间变化来深入探究研究对象的空间格局演变。公式如下（Getis A，1992；Anselin L，1995；靳诚等，2009）：

$$G_i^* = \frac{\sum_{j=1}^{n} W_{ij} x_j}{\sum_{j=1, j \neq i}^{n} x_j} \tag{3-6}$$

为便于解释与比较，对 G_i^* 进行标准化处理：

$$Z(G_i^*) = \frac{G_i^* - E(G_i^*)}{\sqrt{Var(G_i^*)}} \tag{3-7}$$

式中，$E(G_i^*)$与$Var(G_i^*)$分别是G_i^*的数学期望和标准差，W_{ij}是以距离规则定义的空间权重，同样空间范围相邻为1，不相邻为0。若$Z(G_i^*)>0$，且显著，表明位置i周围的值相对较高（高于均值），属于高值空间集聚（热点地区）；反之，若$Z(G_i^*)<0$，且显著，表明位置i周围的值相对较低（低于均值），属于低值空间集聚（冷点地区）。

江苏省县域人口城乡结构虽然在空间上具有一定程度的关联性，但并不太显著。1990~2010年Moran's I指数全部为正，Moran's I值虽有小幅度波动但整体变化并不大，基本保持在0.090~0.133之间，呈小幅度增长的趋势，说明江苏省县域人口城乡结构总体空间差异小幅度缩小，空间关联性有所增强。江苏省县域人口城乡结构差异的缩小并不代表全省人口城乡结构已经走上全面协调发展之路，而是全省南北空间分异的表现，其主要特征是三大区域间的差异大、苏南内部差异居高不下，2000年以来苏北内部差异扩大且其对全省差异缩小贡献增大，以县域为例进行的局部空间差异分析可以解释此现象。全局Moran's I指数是一种总体统计指标，只能说明所有区域和周边地区之间空间差异的平均程度，但在地区总体空间差异缩小的情况下，局部空间的差异有可能扩大。为全面分析地区人口城乡结构差异变化的演化趋势，还需要利用局部自相关分析方法。

20年来，江苏省县域人口城乡结构在整体上具有较大幅度的变化，其空间关联类型从以正相关为主转变成正、负相关势均力敌，并且正相关类型地区数量减少，空间集聚的程度有所减缓。通过对全省县域单元人口城乡结构进行自相关分析，结合Moran散点图和地图并利用GIS实现空间可视化（图3-14）。一方面，1990~2010年，HH类型与LL类型合计的单元数由41个减少至31个，占全省比重由65.08%降到49.21%，且全部为自身和周围地区人口城乡结构相近的地区，说明趋同现象减少，主要是因为苏南地区（HH类型）趋同现象仍然存在，但是21世纪以来，苏北地区由于部分县域（LL类型）的加快发展而趋同减少，其内部差异逐渐增大，导致全省总体上趋同的县域单元不断减少，这也印证了上述利用马尔可夫链模型分析的相关结论。其中，HH类型维持12个不变，主要集中在苏南各县（市、区），LL类型由29个减到

19 个，从广泛分布在苏中、苏北地区转变成零散分布于全省（且以苏北地区为主），说明苏北地区的人口城乡结构水平总体有所提高，但仍然没有摆脱相对落后的局面。另一方面，空间负相关的县域（LH 类型与 HL 类型）数量有所增加，1990 年与 2010 年比重分别为 34.92%和 50.79%，均为自身与邻近地区人口城乡结构水平差异较大的地区。LH 类型数量由 17 个增加至 22 个，HL 数量则由 5 个增加到 10 个。

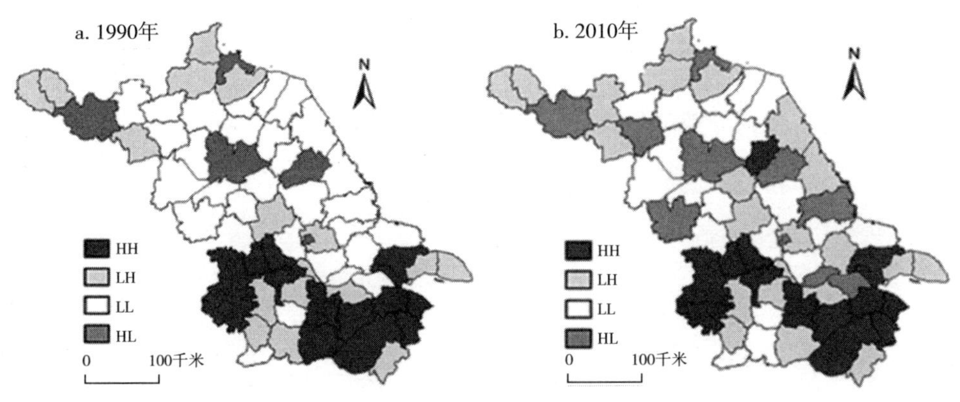

图 3-14　1990~2010 年江苏省各县域人口城乡结构空间关联图

可见，县域尺度人口城乡结构的空间关联性整体上并不显著，但 20 年来有所增强，南北空间分异明显；空间关联类型从以正相关为主转变成正、负相关约各一半，而且正相关类型的地区数量不断减少。苏南地区（高高类型）趋同现象仍然存在，但是 21 世纪以来，苏北地区由于部分县（市、区）（低低类型）的快速发展而趋同程度减少，并且内部差异逐渐增大，使全省整体上趋同的县域单元减少。表明县域尺度的全局自相关分析符合上述分析结果并反映现状，进一步分析县域局部自相关及其空间集散特征可验证此结论。

（三）空间集聚特征

为更好地对比分析 1990~2010 年江苏省县域人口城乡结构差异的空间格

局演变，借助 Geoda 局部空间关联指标分析空间集聚特征，根据 Getis-ord Gi* 指数测度各县域单元三个截面时期的局部 Gi* 统计量，再使用自然间断点分级法将其分成 4 类，通过 GIS 实现可视化得到热点、冷点地区空间格局。

1. LISA 分析发现，空间集聚特征主要为高高集聚（HH）与低低集聚（LL）类型

由图 3-15 可见，在 5%显著水平上，主要以高高集聚（HH）和低低集聚（LL）类型为主。其中 LL 类型数量在减少，由 1990 年的新沂市、宿迁市区、泗阳县、沭阳县、阜宁县、响水县 6 个到 2000 年的沛县、沭阳县、灌南县、响水县、海安县 5 个，再到 2010 年的仅有沛县、沭阳县、灌南县 3 个地区，地区分布由集聚到分散又集聚，但集聚程度降低，且主要分布于江苏的西北和东北，即苏北地区；HH 类型数量波动（从 3 个到 4 个再到 3 个），地区分布集聚程度依然较高，主要集中在江苏省的西南和东南，即苏南的镇江市区等地区。说明江苏省县域人口城乡结构南北两极分化严重。

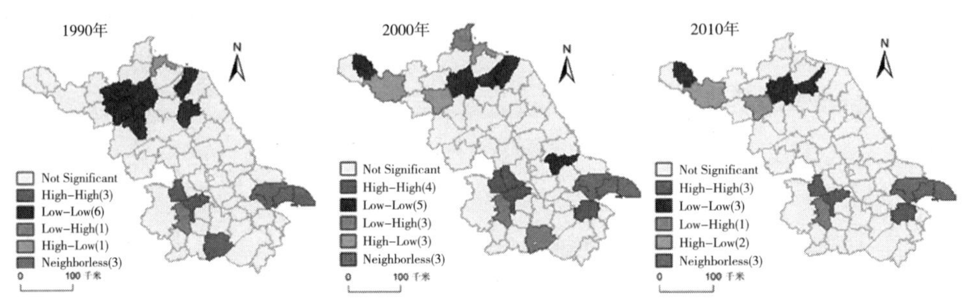

图 3-15　1990~2010 年江苏省各县域人口城乡结构的 LISA 图

2. 冷、热点分布研究发现，苏南具有高水平“俱乐部趋同”现象

为更好地分析 1990~2010 年江苏省县域人口城乡结构的空间格局演化，借助 Geoda 软件，利用局部空间关联指标进一步分析空间集聚特征，采用 Getis-ord Gi* 指数得到各县域单元的局部 Gi* 统计量，再依据自然间断点分级法将其分成 4 类，结合 GIS 实现可视化并得到冷、热点地区的空间布局（图 3-16）。

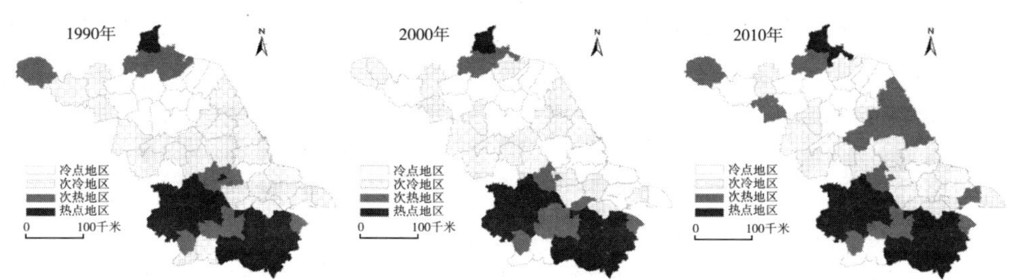

图 3-16　1990~2010 年江苏省各县域人口城乡结构冷、热点地区分布

由图 3-16 可以发现，1990~2010 年江苏省县域冷点地区和热点地区表现出显著的南北空间分异，冷点地区空间格局表现出从 1990 年以北部为主转变为 2000 年向东南沿海与西南扩散，到 2010 年又向北部集聚的演变特征；热点地区则在 1990~2010 年期间一直集聚于南部和西南地区，次冷点地区比较集聚在东部沿海和苏北西部内陆地区，而次热区相对分散，这对应了 Markov 模型研究得到的结论：苏南地区人口城乡结构具有高水平“俱乐部趋同”现象、中高水平则主要有向苏南部分地区和苏北北部地区以及东部沿海地区“俱乐部趋同”的趋势，中低水平和低水平则尚不稳定，20 年来变化比较多。同时也说明江苏省县域人口城乡结构具有典型的“核心—边缘”结构。

这主要是因为：一方面，苏南地区较早推进市场化改革，具有在地理区位和历史因素等方面的优势，促使苏南地区产生集聚经济效应，自 1990 年以来，江苏省县域之间开始呈明显的正的空间溢出效应。但因为进入 21 世纪以来，苏南经济优势明显，促使苏南地区城镇化水平提高，带动周边地区发展的同时亦对苏北地区的极化作用日益增强，但原本城镇化水平属于高水平类型的苏南大部分地区却因城镇化水平的上升空间不大而导致苏南地区的内部空间差异变化不大。

另一方面，1994 年，江苏省提出了“区域共同发展战略”，并且实施“徐连经济带”的建设与“淮北脱贫致富”等措施，这在一定程度上加快了苏北地区经济和城镇化发展。2005 年十六届五中全会上提出了建设社会主义新农村的战略任务以及后来的新型城镇化的不断推进，促使属于冷点区的江苏北部部分地区的人口城乡结构水平不断提高，从而使得冷点区数量有所减少，导致苏北地区的内部差异有所扩大，同时其与苏南地区的人口城乡结构水平差距有所减缓，但苏北地区的增长中心对周边地区的带动作用依然比较微弱，在循环积累因果机制作用下，江苏省南北空间分布不均衡的空间布局与南北两极分化较大的特征在短时间内很难改变，表明江苏省人口城乡结构协调发展依然任重道远。

不过，由图 3-16 中比较 2000 年与 2010 年，可发现，苏南与周边地区以及苏中、苏北地区的次热点增多、次冷点不断减少，说明涓滴效应逐步显现，伴随“过江隧道”、省内高铁等政策的实施与执行，可以初步推断未来江苏省人口城乡结构南北差异将有所缩小，且趋于地区协调发展有一定的可能性。

五、本章小结

以江苏省各县域为基本单元，运用第四、第五、第六 3 次全国人口普查数据，从空间角度定量探讨 1990～2010 年江苏省人口结构的演化特征。利用 GIS10.0 与 Geoda 软件，进行空间聚类分析，研究人口年龄结构、人口产业结构空间格局演变，运用马尔可夫模型深入分析人口城乡结构时空转移特征，采用 ESDA 相关分析法，揭示人口文化结构与人口城乡结构全局与局部的空间自相关特征，深入分析人口城乡结构的空间集聚特征与冷、热点分布格局。得到以下结论：

（1）“人口红利”空间演变。1990～2010 年，尤其是进入 21 世纪以来，江苏省劳动力资源越来越充沛，总抚养比不断下降，各县域单元“人口红利”越来越显著，2010 年江苏省整体已进入“人口红利”的黄金时期，除 4 个地区外全省其他地区已全部进入“人口暴利”的黄金阶段。“人口红利”呈南高

北低的空间格局，劳动力资源由较高水平型为主向高水平型转变，苏南地区明显高于苏中地区与苏北地区。区域“人口红利”空间差异不断扩大，前10年差异扩大的幅度大于后10年。苏北地区与苏南地区总抚养比大幅度下降，苏中地区前10年总抚养比上升、后10年小幅度下降，均总体上表现出“人口红利”越来越明显的趋势。

第一，主要由于苏北地区思想较为封闭与落后，出生率较高，少儿组人口比重高，大量劳动力人口长期外出打工，其总抚养比较高，劳动人口资源相对最低。第二，苏中地区相对宜居，人口较长寿，老年负担较重，大量人口迁出务工，劳动力资源高于苏北而低于苏南，总抚养比居中。第三，苏南地区虽然老龄化增大，但大量劳动力迁入，劳动年龄人口基数大，劳动力资源全省最丰富，总抚养比远低于苏中、苏北，基本属于“人口暴利”期。中国政府刚实施的“全面二孩政策”，可以普遍提高出生率，有利于调节少儿组人口结构地区差异，促进劳动力资源增长，延缓人口老龄化进程，优化人口结构，延长“人口红利”期。

（2）人口老龄化空间演变。通过从人口老龄化程度、发展阶段和空间格局与空间差异方面进行分析发现，1990~2010年，除昆山市等4个地区人口老龄化系数递减外，其余地区均呈递增趋势，人口老龄化程度日益加剧。全省由成年型转变为初级人口老龄化阶段并向中度和重度老龄化演进。老龄化空间格局由1990年的东南高西北低演变为2010年的中部高南北低。1990年老龄化西北低、东南高，西北大部分地区尚未进入老龄化阶段。2010年，老龄化程度苏中高、苏北与苏南低，中部偏东南沿海、沿江地区高，而北部与南部等地区相对较低。老龄化空间差异扩大，前10年扩大幅度小于后10年，苏中、苏北地区老龄化系数明显增加，苏南地区老龄化进一步分化。苏南工业化与经济相对发达地区（如昆山市等），老龄化系数较低且增长缓慢，甚至下降；苏南工业化及经济发展相对落后的地区（如高淳县），老龄化系数较高且增幅较大。人口年龄结构类型由北向南呈现由成年型向老年型递变的趋势，老年型地区由苏中及苏南地区扩散至全省全部范围，侧面反映了江苏省不同地区老龄化发展速度与程度的非均衡性。

江苏省人口老龄化进程不断加快，老龄化问题日益严峻，主要是由于伴随全省经济社会不断发展，生活水平不断提高，人口寿命延长，以及计划生育政策贯彻实施的效果。老龄化空间分布差异显著的主要原因有：苏中地区老龄化程度最高，与其产业类型有关，如泰州、南通等地建筑业发达，建筑项目遍布全国及世界各地，导致人口大量迁出，老年人口比重快速增长，此外，也与苏中地区比较宜居有关，苏中地区自然环境较好，医疗卫生水平比苏北地区高，生活压力又不如苏南地区大，因而人口寿命较长，故苏中大部分地区的老龄化程度排在全省前列；苏北地区经济发展相对落后，大量人口外出打工，计划生育政策的贯彻力度不如苏中、苏南地区强，导致老年人口比重上升；苏南地区经济相对发达，外来人口的迁入大大削弱了老龄化程度。

(3) 人口文化结构空间演变。依据人口文化程度等级划分标准，1990~2010年，江苏省县域人口文化结构不断升级，由低水平结构为主转变为中、高等水平结构。从县域不同受教育程度的平均值演变中发现，其与省域变化特征一致，亦是低学历人口比重下降，高学历人口比重不断增加，文化程度越高，上升幅度越小。从县域不同受教育程度的极差演变中发现，文化结构水平提高，文盲人口结构的地区差异在大幅度缩小，其余文化程度人口结构的地区差异均不断扩大，且不同文化程度人口结构的地区差异不同，文化程度较高的人口主要集中在苏南地区，苏中次之，苏北最少。依据平均受教育年限（E）划分的人口文化结构类型研究显示，全省由较低水平为主转变为较高水平为主，空间上呈现以长江为界、南高北低的态势（人口文化结构等级苏南地区最高，苏中次之，苏北最低）。苏中地区发展较慢，而苏南与苏北地区发展较快。20年来增加幅度最大的前10个县域单元中有7个处于苏南地区，仅连云港市区等3个地区属于苏北地区。

ESDA相关性分析发现，江苏省县域人口文化结构具有显著的正的空间自相关特征，Moran's I值增大，总体空间集聚程度增强。比较1990年、2000年和2010年江苏省高等教育人口比重的Moran散点图发现，1990年以来，教育文化水平发展较快，县域之间的高等教育人口比重总体空间集聚特征愈加显著。LISA散点图显示，人口文化结构空间集聚格局发生了以下变化：①HH 类型由各市区向东南延伸包含了苏南的宜兴市、昆山市等县级市；②LL 类型虽数量略减，但其主要分布在苏北地区的基本格局未变；③LH 类型共减少了 6 个，主要位于东、南、西、北 4 个角落的基本格局没有变化；④HL 类型仅增加了 1 个，其基本格局亦不变。20 年来，大致以长江为界、南北分异明显的空间集聚格局基本未改变，但变化最大的是由于各市区增长极的涓滴效应，HH 类型与 LL 类型合计单元数由 39 个增至 44 个，全省整体上趋同的县域单元增加，集聚趋同现象有所增强，主要由于苏南地区（HH 类型）趋同的县域单元逐渐增多，苏南地区内部差异逐渐缩小，但苏北地区伴随部分县域（LL 类型）较快的发展而趋同的县域单元减少，其内部差异略有增大。苏北地区虽总体有所提高，但依然没有摆脱相对落后的局面，南北两极分化严重，政府应加大教育投入力度，推动边缘地区、苏北等地区的人口文化结构升级。

（4）人口产业结构空间演变。江苏省县域人口产业结构水平不断提高，其类型不断升级转换。在三个产业从业人口比重超过均值的地区数量的变化中，第一产业减少，以苏北地区为主。第二产业增加，主要分布在苏南及苏中地区。第三产业增加，由各市区（除宿迁市区、淮安市区外）及苏南的县市为主扩展至所有市区及苏南、苏北的县市为主。人口产业结构类型由 1990 年尚无现代型、仅有传统型和发展型这两种类型转变为 2010 年有 16 个现代型且三种类型齐全。空间格局上以长江为分界线，长江以南人口产业结构类型的等级高于长江以北。如 2010 年，长江以南的苏南地区主要是现代型，长江以北的苏中地区是发展型，长江以北的苏北地区以发展型和传统型为主。

第一、二、三产业偏离度超过均值的地区主要分布在广大的苏北地区的县或市（除宿迁等外市区），低于均值的地区均主要分布在苏南及苏中地区。第一产业和第三产业偏离度超过均值的地区减少，而第二产业则增加，第一产业与第三产业人口结构趋向不合理的地区减少，第二产业则在增加。在空间格局演变方面，1990~2010 年，总体而言，第三产业结构偏离度苏北地区高于苏中与苏南地区，空间差异先扩大后缩小，苏中地区产业结构与人口就业结构趋向合理；苏南地区由相对人口就业结构与产业结构最合理转变为人口就业结构滞后于产业结构发展，第三产业效率较高，还有人口进一步转移的空间；而苏北地区的产业结构与就业结构最不合理。主要由于苏南地区经济社会发展速度和产业升级转换的力度均快于苏中与苏北地区，而苏北地区产业调整尚不稳定，力度把握得不太好，产业升级转换与苏南和苏中地区相比仍然任重而道远。

（5）人口城乡结构空间演变。马尔可夫链模型研究发现，20 年来，全省人口城乡结构类型地区差异长期存在但有缩小的趋势，其中前 10 年不稳定并且波动性较大，后 10 年趋于稳定。不同类型间转移概率，前 10 年的较大而后 10 年的减小。1990~2000 年，江苏省人口城乡结构各类型区向上逐级甚至跨级转移比较频繁，没有向下转移，差异大幅度扩大，苏南地区存在高水平“俱乐部趋同”现象，苏北地区则存在低水平“俱乐部趋同”现象，两极分化明显。2000~2010 年，全省人口城乡结构差异性小幅度缩小，各类型地区转移以平稳为主，个别地区呈向下转移，苏南地区仍然存在高水平“俱乐部趋同”现象，苏北地区低水平“俱乐部趋同”现象已消失，两极分化现象有所缓和。其主要是由于近些年来在政策上重视苏北地区发展，苏北地区不断加快新型城镇化进程，促使部分地区人口城乡结构有了质的飞跃，因而使苏北地区低水平“俱乐部趋同”现象消失，而苏南地区伴随城镇化水平的快速提高，人口城乡结构呈高水平趋势发展，高水平“俱乐部趋同”现象仍然存在，故两极分化虽然严重但有所缓和。县域尺度空间关联性总体不显著但略有增强，南北空间分异显著，空间正相关类型的地区数量减少。LISA 图分析显示，在 5%显著水平上，江苏省县域人口城乡结构主要以高高集聚（HH）类型和低低集聚（LL）类型为主。县域冷、热点地区具有典型的“核心—边缘”结构且南北两极分化明显，冷点地区的空间格局由 1990 年以北部为主转变为 2000 年向东南沿海及西南扩散，到 2010 年又向北部集聚；热点地区一直集聚于南部及西南地区，苏南与周边地区及苏中、苏北地区次热点增多、次冷点减少，可见其涓滴效应逐步显现，南北差异有所减小。说明虽然从区域上来看，苏南、苏北两极分化有所缓和，但从县域小尺度上看，苏北大部分县域与苏南不同县域之间的差异仍然较大，这与实际情况相符。由于苏北增长中心对周边地区的带动作用仍然较微弱，在循环积累因果机制的作用下，江苏省南北空间分布非均衡的空间格局在短时间内很难改变，江苏省人口城乡结构的协调发展依然任重而道远。

第四章　江苏省人口结构与经济发展的耦合关联分析

考虑到人口结构与经济系统关系的复杂性，鉴于两个子系统的关联性与时序性，本书运用系统学视角，建立人口结构与经济系统耦合的评价指标体系，在此基础上，采用灰色关联分析法，构建人口结构与经济发展耦合模型，得到不同经济发展阶段江苏省省域、县域人口结构与经济发展的耦合度与耦合类型，从时空视角定量揭示人口结构与经济发展的耦合关联程度及特征，探讨耦合作用及其互动机制，为江苏省人口结构与经济耦合发展的形成机制做铺垫。

一、研究方法

（一）耦合度模型

邓聚龙（1987）首先提出灰色系统概念并建立灰色系统理论。灰色关联分析（GRA）是一种多因素统计分析方法，具体而言，灰色关联分析法是一种建立在灰色系统理论上，依据灰色关联度衡量因素间关联程度、描述因素间关联强弱的大小与次序，对某一变化发展系统的动态过程与发展态势进行量化分析的分析方法。灰色关联度是指各因素间发展趋势相似或相异的程度，具体而言，灰色关联度分析法是将研究对象与影响因素的因子值视为一条线上的

点，与待识别对象及影响因素的因子值所绘制的曲线进行比较，比较两者之间的贴近程度，并分别量化，计算得到研究对象与待识别对象各影响因素之间贴近程度的关联度，通过比较各关联度的大小来定量评判待识别对象对研究对象的影响程度。若因素间变化的趋势（方向、大小、速度等）具有一致性，则它们之间的关联度较高；反之，则关联度较低。灰色关联度分析能够度量一个系统发展变化的态势，非常适合动态历程的分析。灰色关联度模型能较全面地分析系统多因素间的相互作用，比其他分析方法更能准确地解释各因素间的亲疏程度与空间布局规律。在处理某种内涵与外延不十分清晰的数据方面，灰色关联分析方法比经典的精确数学法更具有优越性。目前，灰色关联分析已广泛应用于经济、农业、工业、医学、管理等诸多领域，具有较高的实用价值(罗庆成，1989；刘思峰，1991)。

根据灰色关联分析法的原理以及灰色关联度模型构建的具体步骤，人口结构与经济发展的耦合关联度模型与耦合度模型构建首先应确定能反映系统行为特征的参考数列与影响系统行为的比较数列，本书的两组分析序列分别为人口结构序列与经济序列。其次，由于系统中各因素的物理意义不同，导致数据的量纲也不一定相同，不便于比较，或在比较时难以得到正确的结论，因此在进行灰色关联度分析时，需要对全部指标数据进行无量纲化处理。然后再运用数学公式计算关联系数，在此基础之上，先后建立耦合关联度模型以及耦合度模型，分别得到耦合关联度与耦合度，具体步骤如下：

（1）确定分析序列。本书的两组分析序列为人口结构序列组（X_i）与经济序列组（Y_i）。

（2）数据无量纲化处理。鉴于上述两组分析序列的原始指标数据量纲和数量级不同，在进行灰色关联分析之前，采用极差标准化的方法对数据进行无量纲化处理。

$$X_i' = \frac{X_i - \min_i X_i}{\max_i X_i - \min_i X_i} \tag{4-1}$$

$$Y_j' = \frac{Y_j - \min_j Y_j}{\max_j Y_j - \min_j Y_j} \tag{4-2}$$

（3）求关联系数。关联系数可以用来定量评判关联程度，所谓关联程度，实质上是曲线间几何形状的差别程度。故曲线间差值的大小，可作为关联程度的衡量尺度。对于一个参考数列 X_0 有若干个比较数列 X_1，X_2，…，X_n，各比较数列与参考数列在各个时刻（即曲线中的各点）的关联系数可由下列公式算出，具体计算公式如下：

$$R_{ij}(t)=\frac{\min_i\min_j|X_i'(t)-Y_j'(t)|+\rho\max_i\max_j|X_i'(t)-Y_j'(t)|}{|X_i'(t)-Y_j'(t)|+\rho\max_i\max_j|X_i'(t)-Y_j'(t)|} \quad (4-3)$$

式中，$R_{ij}(t)$ 为江苏省各县市 t 时刻第 i 个人口结构指标与第 j 个经济指标之间的关联系数；$X_i'(t)$、$Y_j'(t)$ 分别为江苏省各县市 t 时刻各个人口结构与经济指标的标准化值；ρ 为分辨率，反映关联系数之间的差异显著性，一般取值 0.5。

（4）求耦合关联度和耦合度。由于关联系数是比较两个序列组在各个时刻（即曲线中的各点）的关联程度值，其数值不止一个，且信息过于分散不便于整体性比较。因此有必要将各个时刻（即曲线中的各点）的关联系数集中为一个值（求其平均值），作为比较数列与参考数列间关联程度的数量表示，这个值便是关联度。本书采用人口结构与经济系统耦合的关联度模型和耦合度模型，来揭示人口结构与经济耦合的主要作用关系与区域间耦合的特征。关联度 γ 的表达式为：

$$\gamma_{ij}=\frac{1}{k}\sum_{i,j=1}^{k}R_{ij}(t) \quad (k=1,2,\cdots,n) \quad (4-4)$$

式中，k 为样本数据，采用江苏省 63 个县（市、区）1990 年、2000 年及 2010 年的截面数据来分析江苏省人口结构与经济的时空耦合关联及其演变特征。

关联度 γ_{ij} 的取值范围在 0~1 之间，若 $\gamma_{ij}=1$，则说明人口结构系统指标 $X_i(t)$ 与经济系统指标 $Y_j(t)$ 之间关联性大，两者的变化规律完全一致，两个指标间的耦合作用非常明显。若 $0<\gamma_{ij}<1$，说明 $X_i(t)$ 与 $Y_j(t)$ 有关联性，且 γ_{ij} 值越大，关联性越大，两者的相对变化越接近，耦合性越强，反之亦然。其中，当 $0<\gamma_{ij}\leq 0.35$ 时，为低关联，两系统指标间耦合作用弱；当 $0.35<\gamma_{ij}\leq$

0.65 时，为中等关联，两系统指标间耦合作用中等；当 $0.65<\gamma_{ij}\leqslant 0.85$ 时，为较高关联，两指标耦合作用较强；当 $0.85<\gamma_{ij}\leqslant 1$ 时，为高关联，两指标的相对变化几乎一致，耦合作用极强。

通过关联度矩阵得到系统耦合的关联度模型：

$$d_i=\frac{1}{l}\sum_{i=1}^{l}\gamma_{ij}(i=1,2,\cdots,l;\ j=1,2,\cdots,m) \tag{4-5}$$

$$d_j=\frac{1}{m}\sum_{j=1}^{m}\gamma_{ij}(i=1,2,\cdots,l;\ j=1,2,\cdots,m) \tag{4-6}$$

式中，d_i 为人口结构系统的第 i 指标与经济系统的平均关联度（或称灰关联度、序列关联度、线关联度），d_j 为经济系统的第 j 指标与人口结构系统的平均关联度，l、m 分别为两个系统的指标数。

采用系统关联的耦合度模型，从时空两个角度定量评判出江苏省人口结构与经济系统整体耦合程度，其计算公式为：

$$C(t)=\frac{1}{m*l}\sum_{i=1}^{l}\sum_{j=1}^{m}R_{ij}(t) \tag{4-7}$$

式中，C(t) 为耦合度，l、m 分别为人口结构与经济系统的指标数。

（二）指标体系

1. 指标选取的原则

（1）科学性。这是研究、评价项目中不可缺少的根本原则。各指标体系的设计及指标的选取必须以科学性为原则，能客观真实地反映江苏省人口结构与经济发展的特征与状况，能客观全面地反映出各指标之间的真实关系。在指标体系的选择和设计中须以一定事实为依据，以科学思想为指导，选取的指标应具有一定的科学理论基础且具备较好的稳定性与可靠性。选取指标的概念应当明确且具有一定的科学内涵，应该能度量并反映人口结构与经济复合系统的发展变化特征。

（2）全面性。选择指标时，应将指标体系作为一个整体，应具有全局观念和整体观念，既要着眼于未来又要立足于现实，既要考虑内部条件又要兼顾外部条件，应从人口结构、经济协调发展的主要方面综合确定主要指标，做到主次分明，避免片面性，以防顾此失彼，但所选指标必须能全面反映与目标之间的关系，也能综合体现人口结构、经济的客观性。

（3）典型性。务必确保指标体系具有一定的典型代表性，尽可能准确反映出江苏省人口结构与经济发展变化的综合特征，即使在减少指标数量的情况下，也要便于数据计算和提高结果的可靠性。在全面衡量的基础上，选取指标时要有所侧重，避免面面俱到，不能过多过细，使指标过于烦琐，相互重叠，指标又不能过少过简，避免指标信息遗漏而导致错误、不真实的现象。选择诸多人口结构、经济社会指标中具有代表性、含义明确、信息集中的数据资料，以及能够反映当前人口结构与经济发展所面临的最关键、最迫切的热点问题的数据。

（4）可操作性。既要根据江苏省各县市人口结构与区域经济发展的实际情况来确定指标体系，又要求在获取数据资料的途径与方式方面切实可行，在指标选择方面，需特别注意在总体范围内的一致性，各指标应尽量简单明了、微观性强，具有很强的现实可操作性。

（5）可比性。指标选取不仅应该在不同时间序列上具有可比性，而且在不同空间尺度上也应该具有可比性。不同地区指标的可比性，称为统一性，同一地区不同时期指标的可比性，称为一贯性，统一性强调的是横向比较，而一贯性强调的则是纵向比较，对于本书来说，选取指标时考虑到指标数据的可比性，对江苏省不同县域人口结构与经济的耦合发展研究而言非常重要。

2. 指标体系

从系统学视角，将人口结构与经济耦合发展作为一个大系统，分别建立人口结构子系统与经济子系统指标体系，人口结构子系统与经济子系统及其系统内各要素之间已经形成相互作用、相互连接、相互影响的复杂关系。本书从人地关系理论出发，对人口结构与经济之间的关系进行分析与评价，因此指标体系的建立是本书进行人口结构与经济耦合关联分析的基础与前提。在遵循科学性、全面性、典型性、可操作性与可比性等原则的基础上，运用频度统计法、理论分析法与专家征询法对指标进行设置与选择（Huang J C，2003；刘耀彬，

2005）。

通过 CNKI 数据库对近年来有关人口结构与经济发展方面的论文进行搜索并做频度统计，从中选择近年来研究者选用频度较高的人口结构与经济发展方面的指标，再结合江苏省的具体发展情况并兼顾考虑指标的可获取性及可靠性，对指标进行理论分析与初步筛选。初步确定从人口年龄结构、人口文化结构、人口产业结构与人口城乡结构 4 个方面进行人口结构系统指标的分解。从经济总量、经济结构、经济水平、农村经济、工业经济及国内外贸易 6 个方面对经济系统进行指标的选取。在提出评价指标的基础上，咨询相关专家的意见之后对指标体系进行调整，从而分别构建人口结构指标体系与经济指标体系（表 4-1）。

表 4-1 江苏省人口结构与经济耦合系统指标体系

Ⅰ级指标	Ⅱ级指标	Ⅲ级指标	单位
人口结构系统 X	人口年龄结构	X1 0~14 岁人口比重	%
		X2 15~64 岁人口比重	%
		X3 65 岁以上人口比重	%
		X4 老年抚养比	%
	人口文化结构	X5 小学人口比例	%
		X6 初中人口比例	%
		X7 高中人口比例	%
		X8 本科及以上人口比例	%
		X9 15 岁及以上文盲人口比例	%
		X10 平均受教育年限	年
	人口产业结构	X11 第一产业从业人口比重	%
		X12 第二产业从业人口比重	%
		X13 第三产业从业人口比重	%
	人口城乡结构	X14 城镇化率	%
经济系统 Y	经济总量	Y1 GDP（国内生产总值）	亿元
	经济结构	Y2 第一产业产值比重	%
		Y3 第二产业产值比重	%
		Y4 第三产业产值比重	%

续表

Ⅰ级指标	Ⅱ级指标	Ⅲ级指标	单位
经济系统 Y	经济水平	Y5 人均 GDP	元
		Y6 城镇固定资产投资完成额	亿元
		Y7 地方财政一般预算支出	亿元
		Y8 地方财政一般预算收入	亿元
		Y9 城镇在岗职工平均工资	元
		Y10 农村居民人均纯收入	元
		Y11 居民储蓄存款	亿元
		Y12 房地产开发投资	亿元
	农村经济	Y15 农业生产总值	亿元
		Y16 粮食产量	万吨
	工业经济	Y13 工业总产值	亿元
		Y14 工业企业利润总额	亿元
	国内外贸易	Y17 社会消费品零售总额	亿元
		Y18 批发零售贸易业总额	亿元
		Y19 实际外商直接投资	亿美元
		Y20 进出口总额	亿美元

（三）耦合类型及其划分

参照已有研究（刘耀彬，2005；黄金川，2003），结合江苏省各县域人口结构与经济发展的实际情况，大致将耦合类型划分为低水平耦合、拮抗型耦合、磨合型耦合及协调型耦合 4 种类型。耦合类型划分的具体分类步骤如下：首先对各县域单元的人口结构与经济发展情况进行大致的划分，为方便比较，依据江苏省实际的特征与所选指标的情况，首先主要选用人均国内生产总值、三次产业结构偏离度等来反映不同地区人口结构与经济发展的情况，利用 SPSS16.0 软件中的 Hierarchical Cluster 方法进行归类；其次将归类结果与耦合度划分的类型进行叠加；最后进行一些必要的合并与调整，得到最终的组合类型。需要说明的是，该分类不是绝对的，而是相对的，在不同的经济发展阶

段，耦合类型的种类可能不同，在某个特定的经济发展阶段，人口结构与经济的耦合类型或可能仅有其中的某几种耦合类型，而并非任何时期4种类型都齐全。不同地区间的耦合关系是不稳定的，可能出现反复而且容易受到周围地区发展的影响，这恰好从另一个视角佐证了区域人口结构与经济耦合的空间继承性与发展动态性。

二、江苏省人口结构与经济发展耦合度及耦合类型分析

（一）耦合度演变

1. 全省耦合关联度整体呈下降趋势

利用上述指标体系及方法模型计算，结果如图4-1所示。1990~2010年全省耦合关联度下降。1990年江苏省人口结构与经济发展的耦合度为0.652，属于较高关联，2000年与2010年江苏省人口结构与经济发展耦合度均为

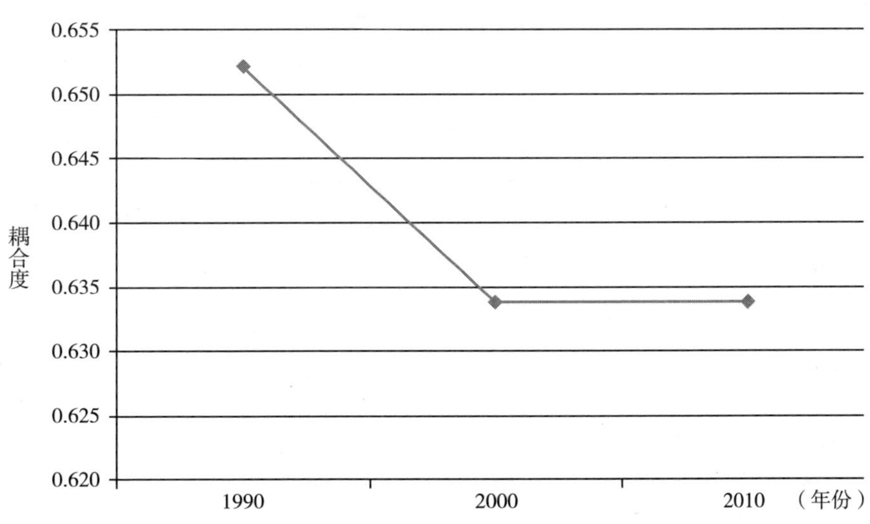

图4-1　1990~2010年江苏省县域人口结构与经济发展耦合度变化

0.634，均属中等关联，1990~2010年的20年间，全省人口结构与经济发展关联度微降了0.018，从较高关联为主转变为中等关联为主，两者之间呈现出一定的波动性。说明全省人口结构与经济发展的关系比较密切且其程度略有下降，主要由于伴随经济发展阶段升级与人口结构的不断转换而使人口结构与经济发展的矛盾有所缓和。(为便于比较，此章关于耦合度数据统一保留小数点后3位。)

进一步计算出1990~2010年各县（市、区）耦合度，利用ArcGIS10.0将耦合度聚类分析，结果如图4-2所示。

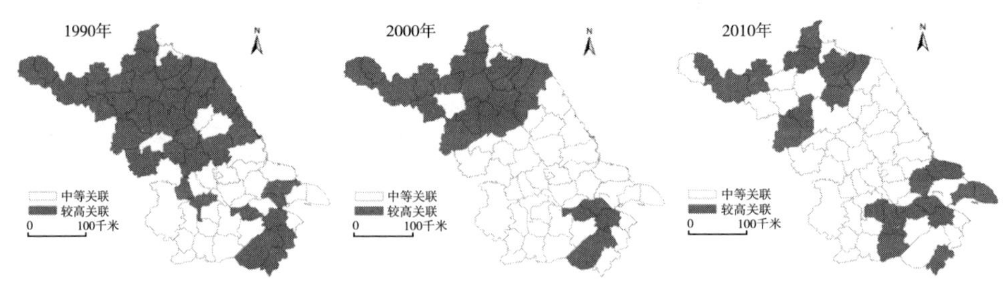

图4-2　1990~2010年江苏省各县域人口结构与经济发展耦合度聚类结果

2. 各县域耦合度略有下降，极差先增大后减小

20年来，全省各县域耦合度略有下降，极差先增大后减小。1990年，全省各县（市、区）耦合度在0.576~0.715之间，极差为0.139，其中，有34个地区属于较高关联，约占全省地区总数的53.97%，29个地区属于中等关联，约占46.03%。2000年与2010年，各县（市、区）人口结构与经济发展耦合度分别在0.566~0.719之间和0.561~0.701之间，极差分别为0.153和0.140，分别有23个地区（约占36.51%）与22个地区（约占34.92%）属于较高关联地区，分别有40个地区（约占63.49%）和41个地区（约占65.08%）属于中等关联。

3. 较高关联地区数减少，中等关联地区数增加

20年间，较高关联地区数减少，中等关联地区数增加，地区差异先增后

减。1990~2010 年，较高关联的地区比重从 53.97%下降到 34.92%，下降了 19.05 个百分点，而中等关联则由 1990 年的 46.03%上升到 2010 年的 65.08%，上升了 19.05 个百分点。极差值前 10 年上升了 0.015，后 10 年下降了 0.013，20 年间共上升了 0.002，可见前 10 年地区差距扩大而后 10 年地区差距缩小，总体上 20 年间地区差距小幅度扩大。说明江苏省人口结构与经济发展的关系比较密切，但其程度在 1990~2000 年的 10 年间略微下降，而进入 21 世纪以来又保持在较稳定的状态。

（二）耦合类型演变

1. 经济发展阶段升级，全省由低水平型转变为拮抗型向磨合型过渡阶段

根据耦合类型划分方法，评判江苏省人口结构与经济的耦合类型，分析 1990~2010 年江苏省人口结构与经济的耦合类型演变（图 4-3）。

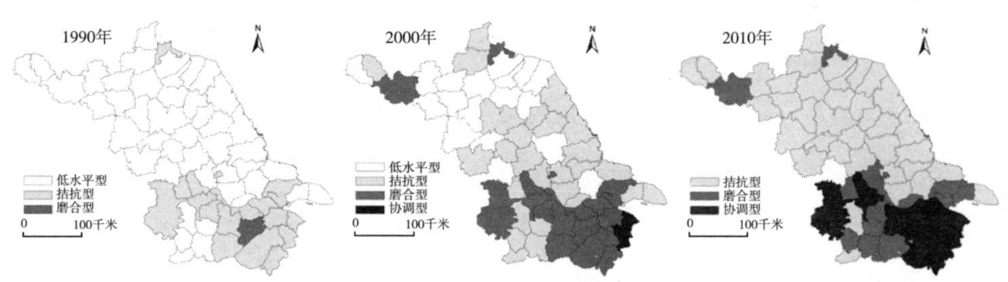

图 4-3　1990~2010 年江苏省各县域人口结构与经济发展耦合类型演变

1990 年，江苏省人口结构与经济发展属于低水平耦合型。人均 GDP 为 2109 元，处于初级产品生产阶段 I 阶段中，人口结构水平滞后于经济发展，人口产业结构与经济产业结构矛盾尖锐，第一产业人口比重过高，劳动力已开始从第一产业向第二、第三产业转移，三次产业从业人员比重依次为 56.55%、28.70%、14.75%，三次产业产值比重分别为 25.10%、48.90%、26.0%，人口文化结构水平较低，15 岁以上人口文盲率为 22.59%，全省平均受教育年限仅 6.42 年。城镇化水平低，城镇化率为 21.56%，耦合度为 0.652，这种较高关联耦合所体现的人口结构与经济密切关系是由于人口结构与经济矛盾冲突较大而导致的，人口结构与经济发展不协调，经济发展较落后。

2000 年，江苏省人口结构与经济发展属于拮抗型。人均 GDP 为 11765 元，处于工业化初期，城镇化水平有所提高（城镇化率 41.50%），人口就业结构“一、二、三”（42.80%、30.20%、27.00%）依然滞后于产业结构“二、三、一”（12.20%、51.90%、35.90%），并制约着经济产业结构的升级。人口结构与经济发展之间存在错综复杂的拮抗作用。

2010 年，江苏省人口结构与经济发展属于拮抗型向磨合型过渡阶段。人均 GDP 为 52840 元，处于工业化中期向后期过渡阶段，城镇化率较高（60.58%），比全国高出 10.63 个百分点。文盲率降低为 3.81%，全省平均受教育年限 9.13 年，人口文化结构水平显著高于 1990 年与 2000 年，人口产业结构“二、三、一”（22.30%、42.00%、35.70%），第一产业从业人口比重大幅度下降，第二产业与第三产业从业人口比重上升，经济产业结构为“二、三、一”（6.10%、52.50%、41.40%），第三产业从业人口数上升幅度最大（增加了 1074.23 万人），比重上升了 20.95 个百分点，但第三产业人口结构却落后于全国，而经济第三产业产值比重高于全国，经济产业结构、人口产业结构转换与升级迫在眉睫，经济发展水平亦有待于人口产业结构、人口文化结构与科学技术发展等的进一步提高与改善，总体上人口结构与经济发展正处于由拮抗型转向磨合型耦合过渡阶段。

2. 县域耦合类型与经济发展阶段关联性日益增强

进一步运用 ArcGIS 软件，计算并划分 1990~2010 年各县域人口结构与经济的耦合类型，结果如图 4-3 所示。1990 年，全省各县（市、区）中，属于低水平型耦合区的有 44 个（约占 69.84%）、拮抗型耦合区 18 个（约占 28.57%）、磨合型耦合区 1 个（仅占 1.59%）。2000 年，江苏省处于工业化初期，全省 63 个县（市、区）中，属于低水平型耦合区的有 17 个（约占 26.98%）、拮抗型耦合区 27 个（约占 42.86%）、磨合型耦合区 18 个（约占 28.57%）、协调型耦合区 1 个（约占 1.59%）。2010 年，江苏省处于工业化中期向后期过渡阶段，全

省 63 个县（市、区）中，属于拮抗型耦合区的有 37 个（约占 58.73%）、磨合型耦合区 14 个（仅占 22.22%）、协调型耦合区 12 个（约 19.05%）。

结果表明，1990~2010 年的 20 年期间，伴随着社会的进步与发展，经济发展水平不断提高，人口结构与经济耦合关联存在不断变化的动态规律。1990~2010 年，全省人口结构与经济耦合从以低水平型为主转向由拮抗型向磨合型过渡的阶段。从 1990 年全省处于初级产品生产阶段 I 阶段时，尚没有协调型耦合区，到 2010 年全省处于工业化中期向后期过渡阶段时，有 12 个地区（约占全省地区数的 19.05%）呈现协调型耦合；而全省在初级产品生产阶段 I 阶段，尚处在低水平耦合区的 44 个地区（约 69.84%），经过 20 年的经济发展变化，其人口结构与经济动态变化后，呈现出拮抗型（除靖江市等 7 个地区呈磨合型外）耦合特征，且至 2010 年已经没有低水平耦合区。拮抗型耦合区的个数增加了 19 个，占全省比重亦增加了 30.16 个百分点，磨合型耦合区则增加了 13 个，比重亦增加了 20.63 个百分点，可见 20 年来，人口结构与经济耦合类型的变化显著，并且呈现向更高水平升级的趋势。

3. 耦合度反映关联程度的密与疏，耦合类型反映耦合等级的高与低

人口结构与经济耦合类型的划分是多指标综合考虑的结果，因而耦合类型与耦合度不完全一致。耦合度的高与低仅说明关联程度的密与疏，而耦合类型则存在等级，从低水平、拮抗型、磨合型到协调型依次升级，体现出人口与经济的耦合程度越高，两者关系越和谐、越趋向协调发展。所以，耦合度越大，并不代表其耦合类型越高级，但也有其普遍规律，一般来说，协调型耦合区的耦合度最小，拮抗型耦合区的耦合度较大，磨合型耦合区的耦合度较小，低水平耦合区的耦合度有可能最大也有可能最小。

例如：2010 年全省耦合度最大（0.7008）的涟水县属于拮抗型耦合区，主要是由于徘徊于经济产业结构“二、三、一”（26.61%、41.31%、32.08%）与人口就业结构“一、三、二”（39.66%、23.95%、36.39%）的拮抗限制阶段，第一产业从业人口比重过高成为限制经济产业结构升级的瓶颈，人口就业结构滞后于经济产业结构的发展，人口结构与经济发展的关联非常大且矛盾异常突出。

全省耦合度最小的、低于 0. 650 的地区中，有两种情况：①一部分经济较发达、城市化进程较快，人口结构与经济发展处于同步协调发展阶段，属于协调型耦合区，如 2010 年的南京市区，耦合度为 0. 602，人均 GDP 为 84491 元，产业结构（2. 08%、43. 81%、54. 10%）与人口就业结构（7. 72%、34. 52%、57. 76%）均为“三、二、一”，人口结构与经济相互促进协调发展，因而属于协调型耦合区。②另一部分地区人口结构与经济发展水平均欠发达，城镇化水平落后，人口与经济发展有一定的矛盾，但二者关联性较小，属于低水平耦合区，如 1990 年的建湖县，耦合度为 0. 639，人均 GDP 仅 1239 元，远低于全省平均值（2109 元），总人口数 786720 人，人口密度 678 人/km^2，经济产业结构与人口就业结构均为落后的“一、二、三”结构（经济产业结构依次为 43. 21%、39. 99%、16. 79%，人口就业结构依次为 75. 67%、13. 83%、10. 50%），城镇化率仅 10. 19%，平均受教育年限亦仅 6. 57 年；再如洪泽县，耦合度为 0. 629，GDP 全省最低（仅 4. 2455 亿元），人均 GDP 仅 1188 元，远低于全省平均值，人口密度 257 人/km^2，远低于省平均人口密度（660 人/km^2），平均受教育年限仅 6. 36 年，这些地区人口与经济虽均落后，但是由于人口数量较少并未对经济发展产生限制效应，人口结构与经济均保持低水平发展，两者间的关联性较小，因而属于低水平型耦合区。

三、江苏省人口结构与经济发展耦合关联分析

依据灰色关联分析法，构建人口结构与经济发展耦合的关联度模型，具体步骤见本章第一节研究步骤中的耦合关联度模型，根据公式（4-5）、公式（4-6），计算得到 1990~2010 年江苏省人口结构与经济发展耦合作用的关联度矩阵（表 4-2）。

表 4-2　1990~2010 年江苏省人口结构与经济发展耦合作用的关联度矩阵

1990 年	j=1	2	3	4	5	6	7	8	9	10	11	12	13	14	15	16	17	18	19	20	
i=1	0. 603	0. 710	0. 548	0. 667	0. 597	0. 604	0. 585	0. 600	0. 586	0. 593	0. 611	0. 580	0. 657	0. 677	0. 598	0. 591	0. 605	0. 610	0. 576	0. 598	0. 610
2	0. 529	0. 516	0. 710	0. 562	0. 601	0. 549	0. 523	0. 523	0. 670	0. 627	0. 532	0. 492	0. 571	0. 544	0. 540	0. 522	0. 527	0. 533	0. 499	0. 527	0. 555
3	0. 676	0. 589	0. 670	0. 722	0. 734	0. 697	0. 653	0. 654	0. 732	0. 734	0. 675	0. 631	0. 706	0. 680	0. 668	0. 659	0. 670	0. 679	0. 640	0. 675	0. 677
4	0. 643	0. 607	0. 675	0. 710	0. 697	0. 660	0. 620	0. 624	0. 697	0. 700	0. 640	0. 596	0. 727	0. 709	0. 634	0. 624	0. 640	0. 648	0. 608	0. 642	0. 655
5	0. 522	0. 732	0. 615	0. 586	0. 582	0. 533	0. 502	0. 509	0. 590	0. 582	0. 521	0. 486	0. 691	0. 696	0. 519	0. 510	0. 518	0. 529	0. 497	0. 518	0. 562
6	0. 613	0. 567	0. 753	0. 695	0. 702	0. 636	0. 596	0. 607	0. 760	0. 714	0. 618	0. 561	0. 677	0. 659	0. 620	0. 598	0. 610	0. 613	0. 577	0. 614	0. 640
7	0. 573	0. 625	0. 718	0. 667	0. 661	0. 598	0. 562	0. 563	0. 723	0. 664	0. 584	0. 524	0. 757	0. 720	0. 590	0. 566	0. 566	0. 577	0. 536	0. 570	0. 617
8	0. 883	0. 510	0. 542	0. 739	0. 730	0. 842	0. 919	0. 910	0. 620	0. 694	0. 867	0. 935	0. 599	0. 592	0. 868	0. 907	0. 895	0. 868	0. 928	0. 863	0. 785
9	0. 534	0. 745	0. 585	0. 596	0. 572	0. 542	0. 524	0. 537	0. 602	0. 572	0. 545	0. 508	0. 663	0. 676	0. 531	0. 520	0. 537	0. 548	0. 520	0. 536	0. 570
10	0. 675	0. 580	0. 751	0. 759	0. 747	0. 688	0. 655	0. 664	0. 781	0. 756	0. 686	0. 614	0. 725	0. 693	0. 683	0. 658	0. 670	0. 673	0. 631	0. 663	0. 688
11	0. 458	0. 713	0. 503	0. 506	0. 471	0. 475	0. 445	0. 456	0. 490	0. 473	0. 466	0. 433	0. 588	0. 593	0. 465	0. 448	0. 457	0. 469	0. 443	0. 467	0. 491
12	0. 722	0. 504	0. 711	0. 738	0. 863	0. 757	0. 708	0. 707	0. 792	0. 860	0. 738	0. 669	0. 657	0. 639	0. 744	0. 713	0. 719	0. 718	0. 679	0. 739	0. 719
13	0. 855	0. 554	0. 589	0. 841	0. 807	0. 848	0. 825	0. 832	0. 683	0. 770	0. 845	0. 791	0. 655	0. 642	0. 842	0. 843	0. 856	0. 849	0. 797	0. 835	0. 778
14	0. 879	0. 526	0. 597	0. 801	0. 794	0. 851	0. 859	0. 862	0. 678	0. 755	0. 878	0. 801	0. 643	0. 632	0. 866	0. 868	0. 873	0. 858	0. 806	0. 853	0. 784
	0. 655	0. 606	0. 640	0. 685	0. 683	0. 663	0. 641	0. 646	0. 672	0. 678	0. 658	0. 616	0. 665	0. 654	0. 655	0. 645	0. 653	0. 655	0. 624	0. 650	0. 652

续表

2000年	j=1	2	3	4	5	6	7	8	9	10	11	12	13	14	15	16	17	18	19	20	
i=1	0. 575	0. 745	0. 574	0. 613	0. 569	0. 571	0. 560	0. 564	0. 620	0. 625	0. 578	0. 563	0. 648	0. 687	0. 564	0. 548	0. 574	0. 570	0. 538	0. 548	0. 592
2	0. 522	0. 559	0. 730	0. 677	0. 605	0. 512	0. 492	0. 493	0. 678	0. 568	0. 514	0. 487	0. 613	0. 610	0. 509	0. 512	0. 504	0. 499	0. 498	0. 487	0. 553
3	0. 640	0. 554	0. 671	0. 710	0. 676	0. 621	0. 623	0. 630	0. 727	0. 748	0. 637	0. 620	0. 643	0. 669	0. 629	0. 628	0. 629	0. 625	0. 613	0. 615	0. 645
4	0. 631	0. 579	0. 658	0. 691	0. 650	0. 613	0. 613	0. 618	0. 706	0. 726	0. 628	0. 609	0. 662	0. 689	0. 619	0. 613	0. 621	0. 617	0. 602	0. 602	0. 637
5	0. 507	0. 688	0. 585	0. 609	0. 543	0. 490	0. 485	0. 489	0. 585	0. 583	0. 505	0. 488	0. 620	0. 653	0. 498	0. 504	0. 499	0. 495	0. 480	0. 482	0. 539
6	0. 506	0. 575	0. 701	0. 656	0. 605	0. 495	0. 476	0. 475	0. 624	0. 564	0. 503	0. 471	0. 620	0. 613	0. 495	0. 498	0. 486	0. 482	0. 481	0. 478	0. 540
7	0. 693	0. 567	0. 694	0. 764	0. 728	0. 675	0. 644	0. 644	0. 790	0. 745	0. 686	0. 634	0. 690	0. 680	0. 679	0. 672	0. 662	0. 656	0. 651	0. 629	0. 679
8	0. 890	0. 540	0. 570	0. 657	0. 772	0. 916	0. 927	0. 929	0. 681	0. 749	0. 896	0. 925	0. 634	0. 615	0. 916	0. 898	0. 920	0. 922	0. 876	0. 887	0. 806
9	0. 605	0. 686	0. 609	0. 630	0. 593	0. 596	0. 583	0. 587	0. 626	0. 652	0. 606	0. 585	0. 659	0. 667	0. 591	0. 583	0. 603	0. 599	0. 565	0. 578	0. 610
10	0. 684	0. 542	0. 726	0. 734	0. 733	0. 660	0. 636	0. 636	0. 794	0. 737	0. 678	0. 627	0. 704	0. 705	0. 667	0. 667	0. 654	0. 647	0. 642	0. 626	0. 675
11	0. 491	0. 778	0. 517	0. 539	0. 465	0. 493	0. 479	0. 480	0. 504	0. 513	0. 491	0. 475	0. 604	0. 632	0. 477	0. 471	0. 486	0. 484	0. 464	0. 478	0. 516
12	0. 654	0. 498	0. 783	0. 739	0. 775	0. 641	0. 614	0. 617	0. 803	0. 720	0. 646	0. 609	0. 608	0. 604	0. 634	0. 633	0. 631	0. 624	0. 627	0. 614	0. 654
13	0. 778	0. 541	0. 682	0. 737	0. 810	0. 752	0. 716	0. 715	0. 807	0. 816	0. 769	0. 705	0. 676	0. 672	0. 757	0. 750	0. 740	0. 731	0. 719	0. 702	0. 729
14	0. 720	0. 533	0. 731	0. 748	0. 785	0. 692	0. 663	0. 663	0. 838	0. 827	0. 710	0. 653	0. 666	0. 662	0. 696	0. 691	0. 683	0. 675	0. 675	0. 654	0. 698
	0. 635	0. 599	0. 659	0. 679	0. 665	0. 623	0. 608	0. 610	0. 699	0. 684	0. 632	0. 604	0. 646	0. 654	0. 624	0. 619	0. 621	0. 616	0. 602	0. 598	0. 634

续表

2010年	j=1	2	3	4	5	6	7	8	9	10	11	12	13	14	15	16	17	18	19	20	
i=1	0.586	0.780	0.516	0.643	0.587	0.588	0.580	0.590	0.555	0.543	0.592	0.573	0.681	0.732	0.577	0.585	0.594	0.591	0.588	0.564	0.602
2	0.660	0.546	0.736	0.764	0.795	0.641	0.646	0.647	0.802	0.793	0.641	0.629	0.620	0.616	0.686	0.702	0.630	0.631	0.664	0.604	0.673
3	0.550	0.636	0.657	0.699	0.590	0.539	0.541	0.545	0.630	0.638	0.538	0.525	0.691	0.678	0.546	0.553	0.536	0.537	0.556	0.520	0.585
4	0.541	0.657	0.638	0.690	0.575	0.530	0.532	0.535	0.609	0.617	0.530	0.515	0.698	0.687	0.534	0.544	0.527	0.528	0.546	0.511	0.577
5	0.678	0.708	0.640	0.703	0.680	0.669	0.669	0.677	0.668	0.657	0.683	0.665	0.752	0.775	0.671	0.680	0.676	0.676	0.683	0.650	0.683
6	0.416	0.586	0.623	0.546	0.512	0.403	0.408	0.409	0.587	0.576	0.406	0.401	0.526	0.509	0.441	0.447	0.400	0.400	0.415	0.396	0.470
7	0.562	0.580	0.720	0.786	0.649	0.541	0.551	0.548	0.742	0.709	0.544	0.535	0.679	0.647	0.584	0.606	0.534	0.535	0.562	0.516	0.607
8	0.889	0.572	0.595	0.646	0.778	0.877	0.875	0.885	0.653	0.653	0.884	0.858	0.653	0.656	0.868	0.847	0.880	0.881	0.884	0.816	0.782
9	0.565	0.744	0.576	0.641	0.553	0.564	0.564	0.571	0.580	0.598	0.570	0.555	0.705	0.728	0.550	0.546	0.572	0.570	0.568	0.553	0.594
10	0.706	0.556	0.688	0.780	0.797	0.679	0.688	0.687	0.789	0.738	0.684	0.671	0.669	0.647	0.734	0.751	0.672	0.673	0.704	0.644	0.698
11	0.534	0.824	0.545	0.617	0.533	0.549	0.531	0.540	0.563	0.561	0.541	0.536	0.687	0.736	0.525	0.534	0.544	0.546	0.528	0.522	0.575
12	0.651	0.543	0.769	0.687	0.773	0.636	0.648	0.646	0.778	0.795	0.641	0.635	0.593	0.587	0.671	0.686	0.632	0.632	0.662	0.618	0.664
13	0.666	0.606	0.654	0.783	0.714	0.639	0.647	0.647	0.748	0.690	0.652	0.633	0.727	0.709	0.657	0.678	0.635	0.636	0.652	0.592	0.668
14	0.720	0.553	0.675	0.748	0.814	0.689	0.698	0.699	0.761	0.702	0.698	0.681	0.654	0.626	0.750	0.777	0.686	0.686	0.722	0.664	0.700
	0.623	0.635	0.645	0.695	0.668	0.610	0.613	0.616	0.676	0.662	0.615	0.601	0.667	0.666	0.628	0.638	0.608	0.609	0.624	0.584	0.634

从全局来看，江苏省人口结构与经济系统各要素之间关系比较复杂，人口结构与经济系统间的关系密切程度虽有所减小但两者之间的关系依然很密切，故进行两系统间耦合的关联分析有一定实践意义。由表4-2可见，20年以来，中等关联与较高关联的比重上升而高关联的比重降低。1990年人口结构系统与经济系统各指标间的关联度都在0.433~0.935之间，其中中等关联以51.79%居首位，其次是较高关联（占39.29%），最后是高关联（占8.93%）。2000年人口结构系统与经济系统各指标间的关联度在0.464~0.929之间，以中等关联为主（58.93%），其次是较高关联（占36.79%），最后是高关联（占4.29%）。2010年人口结构系统与经济系统各指标间的关联度在0.396~0.889之间，以中等关联为主（56.07%），其次是较高关联（占40.36%），最后是高关联（占3.57%）。经过20年，人口结构系统与经济系统各指标间的关联度的极差由1990年的0.502下降至2000年的0.465后又微幅升至2010年的0.493，说明各指标间的差距总体呈缩小趋势，但存在微幅波动。与1990年相比，2010年属于中等关联的比重增加了4.29个百分点，属于较高关联的比重增加了1.07个百分点，而属于高关联的比重则减少了5.36个百分点，可见，各指标间的关联度虽具有波动性，但总体上变化较小，依然以中等关联为主、较高关联为辅。为进一步揭示两系统交互耦合的内在机制，对上表得到的关联度数据进行平均与排序，分别得到了人口结构与经济相互作用和影响的内在驱动力及其耦合关联特征。

（一）人口结构各要素对经济发展的耦合关联

1. 人口城乡结构对经济发展的耦合关联度最高，影响力最大

1990年、2000年与2010年，人口城乡结构与区域经济的关联度依次是：0.784、0.698、0.700，均属于较高关联，在Ⅱ级指标中一直排名第1。城镇人口比重对经济的耦合关联度在所有Ⅲ级指标中排名由第2变为第3至2010年又升至第2的位置。伴随城市化进程的不断加快，城镇人口总数及其在总人口中的比重在不断提高，人口不断由农村向城镇迁移，在促进城镇化地区经济发展的同时，改变了迁入地与迁出地的人口结构，促使大量具有高学历、高技

术的高文化素质人才在城镇集聚，促进科技进步与生产率的提高，因此，城镇人口对经济发展具有极为重要的作用，城市化水平越高，区域经济越发达，人口城乡结构与经济具有很强的耦合关联性。

从表 4-2 中可以看出，1990~2010 年，人口城乡结构对经济发展影响最大的由经济总量转变为经济水平和工业经济，而影响最小的一直都是第一产业产值比重，其对第二、第三产业产值比重的影响力逐渐变大，尤其是对第三产业影响力度增大明显（两者间的关联度排名由 1990 年的第 12 名上升至 2010 年的第 5 名）。具体而言，1990~2010 年人口文化结构与经济系统的耦合关联度较高的指标演变具体如下：1990 年，城镇人口比重与经济指标耦合关联度属于高关联（关联度 > 0.85）的指标有 GDP（0.879）、居民储蓄存款（0.878）、社会消费品零售总额（0.873）、工业企业利润总额（0.868）、工业总产值（0.866）、地方财政一般预算支出（0.862）、地方财政一般预算收入（0.859）、批发和零售业（0.858）、城镇固定资产投资完成额（0.851）等，即城镇人口比重与经济总量、经济水平、国内外贸易和工业经济等指标的关联度属于高关联。2000 年，城镇人口比重与经济指标中耦合关联度排名前三的分别是在岗职工平均工资（0.838）、居民人均纯收入（0.827）及人均 GDP（0.785），即城镇人口比重与经济水平指标的关联度最高，属于较高关联。2010 年，城镇人口比重与经济指标中耦合关联度排名前三的分别是人均 GDP（0.814）、工业企业利润总额（0.777）、在岗职工平均工资（0.761），即城镇人口比重与经济水平、工业经济等指标的关联度最高，属于较高关联。

2. 人口文化结构对经济发展的耦合关联度排名由第 3 名上升至第 2 名

1990 年、2000 年与 2010 年，人口文化结构与区域经济的关联度依次是：0.644、0.642、0.639，均属于中等关联，但数据接近较高关联临界值，故两者具有较强的关联性；与 1990 年相比，2000 年与 2010 年人口文化结构对经济的关联度排名上升，影响力度虽略降，但人口文化结构与经济的关联度依然较高，两者关系依然较为密切。人口的文化素质越高，对新知识与科学技术的理解与应用就越强，对有利于社会经济发展的新事物的创造能力就越大，越容易掌握高新技术并将高科技知识运用于实践生产操作，从而可以大力促进生产力的发展，提高劳动生产率，最终将会对整个区域经济的发展发挥重要的作用。因此，伴随科技教育事业的发展，人口文化结构水平对经济发展具有极为重要的关键性作用。联合国教科文组织报告指出，劳动生产率的提高与劳动者的文化程度具有显著的关系，具体而言，不同文化程度的劳动者对生产率提高的能力分别为：小学 43%、中学 108%、大学 300%，生产率的提高必然促进经济发展。

人口文化结构对经济结构的促进作用亦不断增强，人口结构与第三产业产值比重、在岗职工平均工资、农林牧渔业总产值等指标的耦合关联度较高。由表 4-2 可见，1990~2010 年人口文化结构与经济系统的耦合关联度较高的指标演变具体如下：1990 年，人口文化结构与经济系统中各指标的关联度由高到低排名前三的依次是农林牧渔业总产值（0.685）、在岗职工平均工资（0.679）、第三产业产值比重（0.674），均属于较高关联。2000 年，人口文化结构与经济系统中各指标的关联度由高到低排名前三的依次是在岗职工平均工资（0.683）、第三产业产值比重（0.675）、人均 GDP（0.672），均属较高关联。2010 年，人口文化结构与经济系统中各指标的关联度由高到低排名前三的依次是第三产业产值比重（0.684）、在岗职工平均工资（0.670）、农林牧渔业总产值（0.664），均属较高关联。说明人口文化结构与农业经济、经济水平以及经济结构的关系非常密切，并且对第三产业产值比重的影响力不断提高（在人口文化结构与经济系统关联度排名中由第 3 名上升至第 1 名）。

其中，高素质的人口文化结构对区域经济发展的作用最为明显，高素质的人口对经济发展起到决定性作用。如 1990 年、2000 年及 2010 年，本科及以上人口比重在所有Ⅲ级指标中对经济的关联度一直是最高的，分别达到 0.785、0.806 及 0.782，均属较高关联，两者关系非常密切。平均受教育年限与经济发展的关联度排名在所有Ⅲ级指标中由第 2 降为第 3 再至 2010 年又回到第 2 的位置，关联度分别为 0.688、0.675 及 0.698，均属较高关联，且两者关联十分紧密。

本科及以上人口比重对经济水平和国内外贸易的影响力一直都很大，人口文化结构水平的提高有利于经济总量、经济水平以及国内外贸易的发展。而本科及以上人口比重与第一产业产值比重的关联度一直都是所有指标中最小的，1990~2010 年分别为 0.510、0.540、0.572，说明高素质人才很难从事第一产业，且对于第一产业的影响力最小。由表 4-2 可见，1990~2010 年本科及以上人口比重与经济系统的耦合关联度较高的指标演变具体如下：1990 年本科及以上人口比重与经济系统中的房地产开发投资、实际外商直接投资、地方财政一般预算收入、地方财政一般预算支出、工业企业利润总额 5 个指标的关联度分别为 0.935、0.928、0.919、0.910、0.907，均在 0.900 以上，属于高关联。2000 年本科及以上人口比重与经济系统中的地方财政一般预算支出、地方财政一般预算收入、房地产开发投资、批发零售贸易业总额、社会消费品零售总额、城镇固定资产投资完成额、工业总产值 7 个指标的关联度分别为 0.929、0.927、0.925、0.922、0.920、0.916、0.916，均在 0.900 以上，属于高关联。2010 年本科及以上人口比重与经济系统中的地区生产总值、地方财政一般预算支出、居民储蓄存款、实际外商直接投资、批发零售贸易业总额、社会消费品零售总额 6 个指标的关联度分别为 0.889、0.885、0.884、0.884、0.881、0.880，均高于 0.880，属于高关联，说明本科及以上人口比重与上述经济指标间具有非常高的关联度，且关系非常密切，同时，从本科及以上人口比重与经济关联度排名前五的指标演变可以发现，本科及以上人口比重对经济发展影响力较大的由 1990 年的经济水平、国内外贸易和工业经济转向 2000 年的经济水平和国内外贸易，再至 2010 年转变为经济总量、经济水平和国内外贸易。

3. 人口产业结构对经济的耦合关联度排名由第 2 名降至第 3 名

1990 年、2000 年与 2010 年，人口产业结构与区域经济的关联度依次是：0.663、0.633、0.636，除 1990 年属于较高关联外，2000 年与 2010 年均属于中等关联，虽然关联类型等级下降，但是数值却相差不大，故与 1990 年相比，2000 年与 2010 年人口产业结构对经济的关联度虽略有下降，但影响力依然较大，两者关系依然较为密切。伴随经济社会的发展，人口不断从第一产业向第二、第三产业转移，人口产业结构的调整对经济发展具有较大影响，因而两者具有较高的关联度，此外，关联度数据从另一侧面反映了江苏省的产业结构正在不断调整，且第三产业发展势头强劲，并逐渐在整个国民经济发展中产生重大作用，这与从事高新技术产业、服务业、科教文卫、金融保险等第三产业的从业人员分不开，故两者之间关系较为紧密。

人口产业结构水平的高低对经济水平及其结构至关重要，尤其是对第三产业的影响有所增大。由表 4-2 可见，1990~2010 年人口产业结构与经济系统耦合关联度较高的指标演变具体如下：1990 年，人口产业结构与经济系统中各指标的关联度由高到低排名前三的依次是人均 GDP（0.714）、居民人均纯收入（0.701）、第三产业产值比重（0.695），均属于较高关联。2000 年，人口产业结构与经济系统中各指标的关联度由高到低排名前三的依次是在岗职工平均工资（0.705）、人均 GDP（0.684）、居民人均纯收入（0.683），均属于较高关联。2010 年，人口产业结构与经济系统中各指标的关联度由高到低排名前三的依次是在岗职工平均工资（0.696）、第三产业产值比重（0.696）、居民人均纯收入（0.682），均属于较高关联。说明人口产业结构与经济水平以及经济结构的关系很密切，并且对第三产业产值比重的影响力排名虽有波动但总体上不断提高，在人口产业结构与经济系统关联度排名中由第 3 名上升为第 2 名。

第三产业从业人口比重对经济的影响力一直都很大。首先，1990 年、2000 年及 2010 年，第三产业从业人口比重在所有Ⅲ级指标中对经济的关联度排名由第 3 名升为第 2 名又降至第 6 名，分别达到 0.778、0.729 及 0.668，均属较高关联，且两者关系密切；其次，在三种产业从业人口比重与经济的关联度排序中，1990 年、2000 年及 2010 年第三产业从业人口比重与经济的关联度均最高，分别为 0.778、0.729 及 0.668，均属较高关联；再次，第二产业从业人口比重，其与经济关联度分别为 0.719、0.654 和 0.664，均属较高关联；最后，第一产业从业人口比重，其与经济的关联度分别为 0.491、0.516 和 0.575，均属中等关联。

人口第三产业结构水平的高低对经济产业结构转换至关重要。由表 4-2 可见，1990~2010 年人口第三产业结构与经济系统的耦合关联度较高的指标演变具体如下：1990 年第三产业从业人员比重与经济系统中的社会消费品零售

总额、地区生产总值、批发零售贸易业总额3个指标关联度最高，依次分别是0.856、0.855、0.849，前两个属于高关联，第三个属于较高关联。2000年，第三产业从业人员比重与经济系统中各指标的关联度由高到低排名前三的依次是居民人均纯收入（0.816）、人均GDP（0.810）、在岗职工平均工资（0.807）3个指标关联度最高，且均属于较高关联。2010年，第三产业从业人员比重与经济系统中关联度由高到低排名前三的依次是第三产业产值比重（0.783）、在岗职工平均工资（0.748）、农林牧渔业总产值（0.727）3个指标关联度最高，均属于较高关联。说明第三产业从业人员比重对经济影响力最大的已从1990年的国内外贸易和经济总量转变为2000年的经济水平，至2010年又转变为经济产业结构、经济水平以及农业经济。

4. 人口年龄结构对经济的影响力一直排名第4，影响力相对最小

1990年、2000年与2010年，人口年龄结构与区域经济的关联度依次是：0.624、0.607、0.609，均属于中等关联，一直排名第4，在上述四种人口结构（所有Ⅱ级指标）中对经济影响程度相对最小，但是人口年龄结构对经济发展的影响力依然较大。江苏省仍处于“人口红利”期，劳动力资源丰富，劳动力数量与质量对经济的发展具有巨大的效应，并且伴随人口迁移空前活跃、城镇化快速发展，作为净迁入地区江苏省日益成为高素质人才集聚之地，必将对经济的发展产生深远影响，因而15~64岁人口比重对经济的影响力越来越大。同时江苏省人口老龄化程度较高，老龄化问题较为严重，对经济的发展产生较大影响，因此65岁及以上人口与经济的相关性亦较大。

人口年龄结构对经济影响力最大的已由经济水平、农业经济以及经济产业结构转向经济产业结构和农业经济，其中对经济产业结构的影响力不断增大，年龄结构与其关系密切度增加。1990年，人口年龄结构与经济系统中各指标的关联度由高到低排名前三的依次是在岗职工平均工资（0.671）、农林牧渔业总产值（0.665）、第三产业产值比重（0.665），均属于较高关联。2000年，年龄结构与经济系统中各指标的关联度由高到低排名前三的依次是在岗职工平均工资（0.683）、第三产业产值比重（0.665）、居民人均纯收入（0.667），均属于较高关联。2010年，年龄结构与经济系统中各指标的关联度由高到低排名前三的依次是第三产业产值比重（0.699）、粮食产量（0.678）、农林牧渔业总产值（0.672），均属于较高关联。

说明21世纪以前，老年人口结构与经济发展的关系密切，进入21世纪以来，两者间的密切程度有所降低，而劳动力人口结构与经济发展的关联性升高，两者关系越来越密切。在人口年龄结构所有指标与经济的关联度排序中，1990年与2000年，与经济发展关联度由高到低排序依次是65岁及以上人口比重（分别为0.677、0.645）、老年抚养比（分别为0.655、0.637）、10~14岁人口比重（分别为0.610、0.592）、15~64岁人口比重（分别为0.555、0.553）；而2010年，与经济发展关联度由高到低排序则依次是15~64岁人口比重（0.673）、10~14岁人口比重（0.602）、65岁及以上人口比重（0.585）、老年抚养比（0.577）。

劳动年龄组人口比重对经济影响力最大的已由经济水平及经济产业结构转向经济水平，15~64岁人口比重与经济发展水平的关系越来越紧密。由表4-2可以发现，首先，1990年、2000年及2010年，15~64岁人口比重在所有Ⅲ级指标中对经济的关联度排名由第13名升为第11名继续上升为第5名，分别为0.555、0.553及0.673，由1990年与2000年的中等关联转变为较高关联，两者关系日益密切。其次，1990~2010年的20年来，15~64岁人口比重对经济系统的关联度排名前三的关联度不断提高，具体如下：1990年15~64岁人口比重与经济系统中的第二产业产值比重、在岗职工平均工资、居民人均纯收入3个指标关联度最高，依次是0.710、0.670、0.627，属于较高关联。2000年15~64岁人口比重与经济系统中的第二产业产值比重、在岗职工平均工资、第三产业产值比重3个指标关联度最高，依次是0.730、0.678、0.677，属于较高关联。2010年15~64岁人口比重与经济系统中的在岗职工平均工资、人均GDP、居民人均纯收入3个指标关联度最高，依次是0.802、0.795、0.793，属于较高关联。因此，江苏省应抓住“人口红利”机会，进一步推动经济水平的提高。

老年人口比重对经济影响力呈下降趋势，但依然较大。由表4-2可以发现，首先，1990年、2000年及2010年，65岁及以上人口比重在所有Ⅲ级指标中对经济的关联度排名由第 6 名降为第 7 名至 2010 年继续降至第 11 名的位置，分别为 0. 677、0. 645 及 0. 585，老年人口比重与经济的关联度由 1990 年的较高关联转变为中等关联。其次，1990 年 65 岁及以上人口比重与经济系统中的人均 GDP、居民人均纯收入、在岗职工平均工资 3 个指标关联度最高，依次是 0. 734、0. 734、0. 732，属于较高关联。2000 年 65 岁及以上人口比重与经济系统中的居民人均纯收入、在岗职工平均工资、第三产业产值比重 3 个指标关联度最高，依次是 0. 748、0. 727、0. 710，属于较高关联。2010 年 65 岁及以上人口比重与经济系统中的第三产业产值比重、农林牧渔业总产值、粮食产量 3 个指标关联度最高，依次是 0. 699、0. 691、0. 678，属于较高关联。由于老龄化问题日益严峻，故经济结构亟须调整以适应老龄化发展的需求，应合理开发老年产业，同时农业经济深受老龄化影响，亦需引起重视，加大科技投入，提高农业生产效率，促进现代农业的快速发展，积极推进农业现代化和机械化发展。

（二）经济发展对人口结构的耦合关联

1. 农村经济对人口结构的耦合关联度最高，影响力最大

1990 年、2000 年与 2010 年，农村经济与人口结构的耦合关联度依次是：0. 660、0. 650、0. 667，均属于较高关联，在Ⅱ级指标中一直排名第 1。在中国尤其是江苏省农村人口基数大的背景下，农村经济发展水平的高低直接影响到当地的教育文化水平，同时农村经济的发展状况也影响了从事第一、第二、第三产业人口的数量，从而影响劳动力从第一产业向二、三产业过渡的速度与规模，影响农村人口向城镇转移的速度、方向进而对城镇化进程产生较大影响，因而 20 年以来，农村经济对人口结构的影响一直是最大的。

农村经济对人口结构影响力最大的已由人口文化结构、人口年龄结构转向人口文化结构、人口产业结构，农村经济与人口文化结构、人口产业结构的关联度不断升高，其相互关系日益密切，尤其是对第三产业人口比重的影响力越来越大（在农村经济与人口结构关联度排名中由 1990 年的第 9 名上升为 2010 年的第 2 名）。从表 4-2 中可以看出，1990 年，农村经济与人口结构系统中各

指标的关联度由高到低排名前三的依次是高中人口比重（0.739）、老年人口比重（0.718）、平均受教育年限（0.709），均属于较高关联。2000年，农村经济与人口结构系统中各指标的关联度由高到低排名前三的依次是平均受教育年限（0.705）、高中人口比重（0.685）、老年抚养比（0.676），均属于较高关联。2010年，农村经济与人口结构系统中各指标的关联度由高到低排名前三的依次是小学人口比重（0.763）、第三产业人口比重（0.718）、15岁及以上人口文盲率（0.716），均属于较高关联。其中，农林牧渔业总产值和粮食产量与人口结构密切相关。如1990年、2000年及2010年，农林牧渔业总产值与人口结构的关联度排名在所有Ⅲ级指标中由第5降为第7再至2010年又上升至第4的位置，关联度分别为0.665、0.646及0.667，两者关联性较高。粮食产量与人口结构的关联度排名在所有Ⅲ级指标中由第11升为第7再至2010年又上升至第5的位置，关联度分别为0.654、0.654及0.666，均属较高关联。粮食产量对人口结构的影响越来越显著。

粮食产量对经济的影响力最大的已从人口文化结构、人口年龄结构转向人口文化结构、人口产业结构以及人口年龄结构。具体而言，1990年粮食产量与人口结构系统中各指标的关联度由高到低排名前三的依次是高中人口比重（0.720）、老年抚养比（0.709）、小学人口比重（0.696），均属于较高关联。2000年粮食产量与经济系统中各指标的关联度由高到低排名前三的依次是平均受教育年限（0.705）、老年抚养比（0.689）、10~14岁人口比重（0.687），均属于较高关联。2010年粮食产量与经济系统中各指标的关联度由高到低排名前三的依次是小学人口比重（0.775）、第一产业人口比重（0.736）、10~14岁人口比重（0.732），均属于较高关联。

农林牧渔业总产值对经济的影响力最大的已从人口文化结构、人口年龄结构转向人口文化结构、人口产业结构。1990年农林牧渔业总产值与人口结构系统中各指标的关联度由高到低排名前三的依次是高中人口比重（0.757）、老年抚养比（0.727）、平均受教育年限（0.725），均属于较高关联。2000年农林牧渔业总产值与经济系统中各指标的关联度由高到低排名前三的依次是平均受教育年限（0.704）、高中人口比重（0.690）、第三产业人口比重（0.676），均属于较高关联。2010 年农林牧渔业总产值与经济系统中各指标的关联度由高到低排名前三的依次是小学人口比重（0.752）、第三产业人口比重（0.727）、15 岁及以上人口文盲率（0.705），均属于较高关联。

2. 经济结构对人口结构的耦合关联度排名由第 6 名上升至第 2 名，影响力不断提升

1990 年、2000 年与 2010 年，经济结构与人口结构的耦合关联度依次是 0.644、0.646、0.658，由 1990 年与 2000 年的中等关联转变为 2010 年的较高关联。伴随人类社会的进步，经济产业结构不断由第一产业向二、三产业升级转换，二、三产业不断发展，尤其是第三产业的迅速发展促使劳动力人口从第一产业向二、三产业过渡并转移，导致人口产业结构产生变化，同时也会对人口城乡结构、人口年龄结构等其他人口结构造成直接或间接的影响，因此，经济结构与人口结构的关联日益增强。

经济结构对人口结构影响力最大的已由人口文化结构转向人口文化结构和人口年龄结构，经济结构的升级转换与人口文化结构密不可分，且伴随经济结构的调整，两者密切程度越来越显著，同时对劳动力人口比重的要求亦不断提高，因而使 2010 年经济结构与人口结构的关联度普遍提高。1990 年，经济结构与人口结构系统中各指标的关联度由高到低排名前三的依次是平均受教育年限（0.697）、初中人口比重（0.672）、高中人口比重（0.670），均属于较高关联。2000 年，经济结构与人口结构系统中各指标的关联度由高到低排名前三的依次是高中人口比重（0.675）、第二产业人口比重（0.673）、人口城乡结构（0.671），且均属于较高关联。2010 年，经济结构与人口结构系统中各指标的关联度由高到低排名前三的依次是高中人口比重（0.695）、小学人口比重（0.684）、15~64 岁人口比重（0.682），前者属于高关联，后两者属于较高关联。

第三产业产值比重与人口结构的关联度长期以来一直都很高。首先，1990 年、2000 年及 2010 年第三产业产值比重在所有Ⅲ级指标中对人口结构的关联度排名由第 1 名降为第 3 名又升至第 1 名，且分别达到 0.685、0.679 及 0.668，均属较高关联，两者关系非常密切。其次，在三次产业产值比重与人口结构的关联度排序中，1990 年、2000 年及 2010 年经济结构中的指标与人口结构关联度由高到低排序依次是第三产业产值比重（分别为 0.801、0.748、0.748）、第二产业产值比重（分别为 0.597、0.731、0.675）、第一产业产值比重（分别为 0.526、0.533、0.533），第三产业产值比重与人口结构关联度均属于较高关联，第二产业产值比重与人口结构关联度 1990 年的属于中等关联，2000 年与 2010 年的属于较高关联，第一产业产值比重与人口结构关联度均属于中等关联。

第三产业产值比重对人口结构影响力最大的已由人口产业结构、人口城乡结构、人口文化结构转向人口文化结构和人口产业结构，第三产业越发达，对人口城乡结构、文化结构以及产业结构的促进作用就越大。由表 4-2 可见，1990~2010 年第三产业产值比重与人口结构系统耦合关联度较高的指标演变具体如下：1990 年第三产业产值比重与人口结构中各指标的关联度由高到低排名前三的依次是第三产业人口比重（0.841）、城镇人口比重（0.801）、平均受教育年限（0.759），均属于较高关联。2000 年第三产业产值比重与人口结构中各指标的关联度由高到低排名前三的依次是高中人口比重（0.746）、城镇人口比重（0.748）、第二产业人口比重（0.739），均属于较高关联。2010 年第三产业产值比重与人口结构中各指标的关联度由高到低排名前三的依次是高中人口比重（0.786）、第三产业人口比重（0.783）、平均受教育年限（0.780），均属于较高关联。

3. 工业经济对人口结构的耦合关联度排名由第 4 名上升至第 3 名

1990 年、2000 年与 2010 年，工业经济与人口结构的耦合关联度依次是 0.650、0.621、0.633，由 1990 年的较高关联转变为 2000 年与 2010 年的中等关联。工业经济的发展将推动人口从第一产业向第二产业过渡并转移，导致人口产业结构发生变化，同时促进城镇化的发展，进而改变人口城乡结构，因此工业经济的发展与人口结构具有较高的关联性。

工业经济对人口结构影响力最大的主要是人口文化结构、人口城乡结构以及人口产业结构，工业化的发展有利于人口文化结构、人口城乡结构以及人口产业结构等水平的提高。由表 4-2 可见，1990~2010 年工业经济与人口结构

的耦合关联度较高的指标演变具体如下：1990 年，工业经济与人口结构系统中各指标的关联度由高到低排名前三的依次是本科及以上人口比重（0.887）、城镇人口比重（0.867）、第三产业人口比重（0.843），前两者属于高关联，后者属于较高关联。2000 年，工业经济与人口结构系统中各指标的关联度由高到低排名前三的依次是本科及以上人口比重（0.907）、第三产业人口比重（0.754）、城镇人口比重（0.693），前者属于高关联，后两者属于较高关联。2010 年，工业经济与人口结构系统中各指标的关联度由高到低排名前三的依次是本科及以上人口比重（0.857）、城镇人口比重（0.764）、平均受教育年限（0.743），前两者属于高关联，后者属于较高关联。

工业总产值和工业企业利润总额与人口结构均密切相关。1990 年工业总产值和工业企业利润总额与人口结构指标的耦合关联度分别为 0.655、0.645，前者属于较高关联，后者属于中等关联；2000 年分别为 0.624、0.619，前者属于中等关联；2010 年分别为 0.628、0.638，均属于中等关联（表 4-2）。

工业总产值和工业企业利润总额均对人口文化结构、人口城乡结构和人口产业结构的影响力较大。由表 4-2 可见，1990~2010 年工业总产值、工业企业利润总额与人口结构的耦合关联度较高的指标演变具体如下：1990 年工业总产值和工业企业利润总额与人口结构中各指标的关联度由高到低排名前三的依次是本科及以上人口比重（分别为 0.868 和 0.907）、城镇人口比重（分别为 0.866 和 0.868）、第三产业人口比重（分别为 0.842 和 0.843），前两者属于高关联，后者属于较高关联。2000 年，工业总产值和工业企业利润总额与人口结构系统中各指标的关联度由高到低排名前三的依次是本科及以上人口比重（分别为 0.916 和 0.898）、第三产业人口比重（分别为 0.757 和 0.750）、城镇人口比重（分别为 0.696 和 0.691），前者属于高关联，后两者属于较高关联。2010 年，工业总产值和工业企业利润总额与人口结构中各指标的关联度由高到低排名前三的依次是本科及以上人口比重（分别为 0.868 和 0.847）、城镇人口比重（分别为 0.750 和 0.777）、平均受教育年限（分别为 0.843 和 0.751），除 1990 年工业总产值与人口结构的耦合关联度属于高关联外，其余均属于较高关联。

4. 经济水平对人口结构的耦合关联度排名由第2名下降为第4名

1990年、2000年与2010年，经济水平与人口结构的耦合关联度依次是0.657、0.641、0.633，由1990年的较高关联转变为2000年与2010年的中等关联。经济发展水平反映了一个地区经济发展的情况，经济水平的提高，将促进经济产业结构的升级与转换，促使人口迁移频繁，带来科教文卫、城镇建设以及产业与企业等各方面的发展，将直接影响到人口产业结构、人口文化结构及人口城乡结构等，因此经济水平与人口结构关系紧密。

经济水平对于人口文化结构、人口城乡结构的影响力依然很大，关系依然较密切。由表4-2可见，1990~2010年经济水平与人口结构的耦合关联度较高的指标演变具体如下：1990年，经济水平与人口结构系统中各指标的关联度由高到低排名前三的依次是本科及以上人口比重（0.815）、城镇人口比重（0.810）、第三产业人口比重（0.800），均属于较高关联。2000年，经济水平与人口结构系统中各指标的关联度由高到低排名前三的依次是本科及以上人口比重（0.849）、第三产业人口比重（0.761）、城镇人口比重（0.729），均属于较高关联。2010年，经济水平与人口结构系统中各指标的关联度由高到低排名前三的依次是本科及以上人口比重（0.808）、城镇人口比重（0.718）、平均受教育年限（0.717），均属于较高关联。虽然关联度在数值上略有下降，但是依然很高，均在0.65~0.85之间，属于较高关联。

5. 经济总量对人口结构的耦合关联度排名由第3名下降为第5名，影响力略有下降

1990年、2000年与2010年，经济总量与人口结构的耦合关联度依次是0.655、0.635、0.623，由1990年的较高关联转变为2000年与2010年的中等关联。经济总量是一个地区经济综合实力的重要指标，随着经济社会的不断发展，经济总量不断增加，将直接影响产业、教育、城镇规划、交通及基础设施的资金投入，从而导致人口产业结构、人口文化结构及人口城乡结构等发生变化，因此经济总量与人口结构具有较强的关联性，但当经济发展到一定程度，人口结构不再依赖于经济总量的投资，而更多的是经济系统内部其他诸如经济产业结构等经济指标，经济总量对人口结构的影响力将有所下降。

经济总量与人口文化结构、人口城乡结构的关系依然很密切。由表 4-2 可见，1990~2010 年经济总量与人口结构的耦合关联度较高的指标演变具体如下：1990 年，经济总量与人口结构系统中各指标的关联度由高到低排名前三的依次是本科及以上人口比重（0.883）、城镇人口比重（0.879）、第三产业人口比重（0.855），均属于高关联。2000 年，经济总量与人口结构系统中各指标的关联度由高到低排名前三的依次是本科及以上人口比重（0.890）、第三产业人口比重（0.778）、城镇人口比重（0.720），前者属于高关联，后两者均属于较高关联。2010 年，经济总量与人口结构系统中各指标的关联度由高到低排名前三的依次是本科及以上人口比重（0.889）、城镇人口比重（0.720）、平均受教育年限（0.706），前者属于高关联，后两者均属于较高关联。虽然关联度在数值上略有下降，但是依然很高，均主要在 0.65~0.85 之间，属于较高关联。

6. 国内外贸易对人口结构的耦合关联度排名由第 5 名下降为第 6 名

1990 年、2000 年与 2010 年，国内外贸易与人口结构的耦合关联度依次是 0.646、0.609、0.606，均属于中等关联。国内外贸易的发展将促进人流、物流、信息流等要素流动往来，对人口的数量、思想观念等造成较大影响，因而国内外贸易与人口结构的关系较为密切。国内外贸易与人口文化结构、人口城乡结构的关系密切程度较高。1990 年，国内外贸易与人口结构系统中各指标的关联度由高到低排名前三的依次是本科及以上人口比重（0.883）、城镇人口比重（0.847）、第三产业人口比重（0.834），前者属于高关联，后两者均属于高关联。2000 年，国内外贸易与人口结构系统中各指标的关联度由高到低排名前三的依次是本科及以上人口比重（0.901）、第三产业人口比重（0.723）、城镇人口比重（0.672），前者属于高关联，后两者均属于较高关联。2010 年，国内外贸易与人口结构系统中各指标的关联度由高到低排名前三的依次是本科及以上人口比重（0.865）、城镇人口比重（0.690）、平均受教育年限（0.673），前者属于高关联，后两者均属于较高关联。虽然关联度在数值上略有下降，但是依然很高，除 1990 年属于高关联外，其余主要在 0.65~0.85 之间，属于较高关联。

20 年来国内外贸易与人口结构的关联虽然具有一定的波动性，但基本保持在一定范围内（0.600 以上），除进出口总额外，其余国内外贸易的指标均与人口结构关系较为密切。由表 4-2 可见，1990~2010 年国内外贸易与人口结构系统的耦合关联度较高的指标演变具体如下：1990 年国内外贸易中的指标与人口结构关联度由高到低排序依次是批发零售贸易业总额（0.655）、社会消费品零售总额（0.653）、进出口总额（0.650）、实际外商直接投资（0.624），前三者属于较高关联，后者属于中等关联。2000 年国内外贸易中的指标与人口结构关联度由高到低排序依次是社会消费品零售总额（0.621）、批发零售贸易业总额（0.616）、实际外商直接投资（0.602）、进出口总额（0.598），均属于中等关联。2010 年国内外贸易中的指标与人口结构关联度由高到低排序依次是实际外商直接投资（0.624）、批发零售贸易业总额（0.609）、社会消费品零售总额（0.608）、进出口总额（0.584），均属于中等关联。

实际外商直接投资在国内外贸易的 4 个指标中与人口结构的关联度最高，其中实际外商直接投资对本科及以上人口比重的影响力最大，同时对城镇人口比重、平均受教育年限等人口结构指标影响力也很大。以 2010 年为例，具体分析实际外商直接投资与人口结构系统中各指标的关联度由高到低依次是本科及以上人口比重（0.884，高关联）、城镇人口比重（0.722，较高关联）、平均受教育年限（0.704，较高关联）、小学人口比重（0.683，较高关联）、15~64 岁人口比重（0.664，较高关联）、第二产业人口比重（0.662，较高关联）、第三产业人口比重（0.652，较高关联）、10~14 岁人口比重（0.588，中等关联）、15 岁及以上人口文盲率（0.568，中等关联）、高中人口比重（0.562，中等关联）、65 岁及以上人口比重（0.556，中等关联）、老年抚养比（0.546，中等关联）、第一产业人口比重（0.528，中等关联）、初中人口比重（0.415，中等关联），说明实际外商直接投资与前 7 个指标的关系很密切，且对实际外商直接投资影响力非常大，而实际外商直接投资与后 6 个指标的关系密切程度相对弱些，但依然具有较大的影响力。

四、本章小结

运用灰色关联法（GRA），构建人口结构与经济耦合关联模型，建立耦合系统评价指标体系，以江苏省县域为基本研究单元，基于全国第四次、第五次以及第六次人口普查数据，定量评判1990~2010年江苏省人口结构与经济发展的耦合度、耦合类型，将其与经济发展阶段相联系，研究耦合类型与不同经济发展阶段的变化规律，揭示了江苏省人口结构与经济耦合发展的时间演变特征，并探讨了耦合关联的特征及规律，初步探析人口结构与经济耦合发展的内生因素。结果表明：

（1）耦合度时间演变特征。1990~2010年期间，江苏省人口结构与经济发展的耦合度整体小幅度下降，由较高关联为主转变为中等关联为主。较高关联的地区比重由53.97%下降到34.92%，而中等关联则由46.03%上升到65.08%，极差先上升后下降，反映了县域人口结构与经济发展耦合度的地域差异先扩大后缩小。

（2）耦合类型时间演变特征。①1990~2010年，江苏省人口结构与经济耦合类型以低水平型为主，转变为由拮抗型向磨合型过渡的阶段，呈向更高水平升级的趋势，说明人口结构与经济的矛盾缓和了，两者关系趋向协调稳定。1990年全省处于初级产品生产阶段Ⅰ阶段中，第一产业人口比重过高，人口结构水平滞后于经济发展，人口结构与经济发展的耦合类型属于低水平耦合型，2000年处于工业化初期，人口结构与经济发展之间存在错综复杂的拮抗作用。2010年，处于工业化中期向后期过渡阶段，人口结构与经济发展正处于由拮抗型转向磨合型耦合过渡阶段。②1990年处于初级产品生产阶段Ⅰ阶段时，全省63个县域单元可以划分为低水平型耦合区（44个）、拮抗型耦合区（18个）、磨合型耦合区（1个）3种耦合类型。2000年，处于工业化初期，全省划分为低水平型耦合区（17个）、拮抗型耦合区（27个）、磨合型耦合区（18 个）、协调型耦合区（1 个）4 种耦合类型。2010 年处于工业化中期向后期过渡阶段，全省划分为拮抗型耦合区（37 个）、磨合型耦合区（14 个）、协调型耦合区（12 个）3 种耦合类型。1990 年尚没有协调型耦合区，但有 44 个地区属于低水平耦合型，2010 年有 12 个地区呈协调型耦合，已无低水平耦合区。1990~2010 年间，拮抗型与磨合型耦合区数均大量增加。反映了在开放的市场条件下，伴随经济发展阶段的提高，人口结构与经济发展的耦合类型等级亦不断升级，但是人口结构与经济发展的关系错综复杂可能会有反复性，因而在特定经济发展阶段，耦合类型发展亦可能有反复变化。

（3）通过 1990~2010 年江苏省人口结构与经济发展耦合作用的关联度矩阵可以发现，人口结构系统与经济系统各指标间的关联度虽具有波动性，但总体上变化较小，依然以中等关联为主、较高关联为辅，说明人口结构与经济系统间的关系虽密切的程度有所减小但两者耦合关联作用依然较强。①人口结构各要素对经济发展的耦合关联排序中，高素质的人口文化结构对区域经济发展的作用最为明显，高素质的人口对经济发展起到决定性作用。人口第三产业结构水平的高低对经济产业结构转换至关重要。21 世纪以前，老年人口结构与经济发展的关系密切，进入 21 世纪以来，两者密切程度有所降低，而劳动力人口结构与经济发展的关联度升高，两者关系越来越密切。说明“人口红利”与经济发展的耦合关联作用越来越强。②经济发展对人口结构的耦合关联排序中，第三产业产值比重与人口结构的关联度一直都非常高。实际外商直接投资对本科及以上人口比重的影响力最大，农村经济对第三产业人口比重的影响力越来越大。这反映出一个地区对外开放程度、城乡二元结构以及经济结构的水平对人口结构的发展至关重要。

第五章　江苏省人口结构与经济发展耦合空间格局分析

在第四章通过构建人口结构与经济发展耦合模型而得到不同经济发展阶段人口结构与经济发展耦合度与耦合类型的基础上，本章采用总体差异测度指数、全局空间自相关、冷热点分析法、标准差椭圆模型与重心模型等方法，以县域为研究单元，从空间视角对江苏省人口结构与经济发展耦合度与耦合类型的空间格局演变进行定量研究。

一、耦合度与耦合类型空间演变

（一）耦合度空间演变

根据耦合度模型和各指标数据，计算三次全国人口普查时期江苏省各县域人口结构与经济发展耦合度，结果见图 5-1。

1. 总体而言，苏北耦合度下降，苏南与苏中耦合度上升

从三大地区来看，苏北地区耦合度总体下降，苏南与苏中地区总体上升，但苏北地区耦合度普遍高于苏中、苏南地区。具体情况如下：1990 年，苏北地区耦合度分布在 0.651~0.850，苏中地区耦合度主要在 0.601~0.650，苏南地区的东部耦合度在 0.651~0.700，西部耦合度则主要在 0.601~0.650。2000

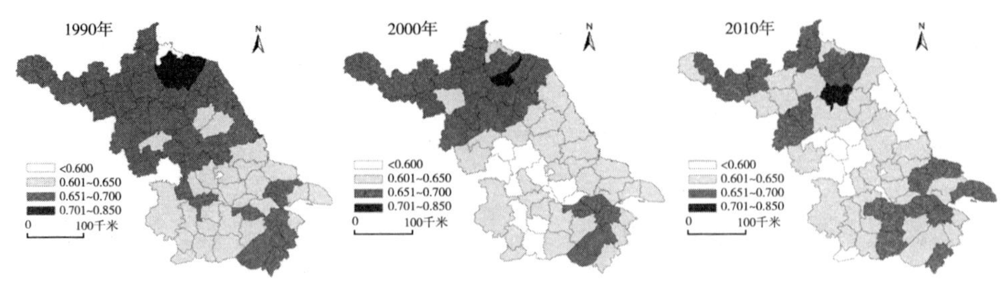

图 5-1　1990~2010 年江苏省各县域人口结构与经济发展耦合度演变

年苏北地区北部耦合度在 0.651~0.850，苏北地区南部耦合度主要在 0.601~0.650，苏中地区的耦合度大部分在 0.601~0.650，而苏南地区耦合度主要在 0.601~0.650，其中东部诸如苏州市区等地的耦合度在 0.651~0.700，耦合度在 0.650 以下的地区零星分布在全省苏南与苏中的西部内陆地区。2010 年，低于 0.600 的地区开始集中分布在苏北的洪泽湖周围（如洪泽县等）以及少量分布在东部沿海地区（如射阳县等）；而耦合度在 0.601~0.650 的地区有 41 个，广泛分布在全省；耦合度在 0.651~0.700 的地区则主要在苏北的北部、苏中与苏南的东部、南部及沿江地区；耦合度在 0.701~0.850 的地区在苏北地区。

2. 各县域耦合度南北高中间低，中等关联地区增多且由南向北扩散

从各县域来看，耦合度由北向南大体呈由高降低再略升的趋势，尤其是 2010 年这种南北高中间低的状况更明显。属于中等关联的县域增多，且由南向北扩散；属于较高关联的县域减少，且由北向南扩散。1990~2010 年，一方面，中等关联增加了 12 个地区，分布地区由南向北扩散，其中，耦合度低于 0.600 的地区数量在增加且主要趋向苏北地区的南部，耦合度在 0.601~0.650 的地区数量在增加且由苏南、苏中地区向全省大范围扩散；另一方面，较高关联的地区减少了 12 个地区，分布地区由北向南扩散，其中，耦合度在 0.651~0.700 的地区数量在减少，且由苏北地区向苏南与苏中地区扩散，耦合度在 0.701~0.850 的地区由东北部的灌云县等 3 个地区转变为涟水县，不过区域范围依然在江苏的东北部。

3. 耦合度以先降后升为主，主要分布在全省南部与中部

1990~2010 年，耦合度的空间演变以先降后升为主，主要分布在江苏南部与中部，一直降低为辅，主要在江苏的北部地区。不同地区人口结构转变情况不同，经济发展水平与速度不同，其人口结构与经济发展的耦合度亦有较大差异，且在这 20 年内耦合度变化情况不尽相同。大致有以下 4 种情况：①耦合度先升高后降低的地区有 10 个，如南京市区、高淳县等，约占全省地区总数的 15.87%；②耦合度先降低后升高的地区有 23 个，如溧水县、无锡市区等，约占全省地区总数的 36.51%；③耦合度一直升高的地区有 8 个，如常熟市、如东县等，约占全省地区总数的 12.70%；④耦合度一直降低的地区有 21 个，如新沂市、邳州市等，约占全省地区总数的 33.33%（表 5-1）。

表 5-1 1990~2010 年江苏省各县域耦合度变化情况

变化情况	县域名称
先升后降	南京市区、高淳县、江阴市、丰县、睢宁县、张家港市、赣榆县、东海县、灌南县、泰州市区
先降后升	溧水县、无锡市区、宜兴市、徐州市区、沛县、常州市区、溧阳市、金坛市、吴江市、南通市区、海安县、响水县、建湖县、扬州市区、高邮市、江都市、镇江市区、句容市、兴化市、靖江市、泰兴市、姜堰市、泗阳县
一直升高	常熟市、如东县、启东市、如皋市、海门市、连云港市区、涟水县、丹阳市
一直降低	新沂市、邳州市、苏州市区、昆山市、灌云县、淮安市区、洪泽县、盱眙县、金湖县、盐城市区、滨海县、阜宁县、射阳县、东台市、大丰市、宝应县、仪征市、扬中市、宿迁市区、沭阳县、泗洪县

耦合度的空间变化，反映了经济社会的不断发展，交通事业的蓬勃发展尤其是高速公路、高铁以及过江隧道等的建设，促进不同区域之间物质流、人流与信息流的频繁互动，从而促使全省人口结构与经济的耦合度在涓滴效应下加强，南北差异依然存在，但是伴随着苏北地区耦合度总体下降、苏南与苏中地区总体上升，因而苏南与苏北的差异有所缩小，然而由极差总体略增大可见苏北内部差异略有扩大趋势，这点需引起相关部门的重视。

4. 耦合度最高与最低的地区分析

1990~2010 年，耦合度最高的地区由灌云县（0.715）转变为灌南县（0.719）

后又转变为涟水县（0.701）；耦合度最低的地区由泰州市区（0.576）转变为泰兴市（0.567）后又转变为金湖县（0.561）。

耦合度最高的地区人口结构与经济的关联作用非常强、关系非常紧密，可能是两者关系的矛盾冲突非常大而紧密，也可能是相互协调相互促进而紧密，纵观江苏省1990~2010年可见，江苏省耦合度最高的地区均是人口结构与经济矛盾冲突较大的地区。主要由于经济发展落后，城镇化水平低，人口素质较低，人口就业结构滞后于经济产业结构的发展，才导致人口结构与经济发展的矛盾异常突出。例如1990年灌云县，人均GDP为1119元，低于全省平均水平（2109元），城镇化率较低仅有11.23%，平均受教育年限仅有5.55年，人口产业结构为“一、三、二”（86.82%、4.93%、8.25%），第一产业从业人口比重过高，成为限制经济产业结构升级的瓶颈。

耦合度最低的地区人口结构与经济的关联作用非常弱、关系很疏远，有两种情况，第一种：可能是人口结构与经济同向发展、矛盾冲突较小、相关性小；第二种：可能是两者异向发展、有一定矛盾但冲突小。纵观江苏省1990~2010年可见，1990年的耦合度最低点泰州市区属于第一种情况，2000年与2010年的泰兴市与金湖县均属于第二种情况。第一种情况的地区人口结构与经济同向发展、两者矛盾较小，人口产业结构与经济产业结构矛盾缓和，经济发展水平较高，城镇化水平较高。例如1990年泰州市区，人均GDP为3364元，高于全省平均值（2109元），城镇人口比重高达59.33%，平均受教育年限为7.48年，人口产业结构（19.01%、58.28%、22.71%）与经济结构（5.23%、67.66%、27.11%）均为“二、三、一”，人口产业结构与经济产业结构虽均有待于升级转换，但两者在这一阶段相互协调，故而在1990年人口结构与经济发展的耦合度最低。第二种情况的地区人口结构与经济异向发展、有一定矛盾但冲突不大，经济发展水平较低，城镇化水平较低。例如2010年的金湖县，人均GDP为30212元，低于全省平均值（52840元），城镇人口比重44.62%，人口产业结构（“二、一、三”）落后于经济产业结构（“二、三、一”）的发展，两者有一定矛盾，但由于两者均已完成由第一产业向第二产业的升级，故矛盾冲突相对较小。

（二）耦合类型空间演变

1. 2010年耦合类型空间静态分析发现，分为拮抗型、磨合型和协调型耦合区

从地理学视角看，人口结构与经济发展的耦合关系在空间分布上具有差异性，体现了区域性特征。依据2010年江苏省人口结构与经济发展的耦合模型，利用ArcGIS10.0将耦合度聚类分析，全省63个县（市、区）可划分为拮抗型耦合区、磨合型耦合区和协调型耦合区3种类型（图5-2）。

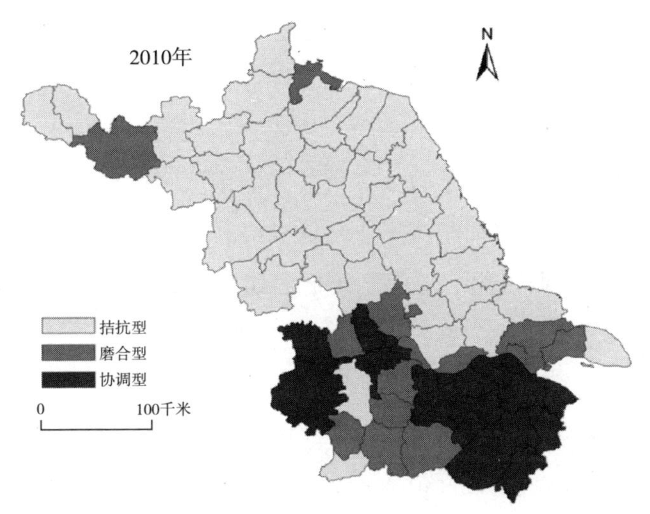

图5-2　2010年江苏省63个县域人口结构与经济发展耦合类型

（1）拮抗型耦合区。全省属于该类型的地区共37个，主要分布在长江以北的苏北地区（除句容市和高淳县外，全部分布在长江以北）。该类型区人均GDP低于全省平均水平52840元，除少量地区处于工业化发展初期外，大部分地区处于工业化中期。该类型人口结构与经济发展之间存在错综复杂的拮抗作用，经济发展对人口素质、人口结构等的依赖程度已经成为其经济发展中的主要矛盾。也有两种情况：

1）人口就业结构严重滞后于经济产业结构的县（市），处于工业化初期，人口就业结构严重滞后，并制约着经济产业结构的升级。经济发展远低于全省平均水平，城市化水平亦在全省处于落后位置。如泗洪县（沭阳县及涟水县）等，第一、第二、第三产业比重分别为 22.82%、40.50%、36.68%，但第一产业从业人员比重过高，达 56.28%，第二产业从业人员比重为 26.58%，第三产业从业人员比重仅有 17.13%，随着经济的发展，劳动力并没有按照配第—克拉克理论所述从第一产业向二、三产业转移，又如丰县人均 GDP 全省最低（15414 元），而灌南县、涟水县城镇化率在全省处于最后一、二名，仅分别为 39.12%和 39.15%，工业化进程的加快、经济的加速发展促使经济发展由对人口数量的依赖转向人口结构更进一步的优化。

2）人口文化结构水平低、工业化程度较高的县（市），主要处于工业化中期，第二产业比重明显高于第一、第三产业，劳动力已开始从第一产业向第二产业和第三产业转移，不过第一产业从业人口依然占据相当大的比重，人口就业结构与经济产业结构的矛盾虽有所缓和但依然不协调，但落后的人口素质水平成为限制劳动力转移和经济产业结构升级转换的瓶颈。总体上，经济发展低于全省平均水平，城镇化水平依然较低。如高淳县与如皋市是全省工业化程度较高的地区，三次产业产值比重分别为 9.49%、57.14%、33.37%与 9.59%、56.81%、33.60%，工业化率分别达到 45.97%与 48.17%，人口就业结构分别为 39.89%、38.62%、21.49%与 30.64%、45.97%、23.39%，又如兴化市人均 GDP 为 30881 元，第二产业产值比重高达 44.70%，而第一产业从业人口比重亦高达 37.66%，城镇化水平较低（45.89%），第二、第三产业尤其是高新技术产业的发展需要大量掌握科学技术和管理经验的高素质人才，而该地区人口的平均受教育年限仅有 7.75 年，大学本科及以上人口仅占总人口的 1.08%，显然，人口文化结构水平制约了经济的发展。

（2）磨合型耦合区。主要分布在长江两岸的苏中地区及苏南中部地区，共 14 个县（市、区）。该类型区处于工业化后期，经济较发达，高于全省平均水平（52840 元），人口结构呈现出与经济相适应的方向发展，人口结构与经济之间经历着不断磨合与适应的过程。该类型区表现为工业发达，城市化水平较高，例如：宜兴市人均 GDP 为 64214 元，城镇化率达到 57.50%，人口文化结构水平明显高于拮抗型耦合区；南通市区人均 GDP 达 66021 元，平均受

教育年限有 9.56 年。人口就业结构与经济产业结构呈现出多种状态不断磨合：第一种，人口就业结构滞后于经济结构，如海门市人口就业结构“二、一、三”（32.93%、37.31%、29.75%）滞后于经济结构“二、三、一”（7.46%、60.38%、32.17%）；第二种，人口就业结构与产业结构虽均为“二、三、一”，但劳动力转移速度跟不上产业结构升级转换的速度，如靖江市产业结构为 3.36%、57.55%、39.09%，而就业结构为 21.11%、51.17%、27.72%；第三种，经济产业结构跟不上人口就业结构的步伐，如徐州市区经济产业结构“二、三、一”（3.61%、55.20%、41.19%），而人口就业结构“三、二、一”（26.52%、30.06%、43.42%），产业结构与就业结构呈现出不断磨合与调整的视角。经济发展水平亦有待于人口文化素质、科学技术发展等进一步提高与改善，总体上人口结构与经济发展正处于磨合阶段。一方面，随着经济的发展，劳动力在三大产业间的转移需要一定时间与过程，而该类型区的大部分地区地方政府在过分追求经济发展政策的驱使下重点发展工业，导致产业结构快速升级，经济出现过热化，然而大量人口（如靖江市人口密度为 1044 人/km^2）一时间很难从第一产业快速转移到第二、第三产业中。另一方面，虽然人口文化结构水平较高，掌握高科技技术的人才较多，但是存在高学历人才外流到附近的上海、苏南等发达地区的现象，迁入本类型区的人口大多以满足从事第二产业需求为主，从而导致第三产业尤其是高新技术产业不够发达，因而应控制人口规模，加大人才保护力度留住本区优秀人才，注意引进人口的文化结构与本区经济发展相适应，调整政策合理规划产业结构升级，使人口结构合理发展以满足经济良性发展的需要。

（3）协调型耦合区。主要分布在长江沿岸以南的苏南东部及西部地区，共 12 个县（市、区）。该类型区主要处于发达经济初期（3 个地区）与发达经济时代（9 个地区），经济最发达，城镇化水平高，产业结构较合理且轻工业、服务业、国内外贸易等均较发达，人口就业结构亦较合理，均以二、三产业为主，人口相对集聚且人才集聚，劳动力充沛且处于“人口红利”期，人口文化结构水平较高，区域人口与经济同步协调发展，二者相互促进，共同发展。如张家港市人均 GDP 全省最高（142185 元），南京市区城镇化率高达

81.34%，南京市区经济结构（2.08%、43.81%、54.10%）与人口就业结构（7.72%、34.52%、57.76%）均为“三、二、一”结构，经济产业结构与人口就业结构均较为合理，苏州市区进出口总额1205.82亿美元为全省最高值，无锡市区全省人口密度最大（2157人/km^2），南京市区总人口全省最多（716.53万人），其15~64岁劳动年龄组人口比重81.95%，老年抚养比10.76（属于“人口红利”中的人口暴利期），平均受教育年限为11.26年，高等教育人口比重高达29.68%（属于高等水平），南京市区大学本科及以上人口占总人口的19.49%，人口结构与经济同步协调发展，两者相互促进，共同发展。人口就业结构、文化结构等各方面都能基本上满足区域经济发展的需要，人口结构与经济发展相适应，两者相互联系，相互促进，正走向协调发展的方向。需要指出的是，虽然该类型区内的地区经济结构与人口就业结构均相协调，均以“二、三”结构为主，但是部分地区第二产业比重依然较高且第二产业从业人员依然较高（如昆山市的经济结构为0.92%、64.08%、35.00%，人口就业结构为1.71%、68.96%、29.33%），从而导致产业升级转换时，劳动力向第三产业转移存在一定难度，说明这部分地区第三产业仍需进一步发展，需要进一步加快产业结构升级转换。同时，注重人口文化结构的进一步提高进而促使人口就业结构升级以满足经济产业结构升级的需要，但仍有可能在人口结构系统与经济系统不断的动态发展变化中出现不协调而走向磨合型耦合等情况，说明人口结构与经济耦合发展存在不稳定性，因此在产业结构与就业结构升级转换过程中仍需注意人口结构变化与经济变化的协调发展，另外促使产业结构与就业结构同步升级转换依然任重道远。

2. 耦合类型空间动态分析——耦合类型升级，由北向南逐渐升高

1990年耦合类型分布大致以长江为界，长江以北的苏北地区为低水平型耦合区，长江沿岸的苏中地区低水平型与拮抗型均有分布，长江以南的苏南地区则以拮抗型为主并出现了磨合型耦合区。2000年，长江之北的苏北地区主要是低水平型与拮抗型耦合区，长江沿岸的苏中地区分布着少量的拮抗型与磨合型耦合区，长江之南的苏南地区则主要是磨合型耦合区和1个协调型耦合区。2010年长江以北的苏北地区主要为拮抗型耦合区，长江沿岸的苏中地区主要为磨合型耦合区，长江以南的苏南地区主要为协调型耦合区和少部分磨合型耦合区。与1990年相比，全省耦合类型整体升级，耦合类型呈现由北向南逐渐升高的空间格局，长江以北的苏北地区由低水平型的耦合区全部转变为拮抗型（少量磨合型）；长江沿岸的苏中地区由少量低水平型主要升级为拮抗型，而大部分拮抗型主要升级为磨合型；长江以南的苏南地区则由磨合型为主升级为协调型和磨合型并存。

具体比较各县（市、区）耦合类型的变化（表5-2）：①44个低水平耦合区中有37个地区升级为拮抗型耦合区，7个地区升级为磨合型耦合区；②18个拮抗型耦合区中有7个地区升级为磨合型，11个升级为协调型；③1个磨合型耦合区转变为协调型耦合区。

表5-2　1990~2010年各县域耦合类型变化

转变类型变化	县域名称
低水平型变化	①高淳县、启东市、海安县、姜堰市、句容市等37个地区升级为拮抗型耦合区 ②靖江市、溧水县、海门市、徐州市区、溧阳市、金坛市、江都市7个地区升级为磨合型耦合区
拮抗型变化	①南通市区、扬中市、丹阳市、宜兴市、泰州市区、连云港市、仪征市7个地区从拮抗型转变成磨合型 ②昆山市、张家港市、江阴市、太仓市、常州市区、常熟市、苏州市区、吴江市、镇江市区、南京市区、扬州市区11个地区从拮抗型向协调型转变
磨合型变化	无锡市区由磨合型向协调型转变

二、耦合度空间差异先增大后减小

采用标准差指数、变异系数及锡尔指数三种测度方法测度江苏省县域人口结构与经济耦合度的绝对差异与相对差异，结果均显示，江苏省县域尺度人口结构与经济耦合度空间绝对差异与相对差异均呈现先增大后减小的演变特征（图 5-3、图 5-4）。（为便于比较，耦合度、标准差、变异系数、Moran's I 指数等相关数据均保留小数点后 3 位，锡尔指数相关数据均保留小数点后 5 位）

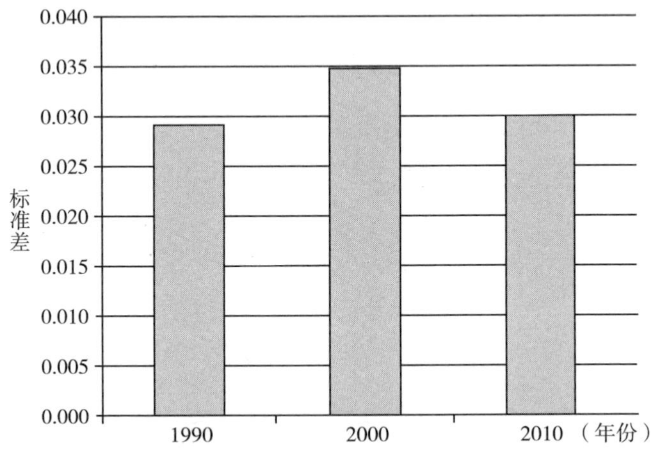

图 5-3　1990~2010 年耦合度绝对差异演变

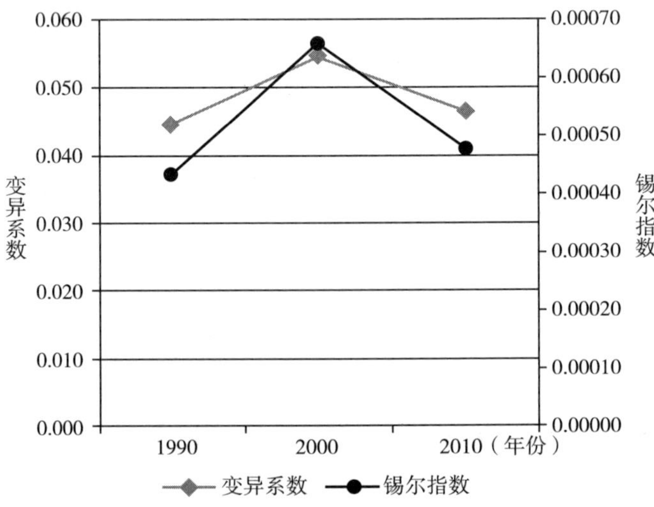

图 5-4　1990~2010 年耦合度相对差异演变

1990~2010 年的 20 年期间，标准差从 1990 年的 0.029 先增加到 2000 年

的0.035后下降到2010年的0.030，总体呈增加趋势，与1990年相比，2010年标准差的增长率为1.57%；变异系数由0.045先增加到0.055后下降至0.047，总体呈增加趋势，与1990年相比，2010年变异系数的增长率为4.40%；锡尔指数从0.00043先增加到0.00066后下降至0.00048，总体呈增加趋势，与1990年相比，2010年锡尔指数的增长率为10.19%，前10年增加幅度较大，后10年下降幅度减缓。主要由于苏南模式的崛起导致苏南地区经济突飞猛进的发展，苏北地区经济发展落后，因而区域差异扩大，随之而来的是人口结构与经济发展的差异不断扩大，21世纪以来在政府主张缩小差异的诸多政策下，苏南苏北差异扩大的趋势有所缓和，因而人口结构与经济发展的差异有所减小。但是不同县域之间的耦合度空间差异演变特征不同，还需采用空间自相关分析法来进一步探究。

三、耦合度空间集散特征演变

（一）耦合度空间集聚趋势不断增强

运用Geoda软件，对1990~2010年江苏省63个县域人口结构与经济发展的耦合度进行全局Moran's I指数计算，结果如表5-3所示。三个年份人口结构与经济发展的耦合度Moran's I估计值均大于0，且正态统计量Z均大于0.01的置信水平（99%）的临界值（2.58），均通过了显著性检验，表明江苏省县域人口结构与经济发展的耦合度具有显著的正向空间自相关特性。1990~2000年，江苏省人口结构与经济发展的耦合度Moran's I值不断增加，说明人口结构与经济发展的耦合度的空间趋同和集聚趋势在不断增强，主要是由于江苏省地方政府积极响应国家改革开放政策，发展对外贸易及乡镇企业，苏南模式的崛起促使苏南地区经济飞跃发展，带动人口产业结构不断升级，形成苏南地区人口结构与经济发展矛盾缓和的较低水平耦合度集聚，然而苏北地区由于地理位置远离上海等原因而未能抓住机会，加上落后的经济基础，导致苏北地区人口结构与经济发展矛盾较大的高水平耦合度集聚，在极化效应作用下，各县域的空间相关性逐步增强，到21世纪初形成典型的区域人口结构与经济耦合发展的空间集聚区。2000~2010年，耦合度Moran's I值出现显著的下降，说明人口结构与经济发展的耦合度空间集聚趋势有所减缓。这主要是由于江苏省政府采取主动缩小区域差异的管制方式及一系列政策，不断加快苏南、苏中与苏北的交通、文化、经济、社会等发展，在人口迁移活动空前频繁、交通信息逐渐好转的情况下，涓滴效应逐渐显现，导致人口结构与经济发展的矛盾总体上有所缓和，因此江苏省人口结构与经济的耦合度集聚性降低。

表5-3 江苏省人口结构与经济发展的耦合度Moran's I估计值

年份	Moran's I	E (I)	sd	Z (I)	P
1990	0.411	-0.016	0.080	5.320	0.010
2000	0.507	-0.016	0.093	5.672	0.010
2010	0.350	-0.016	0.090	4.175	0.010

（二）耦合度冷热点地区均增加

1990~2010年江苏省县域人口结构与经济发展耦合度的全局Moran's I指数表明，江苏省县域人口结构与经济发展的耦合度在整体空间上具有一定的集聚性，利用GetisOrd G_i^* 指数来分析局部集聚特征，结果如图5-5所示。

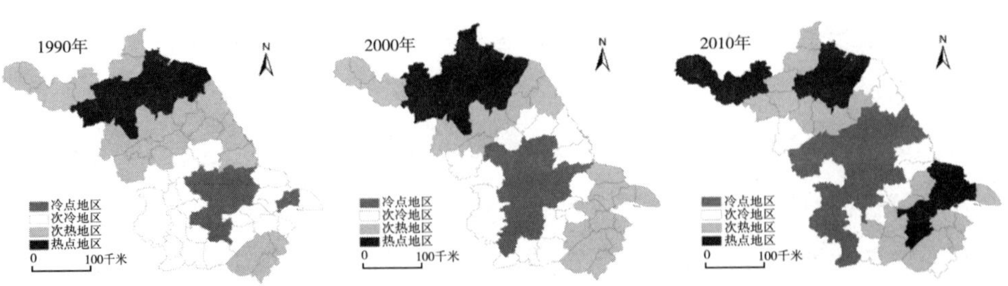

图5-5 1990~2010年江苏省人口结构与经济发展耦合度冷热点地区分布

1990 年，耦合度冷热点地区空间分布整体上呈现出明显的热点地区—次热地区—次冷地区—冷点地区由北向南的梯度分布格局。热点区主要分布在连云港市区、灌云县、响水县、滨海县、灌南县、涟水县、沭阳县、新沂市、宿迁市区、泗阳县、睢宁县 11 个苏北地区。次热区在空间上从西北向东南分布，主要包括丰县、沛县等 18 个苏北地区，少量分布在苏州市区、昆山市及吴江市 3 个苏南地区。次冷区主要分布在冷点区周围，包括兴化市、高邮市等 7 个苏中地区，以及南京市区、宜兴市等 13 个苏南地区。冷点地区主要分布在海安县、姜堰市等 7 个苏中地区以及丹阳市、扬中市、常州市区 3 个苏南地区，还有 1 个冷点区在海门市。可见，1990 年耦合度热点区主要分布在苏北地区的北部，次热区主要分布在苏北地区的南部，次冷区主要在苏南地区，冷点区主要为苏中地区。

2000 年，耦合度冷热点地区空间分布整体上依然呈现显著的由北向南的梯度分布格局，热点地区与冷点地区分别在 1990 年的基础上向周围地区扩展。耦合度热点区主要分布在连云港市区、灌云县等苏北地区，共 13 个地区，与 1990 年相比，少了滨海县，多了邳州市、赣榆县和东海县 3 个地区。次热区共 20 个地区，有往东南沿海地区扩展的趋势，包括丰县、沛县等 9 个苏北地区和如东县、启东市、太仓市等 11 个苏中及苏南集聚于东南沿海的地区。次冷区在 1990 年的基础上向北、向南拓展，共有 14 个地区，包括建湖县等 5 个苏北地区、靖江市等 3 个苏中地区以及常州市区等 6 个苏南地区。冷点区在 1990 年的基础上向周围地区均有所扩展，共 16 个地区（比 1990 年增加了 5 个地区），包括兴化市等 9 个苏中地区、句容市等 5 个苏南地区以及金湖县 1 个苏北地区。与 1990 年相比，2000 年比较显著的是冷点区增加个数最多（增加了 5 个）而次冷区地区数量大量减少（减少了 6 个）。2000 年耦合度热点区主要分布在苏北地区的北部，次热区主要分布在东南沿海地区，次冷区主要在苏南地区的西北部及苏北地区的南部，冷点区主要在苏中地区，可见，冷热点地区大致范围不变，次热区有向东南扩展的趋势，次冷区则有向西、向北延伸的趋势。

2010 年，呈现出热点地区—次热地区—次冷地区—冷点地区的由西北、东南分别向中部的梯度分布格局。冷热点空间格局变化较大，耦合度热点区（共16个）有3个高值中心，分别是以丰县等4个苏北位于西北的地区、灌云县等6个苏北位于东北的地区、如东县与无锡市区等6个苏中（3个）与苏南（3个）位于东南部的地区，说明热点地区开始往东南部的苏中与苏南地区集聚。次热区共18个地区，除苏北北部的赣榆县等8个地区外，继续在苏州市区等10个东南沿海的地区集聚。次冷区验证了2000年的发展趋势（向北扩展），共有11个，其包括滨海县等4个苏北地区、泰兴市等3个苏中地区、丹阳市等4个苏南地区。冷点区在2000年的基础上向西、向北扩展，共18个地区（比2000年增加了2个地区），包括宝应县等8个苏中地区、高淳县等4个苏南地区以及洪泽县等6个苏北地区。可见，2010年耦合度热点区主要分布在苏北地区的西北和东北部，次热区主要分布在东南沿海地区，次冷区比较分散，苏北、苏南及苏中地区均有分布，冷点区主要在苏中地区。

与1990年相比，2010年耦合度冷热点地区均增加（分别增加了7个、5个），而次冷区、次热区地区的数量均大量减少（分别减少了9个、3个），冷热点地区空间格局呈现地域性，冷点区在1990年的基础上向西、向北扩展呈大范围的高度集聚并在江苏中部地区呈现“俱乐部趋同现象”，热点区则由1个高值中心转变为3个，分别小范围集聚在江苏的西北、东北及东南角。次热区分布于北部与东南部且有向西、向北延伸的趋势，次冷区则有向北零散分布并扩散的趋势。

研究表明，1990~2010年，人口结构与经济发展的耦合度高值区日益小范围集聚，西北与东北的苏北地区均由于人口结构与经济发展水平相对落后，两者矛盾冲突较大，故而成为了耦合度的高值簇，而南通市区等东南部则主要由于环境比较宜居，促使老年人口比较长寿，导致人口老龄化问题较严重，引起了人口结构与经济发展较大的矛盾冲突，因而成为耦合度的高值簇，这与图5-1所揭示的耦合度空间演变规律结果大体一致。江苏中部大范围冷点区的形成主要是由于这些地区的人口结构与经济相互协调发展或两者间的矛盾较小，因而成为耦合度的低值簇，另外，耦合度冷热点空间格局总体呈南北方向的梯度分布格局主要是由于江苏省南北人口结构与经济发展的差异较大导致的。

四、耦合度重心移动轨迹演变

（一）研究方法与计算结果

重心与标准差椭圆模型可用于分析点的集中与离散分布趋势。

1. 标准差椭圆模型

标准差椭圆可以形象地反映人口结构与经济发展耦合度的空间分布，并能识别其中心的位置变化与移动方向等趋势（Wong S W D，1999；Gong J，2002）。标准差椭圆主要包括三个要素：转角 θ、沿主轴（长轴）的标准差以及沿辅轴（短轴）的标准差。计算公式如下：

$$x_i' = x_i - x_{wmc}; \quad y_i' = y_i - y_{wmc} \tag{5-1}$$

$$\tan\theta = \frac{\left(\sum_{i=1}^{n} w_i^2 x_i' - \sum_{i=1}^{n} w_i^2 y_i'\right) + \sqrt{\left(\sum_{i=1}^{n} w_i^2 x_i'^2 - \sum_{i=1}^{n} w_i^2 y_i'^2\right)^2 + 4\left(\sum_{i=1}^{n} w_i^2 x_i'^2 y_i'^2\right)^2}}{2\sum_{i=1}^{n} w_i^2 x_i' y_i'} \tag{5-2}$$

$$\alpha = \sqrt{\frac{\sum_{i=1}^{n}(w_i x_i'\cos\theta - w_i y_i'\sin\theta)^2}{\sum_{i=1}^{n} w_i^2}} \qquad \beta = \sqrt{\frac{\sum_{i=1}^{n}(w_i x_i'\sin\theta - w_i y_i'\cos\theta)^2}{\sum_{i=1}^{n} w_i^2}} \tag{5-3}$$

式中，α 与 β 分别为沿 x 轴的标准差和沿 y 轴的标准差，x′和 y′分别为各点距离重心的相对坐标，根据 tanθ 可以得到点分布格局的转角。利用 GIS 软件，根据公式（5-1）、公式（5-2）、公式（5-3）可实现标准差椭圆的计算。

2. 重心模型

重心的概念最初源于物理学，指物体内各个点所受重力产生合力的作用点，可以看作是空间分布的平均中心，区域重心法是度量一个区域内某种属性值总体分布状况的指标，近年来广泛运用于社会经济领域。本书采用重心法来度量江苏省县域人口结构与经济发展耦合度属性值的空间分布状况，通过重心的移动方向和轨迹来探讨重心的迁移轨迹。

假设一个大区域包含 n 个小区域，其中，第 i 个小区域的重心坐标为（X_i，Y_i），G_i 为小区域的耦合度，则该大区域的重心坐标计算公式（李秀彬，1999）为：

$$X = \frac{\sum_{i=1}^{n} G_i x_i}{\sum_{i=1}^{n} G_i} \qquad Y = \frac{\sum_{i=1}^{n} G_i y_i}{\sum_{i=1}^{n} G_i} \tag{5-4}$$

通过重心坐标可以计算年际间区域重心空间区位移动距离，其测度公式如下：

$$D_{1-j} = R\sqrt{(Y_i - Y_j)^2 + (X_i - X_j)^2} \tag{5-5}$$

式中，D 表示两个不同年际间重心移动的距离，i、j 表示两个不同的年份，（X_i，Y_i）、（X_j，Y_j）分别表示第 i 年与第 j 年区域重心所在的空间地理坐标，R 为常数，取值 111.11km。

1990~2010 年江苏省人口结构与经济发展耦合度的标准差椭圆及重心计算结果见表 5-4 与图 5-6。

表 5-4　江苏省人口结构与经济耦合度标准差椭圆的参数变化

年份	重心坐标	沿 X 轴标准差/km	沿 Y 轴标准差/km	转角/°
1990	119.76°E，32.52°N	189848.09	84831.50	135.53
2000	119.92°E，32.33°N	180541.71	81632.41	134.93
2010	119.88°E，32.37°N	178598.30	83224.72	134.83

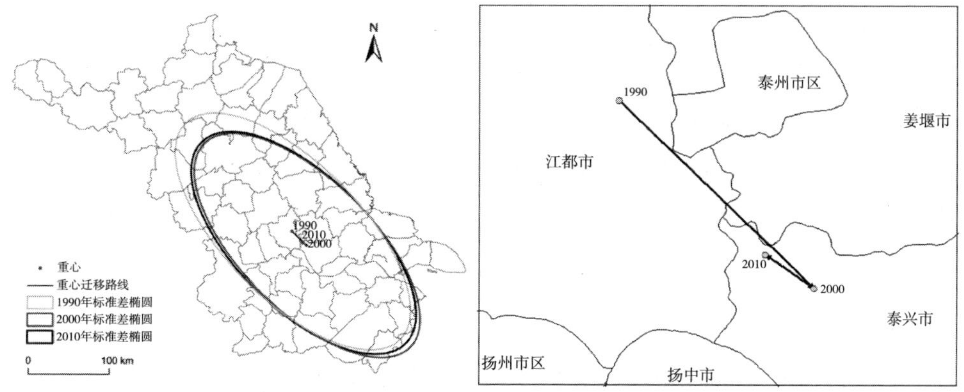

图 5-6 1990~2010 年耦合度标准差椭圆及其重心迁移轨迹

（二）标准差椭圆分析

标准差椭圆重心位于苏中地区中部，转角 θ 不断减小，主、辅半轴标准差下降。

（1）从耦合度标准差椭圆的分布范围来看，各年份的标准差椭圆均以该年份的重心为中心，居于江苏省苏中地区的中部，其范围具有不断缩小的趋势，表明耦合度的空间分布具有趋于集中的特征。最北端到达宿迁市区与沭阳县的交界处，最西端位于南京市区东部，最南端到达吴江市与昆山市的交界处，最东端位于东台市中部，范围基本上覆盖全省经济较发达的长江两岸的苏南、苏中及少量苏北地区，由此表明耦合度与区域经济发展水平、交通水平等具有相对一致性。

（2）从转角 θ 大小的变化来看，呈现出“不断减小”的趋势，由 1990 年的 135.53°下降到 2010 年的 134.83°，总体上耦合度的空间分布呈现出西北—东南走向，并且有向正北—正南方向转变的微弱趋势。其中 1990~2000 年转角 θ 由 135.53°下降到 134.93°，耦合度的西北—东南走向空间分布格局逐渐弱化；2000~2010 年转角 θ 由 134.93°继续降至 134.83°，耦合度的西北—东南走向空间分布格局同样出现弱化。这主要是由于泗洪县、洪泽县、盱眙县等地区耦合度明显地下降，而涟水县等地区耦合度有上升趋势，致使转角不断下降，逐渐向正北—正南方向微微转移。

（3）从主轴方向上看，主半轴标准差由1990年的189848.09km下降到2010年的178598.30km，表明耦合度在西北—东南格局上出现极化趋势，其中1990~2000年主半轴标准差由189848.09km下降到180541.71km，表明耦合度在西北—东南格局上出现极化趋势，2000~2010年主半轴标准差由180541.71km降至178598.30km，表明耦合度该时段在西北—东南格局上亦出现微弱的极化趋势。

（4）从辅轴方向上来看，1990~2010年辅半轴的标准差由84831.50km下降到83224.72km，表明耦合度在东北—西南方向上出现微弱的极化趋势。其中1990~2000年标准差椭圆由84831.50km下降到81632.41km，表明耦合度该时段在辅轴方向上出现极化趋势；2000~2010年辅半轴标准差由81632.41km上升到83224.72km，表明该时段耦合度在辅半轴上出现分散趋势。总体而言，从长短轴数值对比来看，1990~2010年沿X轴标准差要大于沿Y轴标准差，即耦合度的空间分布南北向大于东西向，说明南北方向上的耦合度相对更高，而东西方向相对较小；从变化趋势上来看，沿X轴标准差不断减少，沿Y轴标准差先减小后增加，说明了沿X轴方向的耦合度呈现出逐渐极化的演变特征，沿Y轴方向呈现出先极化后分散且极化力度大于分散力度的演变特征。这主要是由于2010年涟水县成为耦合度最高区域，而且江苏耦合度、经济发展、交通条件等南北差异远大于东西差异，使得耦合度在南北方向呈现更高的集聚。

（三）重心演化轨迹分析

人口结构与经济耦合发展是一种经济现象，表明了人口结构与经济发展的合理化程度，经济研究中重心的概念实质上反映了经济现象空间分布的平均中心，人口结构与经济发展的耦合度重心反映了人口结构与经济耦合发展合理化程度在空间上的分布中心，各年份人口结构与经济发展的耦合度重心变迁实质上反映了人口结构与经济发展的合理化程度空间分布中心的转移，对洞察人口结构与经济发展的耦合度的空间演化具有重要的意义。

1. 耦合度重心大致位于江都市东部与泰兴市西北部

1990~2010 年人口结构与经济发展的耦合度重心的变化范围在 119.76°E~119.92°E，32.33°N~32.52°N 之间，大致位于江都市东部与泰兴市西北部。1990 年重心位于江都市东部、2000 年重心位于泰兴市西北部，2010 年位于泰兴市西北角，靠近江都市与泰兴市交界处。1990~2010 年，耦合度重心先向东南转移，后向西北转移，南北方向上向南偏移了 0.15°，东西方向上向东偏移了 0.12°。其中，以 1990~2000 年南北偏移量最大，南北方向上向南偏移了 0.19°，东西方向上向东偏移了 0.16°，2000~2010 年南北方向上向北偏移了 0.04°，东西方向上向西偏移了 0.04°，可见，南北及东西方向的偏移量均呈现出减小的趋势。

2. 耦合度重心先向东南后向西北小幅移动

从重心的移动轨迹来看，耦合度重心总体上向东南发生偏移，1990~2010 年向东南移动了 22.03km，耦合度重心由（119.76°E，32.52°N）移至（119.88°E，32.37°N），其中 1990~2000 年耦合度重心向东南偏移了 27.89km，耦合度重心由（119.76°E，32.52°N）移至（119.92°E，32.33°N），2000~2010 年耦合度重心向西北偏移了 5.93km，耦合度重心由（119.92°E，32.33°N）移至（119.88°E，32.37°N），可见耦合度重心在 2000~2010 年偏移的距离与速度小于 1990~2000 年。

表明江苏省县域人口结构与经济发展的耦合度空间分布整体趋向东南部，耦合度的重心迁移轨迹反映了江苏省人口结构与经济的耦合发展空间分布格局受到人口结构转换与社会经济等因素的作用而处于持续的变动之中。

1990~2010 年耦合度整体向东南迁移的主要原因在于，自 1990 年以来，苏南地区依托长江三角洲的区位优势与政策优势，社会经济率先快速发展，产业结构不断升级转换，劳动力人口从第一产业向第二、第三产业大量转移，城镇化进程加快，卫生医疗水平显著提高，人民生活水平呈现跨越式发展，人口预期寿命延长，老年人口增长较快，吸引了大批年轻人口迁入，在此过程中，人口结构与经济发展的矛盾亦不断增大，促使衡量人口结构与经济发展协调程度与合理程度的耦合度重心向东南方向迁移。

耦合度重心先向东南后向西北小幅移动的主要原因在于，苏北、苏中地区大批外来务工人员迁移到苏南地区，造成苏南地区总人口激增，尤其是进入21世纪以来，人口迁移日益频繁，改变了迁入地与迁出地的人口结构，对迁入地与迁出地的经济发展亦产生深远影响。由于2010年苏南地区通过政策调整与引导，人口结构与经济发展的矛盾有所减缓等，在诸多因素综合作用下，人口结构与经济发展的耦合度重心反复波动，导致了耦合度重心出现1990~2000年向东南移动，2000~2010年又向西北方向小幅返回，且在2000~2010年的迁移距离要远远大于2000~2010年的移动距离。

2000~2010年耦合度向西北小幅迁移的主要原因在于，首先，苏北农村地区较多，部分农村地区计划生育政策实施不到位，使得农村人口基数较大，随着时间的推移，老年人口增长迅速，同时大量劳动力人口迁出，经济发展水平虽有所提高但是其发展速度较慢，产业升级转换的合理度远低于苏南地区，而导致苏北地区人口结构与经济发展的矛盾增加，耦合度有所增大；其次，长江沿岸以及东部沿海的部分苏中地区由于沿海空气质量、降水量、饮食习惯、社会风俗等因素影响，人口预期寿命总体较长，促使老龄化问题日益突出，人口结构与经济发展冲突尖锐，促使人口结构与经济发展的耦合度增大；最后苏南地区由于各项政策制度、交通发展条件、文化教育以及卫生医疗水平等改善而促使人口结构与经济发展日趋合理，促使其耦合度降低。

五、本章小结

本章对1990~2010年江苏省县域人口结构与经济发展的耦合度与耦合类型空间格局演化特征进行研究，将耦合类型与经济发展阶段相联系，探讨耦合类型与不同经济发展阶段的变化规律。在此基础上，利用标准差、锡尔指数及变异系数等数学方法定量测度江苏省县域人口结构与经济发展耦合度的绝对差异与相对差异。运用软件Geoda和GIS，对1990~2010年江苏省63个县域单

元人口结构与经济发展的耦合度进行全局 Moran's I 指数计算，利用 GetisOrd G_i^* 指数来分析局部集聚特征，采用标准差椭圆模型、重心法分析人口结构与经济发展耦合度的空间分布状况演变特征，通过重心的移动方向和轨迹来探讨重心的迁移轨迹。

（1）县域耦合度与耦合类型空间演变特征。①1990~2010 年，苏北地区耦合度普遍高于苏中、苏南地区。苏北地区耦合度总体下降，苏南与苏中地区总体上升。各县域单元耦合度由北向南大体呈由高—低—次高的趋势，耦合度最高的地区人口结构与经济的关系非常紧密，可能是两者关系的矛盾冲突非常大而紧密，也可能是相互协调相互促进而紧密，江苏省耦合度最高的地区均属于前者。耦合度最低的地区人口结构与经济的关联作用非常弱、关系很疏远，可能是人口结构与经济同向发展、矛盾冲突较小，也可能是两者异向发展、有一定矛盾但冲突小，江苏省 1990 年耦合度最低点属于前者，而 2000 年与 2010 年均属于后者。②耦合类型空间分布以长江为界，苏南与苏北两极分化明显，长江以北耦合类型水平较低，长江两岸耦合类型中等，长江以南耦合类型水平较高。2010 年，全省共有 3 种耦合类型，其中拮抗型耦合区（共 37 个）主要分布在苏北地区，包括处于工业化初期、人口产业结构严重滞后于经济产业结构和处于工业化中期、人口素质限制产业结构升级两种情况。磨合型耦合区（共 14 个）主要分布在长江两岸的苏中地区及苏南中部地区，处于工业化后期，人口结构与经济之间不断磨合与适应。协调型耦合区（共 12 个）主要分布在长江沿岸以南的苏南东部及西部地区，处于发达经济初期与发达经济时代。

（2）标准差、锡尔指数及变异系数分析表明，1990~2010 年，江苏省县域人口结构与经济耦合发展具有空间不平衡性，耦合度总体上空间差异有所扩大，绝对差异与相对差异均呈现先增大后减小的趋势。主要是由于全省南北人口结构与经济发展的差异变化所导致的。耦合度呈显著的正向空间自相关特性，耦合度集聚程度先增强后减缓。1990~2010 年，耦合度冷热点地区空间分布整体上呈现出明显的热点地区—次热地区—次冷地区—冷点地区的从由北向南转变为由西北、东南分别向中部的梯度分布格局。与 1990 年相比，2000 年冷点区数量增加得最多，而2010年耦合度冷热点地区均增加，冷点区在1990年基础上向西、向北扩展呈大范围高度集聚并在江苏中部地区呈现“俱乐部趋同”现象，热点区则小范围集聚在江苏的西北、东北及东南角。耦合度高值簇日益小范围集聚，西北与东北的苏北地区均由于人口结构与经济发展水平相对落后，两者矛盾冲突较大，而南通市区等东南部则主要因人口老龄化问题严重而导致人口结构与经济发展矛盾较大。江苏中部大范围低值簇的形成主要是由于人口结构与经济相互协调发展或两者间的矛盾较小。耦合度冷热点空间格局总体呈南北方向的梯度分布格局主要是由于江苏省南北人口结构与经济发展的差异性所致。

（3）1990~2010年，耦合度标准差椭圆居于江苏省苏中地区的中部，范围不断缩小，耦合度的空间格局趋于集中。耦合度与区域经济发展水平、交通水平等具有相对一致性。转角θ不断减小，耦合度的空间分布呈现出西北—东南走向，并且有向正北—正南方向转变的微弱趋势。主半轴标准差下降，耦合度在西北—东南格局上出现极化趋势。辅半轴标准差微幅下降，耦合度在东北—西南方向上出现微弱的极化趋势。沿X轴标准差要大于沿Y轴标准差，南北方向上的耦合度相对更高；沿X轴标准差不断减少，沿Y轴标准差先减少后增加，表明沿X轴方向的耦合度呈现出逐渐极化的演变特征，沿Y轴方向呈现出先极化后分散且极化力度大于分散力度的演变特征。主要由于2010年涟水县成为耦合度最高区域，而且江苏耦合度、经济发展、交通条件等南北差异远大于东西差异，导致耦合度在南北方向产生更高的集聚。

（4）1990~2010年，人口结构与经济发展的耦合度重心的变化范围在119.76°E~119.92°E，32.33°N~32.52°N之间，大致位于江都市东部与泰兴市西北部。耦合度重心先向东南转移，后向西北转移，其中南北偏移量最大，南北及东西方向的偏移量均呈现出“减小”的过程。耦合度重心总体上向东南发生偏移22.03km，反映了江苏省人口结构与经济的耦合发展空间分布格局受到人口结构转换与社会经济等因素综合作用而处于持续的变动之中。

第六章　江苏省人口结构与经济耦合的发展机制分析

人口结构与经济耦合发展的不平衡性是自然、经济、社会等多种因素长期发展中综合作用的结果，与地理位置、自然条件、交通条件、历史基础、经济水平和经济结构、政策制度、文化教育水平、人力资本、人口迁移等诸多因素密切相关。本章采用空间回归模型，通过其包含的古典经济模型、空间滞后模型以及空间误差模型三种模型比较分析，将上述诸多因子进行降级处理，从全局角度把握人口结构与经济耦合发展的主要影响因素，并以 2010 年为例进行人口结构与经济耦合发展的静态分析，在此基础上，运用地理加权回归模型从局部视角，对 1990~2010 年各主要影响因素进行空间分异特征与动态演变研究，以深入探讨江苏省人口结构与经济耦合发展的形成机制。此外，采用空间重叠性和变动一致性的方法，从静态和动态的角度探析耦合度重心与各指标重心两两重心耦合的态势，分析重心空间耦合变化的影响机制。

一、基于空间回归模型的影响因素静态分析

（一）空间回归模型及变量选取

传统的计量模型假设研究的空间实体之间是相互独立的，即没有空间实体

之间的扩散和极化作用的影响。但是地理事物的属性都会受到空间距离因素的影响，所以在研究人口结构与经济耦合发展的影响机制时应加入空间距离因素。空间自回归模型摒弃了传统计量模型中认为空间数据孤立、随机的假设，在研究人口结构与经济耦合发展中加入空间距离因素，研究探索单元之间的空间相互作用。

Luc Anselin 提出了空间自回归的一般模式：

$$\begin{cases} y=\rho W_1 y+x\beta+\mu \\ \mu=\lambda W_2\mu+\varepsilon, \varepsilon\sim N(0,\sigma_\varepsilon^2 I_n) \end{cases} \tag{6-1}$$

式中，y 为 n×1 被解释向量，ρ 为空间滞后项系数，W_1、W_2 为 n×n 的空间权重矩阵，x 为 n×k 解释变量设计阵，β 为 k×1 回归参数向量，μ 为具有对角线协方差矩阵 W 的正态分布误差向量，λ 为空间误差相关系数，ε 为 n×1 随机误差向量，I_n 为误差的空间自相关系数。

通过对上述一般模型参数的不同限制，可以衍生出以下四种不同的模型：

（1）当 ρ=0，λ=0 时，为传统经典的线性回归模型，它意味着模型中没有空间单元之间的相互作用。

（2）当 ρ≠0，λ=0，β=0 时为一阶空间回归模型（First-order Spatial Auto regressive Model，FAR），能够表征被解释变量如何受到空间相关特征的影响。

（3）当 ρ≠0，λ=0，β≠0 时为空间滞后模型（Spatial Lag Model，SLM），因变量不仅与自变量相关，还与相邻空间区域的自变量有关，即自变量能受到空间自相关关系的影响，模型为：

$$y=\beta+(I-\lambda W)^{-1}\mu \tag{6-2}$$

（4）当 ρ=0，λ≠0，β≠0 时为空间误差模型（Spatial Error Model，SEM），研究空间区域的因变量不仅与自身所在区域自变量有关，还与相邻空间区域的因变量与自变量有关，模型为：

$$y=X\beta+(I-\lambda W)^{-1}\mu \tag{6-3}$$

参照上述人口结构与经济耦合发展的驱动力机制分析结果，考虑到数据的可获取性与可行性，结合江苏省人口结构与经济发展的实际情况，以人口结构

与经济发展的耦合度为因变量，选取经济水平、经济结构与人口产业结构、人口发展、“人口红利”、城镇化水平、文化教育水平、交通事业发展以及自然条件8个方面的人均GDP、GDP、第三产业产值比重等共24个因子作为自变量，来初步分析人口结构与经济耦合发展的形成机制（表6-1）。需要说明的是，在上述分析的驱动力机制主要指标中地理位置、历史基础、政策制度与投资环境等难以用统一的数据进行客观度量，且相关数据难以获取，已做定性分析，因此未被选入空间回归模型的主要影响因素指标体系。

表6-1 江苏省人口结构与经济耦合发展影响因子

影响因子	指标	缩写	单位
经济水平	人均GDP	perGDP	元
	GDP	GDP	亿元
经济结构与人口产业结构	第三产业产值比重	thirprozh	%
	第三产业就业人口比重	thirprork	%
	第三产业结构偏离度	thirdpianl	%
	第一产业结构偏离度	firstpianl	%
	第三产业产值	thirdchan	亿元
	第三产业从业人员数	thirdpopu	人
	二、三产业产值比重	pro23chan	%
人口发展	人口总数	population	人
	人口自然增长率	natugrowth	‰
	人口迁入率	migratrate	%
	迁入人口数	popumove	人
	人口密度	popudensi	人/km^2
“人口红利”	总抚养比	totalfyb	%
	老年抚养比	oldfyb	%
	少儿抚养比	childfyb	%
	劳动年龄组人口比重	Laopro15-64	%
城镇化水平	城镇化率	urban	%
文化水平	平均受教育年限	averedu	年
	本科及以上人口比重	benkepro	%

续表

影响因子	指标	缩写	单位
交通条件	交通公路客运量	glkyl	万人
自然条件	平均气温	qiwen	°C
	平均降水量	jiangshui	mm

经济水平：选择人均 GDP、GDP 等变量来衡量各地区的经济发展水平。区域经济发展的规模与水平决定了该区域的医疗卫生水平与养老保障条件、文化技术与创新状态、社会文明程度等，从而影响了人口寿命、人口抚养能力、人口劳动力素质以及人口结构与经济发展的耦合状况。

经济结构与人口产业结构：选择第三产业产值比重、第三产业就业人口比重、第三产业结构偏离度、第一产业结构偏离度、第三产业产值、第三产业从业人员数、二、三产业产值比重等变量来反映各地区的经济结构与人口产业结构的发展状况及其协调程度。若人口就业结构滞后于经济产业结构或经济结构跟不上人口就业结构发展的需要，则对人口结构与经济的耦合发展十分不利，产业结构与就业结构的合理程度对于区域经济的发展具有重要的影响，分析与比较各地区产业结构与就业结构的合理程度，促进产业结构与就业结构优化升级则显得尤为重要，故而产业结构与就业结构的发展状态以及两者的匹配程度是人口结构与经济耦合发展重要的形成机制的因子。

人口发展：选择人口总数、自然增长率、迁入率、人口密度、迁入人口数等变量，来度量人口的发展情况，人口规模、人口自然增长率与机械增长率等是反映人口发展基本状况的重要指标，人口的发展状况对于人口结构与经济发展的耦合程度十分重要。

“人口红利”：选择总抚养比、老年抚养比、少儿抚养比等指标来定量测度“人口红利”状况，“人口红利”是 21 世纪中国跨越式发展的动力，劳动力资源的重要因素，而劳动力资源越丰富，抚养比越低则代表“人口红利窗口”越大，越有利于人口结构与经济的耦合发展，故“人口红利”是促进人口结构与经济耦合发展的动力机制。

城镇化水平：选择城镇化率指标来衡量城镇化水平，城镇化水平的区域差异决定了人口城乡结构的差异，同时也在一定程度上影响了人口的产业结构与经济结构的差异，城镇化水平越高的地区对人口迁移的吸引力越大，城镇化水平的高低影响了经济发展水平及其与人口结构的耦合程度，总之，城镇化水平是人口结构与经济耦合发展的重要影响因素。

文化水平：选择平均受教育年限、本科及以上人口比重等变量来度量文化教育水平，一个地区的文化教育水平直接决定了该地区的人口素质、技术创新、生产力效率等，在一定程度上成为对人口结构与经济耦合发展非常重要的影响机制。

交通条件：选择交通公路客运量作为衡量交通事业发展的变量，交通运输条件是国民经济发展的基础，直接影响区域各种生产资料、要素、信息等的可进入性与流通性，高效的交通运输系统不仅能加强沿线地区的经济发展状况，改变其区位优势，同时也会加速周围地区间的联系，促进人口、信息以及生产要素的流动，促进区域经济社会发展，因此，交通运输事业发展的条件对于人口结构与区域经济发展至关重要。

自然条件：选择平均气温、平均降水量等变量，社会经济因素是人口分布非常重要的因素，同时，自然条件对人口分布亦有非常重要的影响。著名的“胡焕庸线”所描述的正是农业社会中区域经济活动、人口分布与自然环境、经济发展阶段相匹配的状况。伴随经济社会发展至今，中国的人口分布依然主要遵循“胡焕庸线”，此线以东仍然是全国人口、经济的重要集聚地区，此线以西则还是全国人口分布较少、经济欠发达的地区，说明人口的分布、经济的发展在宏观尺度上依然受中国三大地势差异、河流分布、气候等自然条件的影响较大，在现代社会中，江苏省作为中国东部人口、经济发达的省份，虽然宏观尺度上气候、河流等有一定稳定性，但是省内各县域单元的地理位置、平均气温、平均降水量、河流分布等亦存在不同程度上的差异性，考虑到数据的全面性、可获取性与典型性，故选择平均气温、平均降水量等指标作为衡量江苏省不同县域人口结构与经济耦合发展的指标。

在以上变量选取的基础上，构建江苏省人口结构与经济耦合发展的三种空间回归模型，如下：

$$古典经济模型：y=\beta_0+\sum_k \beta_k x_k+\varepsilon \tag{6-4}$$

$$空间滞后模型：y=\rho W_y \beta_0+\sum_k \beta_k x_k+\varepsilon \tag{6-5}$$

$$空间误差模型：\begin{cases} y=\beta_0+\sum_k \beta_k x_k+\mu \\ \mu=\lambda W\mu+\varepsilon,\varepsilon \sim N(0,\sigma_\varepsilon^2 I_n) \end{cases} \tag{6-6}$$

式中，k 为变量数，其余变量解释见上述公式。

鉴于上述原始指标数据量纲和数量级不同，在进行模型计算前，采用极差标准化的方法对数据进行无量纲化处理。

（二）结果分析

模型参数的估计方法有最小二乘法和最大似然法两种，在传统经典回顾模型中，采用普通最小二乘法，而在空间回归模型中鉴于即使模型中存在滞后因变量，但只要残差项不存在相关性，最小二乘法仍是一致估计，不再是无偏差估计，故不能用最小二乘法进行参数估计，而常采用最大似然法。在比较空间回归模型时，若模型中的拟合度 R^2 越高，拟合度对应的 Loglikelihood 越大，则说明模型的拟合度越高，回归效果越好。（为便于比较，此处回归系数等相关数据均保留小数点后 4 位，其余方便比较的如百分比等均保留小数点后 2 位）

由表 6-2 可见，空间误差模型相对于古典经济模型与空间滞后模型而言，对于 2010 年江苏省人口结构与经济耦合发展的空间极化现象模拟得更好。空间误差模型的 R^2 值为 0.9973，LOGL 值为 184.6849，均高于古典经济模型（R^2 值与 LOGL 值分别为 0.9971，178.7010）与空间滞后模型（R^2 值与 LOGL 值分别为 0.9972，179.9760）的对应指标。依据模型最优拟合的判别方法，故选择空间误差模型进行区域人口结构与经济耦合发展的空间极化现象的模拟。

表 6-2　2010 年江苏省人口结构与经济耦合发展影响因子 SEM 结果

Variable	古典经济模型	3 个	空间滞后模型	8 个	空间误差模型	9 个
	Coefficient	Probability	Coefficient	Probability	Coefficient	Probability
perGDP	0. 9927	0. 0000	0. 9735	0. 0000	0. 9824	0. 0000
thirprork	0. 2314	0. 0123	0. 2256	0. 0008	0. 1930	0. 0043
thirprozh	−0. 1240	0. 0342	−0. 1102	0. 0120	−0. 1108	0. 0099
urban	−0. 0135	0. 6469	−0. 0117	0. 5987	−0. 0131	0. 5623
averedu	0. 0400	0. 0082	0. 0416	0. 0033	0. 0646	0. 0002
totalfyb	6316. 5410	0. 4407	7167. 1760	0. 2462	4316. 8370	0. 4820
natugrowt	−0. 0447	0. 2362	−0. 0381	0. 1842	−0. 0299	0. 2772
migratrate	0. 1830	0. 0028	0. 1689	0. 0001	0. 1910	0. 0000
glkyl	−0. 0834	0. 2147	−0. 0612	0. 2404	−0. 0886	0. 0074
popudensi	0. 0139	0. 6809	0. 0111	0. 6643	0. 0029	0. 9085
population	0. 5882	0. 0141	0. 5778	0. 0009	0. 5622	0. 0015
popumove	−0. 2400	0. 0208	−0. 2214	0. 0038	−0. 2588	0. 0106
firstpianl	−0. 0203	0. 4005	−0. 0163	0. 3726	−0. 0150	0. 3915
pro23chan	0. 0543	0. 1078	−0. 0371	0. 1754	0. 0498	0. 0404
thirdpianl	0. 1288	0. 0024	0. 1125	0. 0034	0. 1070	0. 0087
GDP	−0. 3967	0. 2208	−0. 2755	0. 2785	−0. 3622	0. 1393
benkepro	−2. 7902	0. 4793	−0. 1961	0. 3293	−0. 2307	0. 1351
childfyb	−4364. 5030	0. 4407	−4952. 263	0. 2462	−2982. 7550	0. 4820
oldfyb	−3975. 4800	0. 4406	−4510. 824	0. 2461	−2717. 0310	0. 0084
thirdchan	0. 8114	0. 0557	0. 7056	0. 0272	0. 8311	0. 0178
thirdpopu	−0. 5917	0. 0790	−0. 6584	0. 0092	−0. 5869	0. 1904
laopro15−64	0. 4506	0. 3263	0. 5001	0. 1485	0. 4486	0. 0004
qiwen	−0. 0662	0. 0074	−0. 0655	0. 0029	−0. 0657	0. 0012
jiangshui	0. 0154	0. 0498	0. 0195	0. 0210	0. 0151	0. 0065
R−squared	0. 9971		0. 9972		0. 9973	
Loglikelihood	178. 7010		179. 9760		184. 6849	

注：P<0. 01，说明在 1%的显著性水平下拒绝解释变量与被解释变量之间是随机关系的原假设。P 值越接近 0，则解释变量与被解释变量之间的显著程度就越大。（为便于比较，此处相关数据均保留小数点后 4 位）

依据空间误差模型模拟检验结果来看，进入模型的共有12个因素，包括人均GDP、人口数、劳动年龄组人口比重、第三产业人口比重、人口迁入率、第三产业结构偏离率、平均受教育年限、平均降水量、平均气温、交通公路客运量、第三产业产值比重、老年抚养比。在空间误差模型（SEM）中，人均GDP、人口数、劳动年龄组人口比重、第三产业人口比重、人口迁入率、第三产业结构偏离率、平均受教育年限、平均降水量8个因素与耦合度呈正相关，平均气温、交通公路客运量、第三产业产值比重、老年抚养比4个因素与耦合度呈负相关。

1. 经济水平对于耦合度影响最大，第三产业就业结构及其偏离度起促进作用

人均GDP对耦合度的系数最高（0.9824），说明经济水平对于耦合度的影响程度最大；在属于经济结构与就业结构的变量中，第三产业人口比重排名第4（0.1930）、第三产业结构偏离度排名第6（0.1070）、第三产业产值比重名列第11（-0.1108），可见第三产业人口比重以及第三产业结构偏离度均有利于促进人口结构与经济的耦合发展，而第三产业产值比重却与耦合度发展呈负相关，说明产业结构与就业结构的协调程度对于人口结构与经济的耦合发展至关重要。

2. 人口总数、劳动力资源及人口迁移促进作用很大，而老年抚养比阻碍作用最大

在属于人口发展的指标中，人口总数排名第2（0.5622）、人口迁入率排名第5（0.1910），说明人口发展对于耦合度的影响力总体而言较高，人口规模对人口结构与经济的耦合发展具有较大的正向促进作用；在属于“人口红利”的变量中，劳动年龄组人口比重排名第3（0.4486）、老年抚养比系数最小（-2717.0310），说明劳动人口比重越大，越有利于人口结构与经济的耦合发展，老年抚养比越大，对人口结构与经济耦合发展限制力越大，相反老年抚养比越小，越处于“人口红利”期，越能促进人口结构与经济的耦合发展。

3. 文化教育水平对耦合度影响力较大

在属于教育水平的指标中有平均受教育年限进入模型，其系数为0.0646，排名第7，说明文化教育水平的提高，有利于人口文化素质的提高，有利于生

产效率的提高，从而有利于人口结构与经济的耦合发展。

4. 交通条件在特定情况下可能对耦合度起阻碍作用

交通条件的指标——交通公路客运量，系数为-0.0886，排名第10，说明交通事业的发展在2010年与耦合度呈负相关，交通事业的发达本有利于经济的发展，但是若人口结构的发展跟不上经济发展的需要，便会对人口结构与经济的耦合发展产生阻碍作用。

5. 自然条件对耦合度有一定影响力

在属于自然条件的指标中，平均降水量排名第8（0.0151）、平均气温排名第9（-0.0657），说明平均降水量有利于人口结构与经济的耦合发展，而平均气温则在2010年同人口结构与经济的耦合发展呈负相关。此外需要说明的是，属于城镇化水平的指标——城镇化率，由于系数的P值为0.5623，故未通过显著性检验。

二、基于地理加权回归模型的主要机制动态分析

（一）地理加权回归模型及指标选择

1. 地理加权回归模型

空间滞后模型和空间误差模型是在一般回归分析的基础上引入了处理空间依赖性的技术，从其回归系数可以看出，不同驱动力因子对耦合度的影响程度不同，但是同一个驱动力因子在不同栅格单元中的贡献相同，不随空间位置而变，故在本质上空间回归模型属于全局模型（王秀兰，1999）。地理加权回归模型（GWR）可以获得不同驱动力因子随空间地理位置变化而变化的参数估计，通过人口结构与经济发展的耦合度构建GWR模型，并分析其模型参数估计，能够得到在不同地理位置驱动力对耦合度贡献值的大小。

人口结构与经济耦合发展的空间分布与变化的形成机制有多种，且各形成

机制的因子在空间分布上具有差异性，即空间非平稳性（严小兵，2013）。传统的线性回归模型（OLS 模型）只对参数进行“平均”或“全局”估计，却无法反映空间的局部变化，无法解释其空间依赖性，若自变量为存在空间自相关的空间数据，便无法满足传统回归模型残差项独立的假设，最小二乘法进行参数估计则将不再适用（张耀军，2012；Clement F，2009）。地理加权回归模型（Geographically Weighted Regression，GWR）（Fotheringham A S，2002）是一种有效处理回归分析中空间非平稳性现象的建模技术。GWR 模型对传统模型框架进行扩展，是一种分析空间关系的新方法，GWR 模型考虑了局部参数估计，能够突出在不同区域自变量对因变量的不同影响（方远平，2012），在此基础上，基于 GIS10.0 技术将结果进行可视化分析，可以形象地反映参数在不同空间的空间不平衡性（张开洲，2014），具有一定的优越性。该模型已在生态气象、社会经济等领域空间分析中得到较广泛的应用，但较少涉及人口结构与经济耦合发展的空间分异等领域。运用 GWR 结合 ArcGIS10.0 空间可视化等方法，比较分析 1990 年、2000 年以及 2010 年江苏省县域人口结构与经济耦合发展形成机制的空间异质性模型结构如下（王瑞鹏，2013）：

$$y_i=\beta_0(u_i,v_i)+\sum_k\beta_k(u_i,v_i)x_{ik}+\varepsilon_i \tag{6-7}$$

式中，(u_i, v_i)是第 i 个样本空间单元的地理中心坐标，ε_i 为残差，$\beta_k(u_i, v_i)$是连续函数 $\beta_k(u, v)$在 i 样本空间单元的值。

本书运用 ArcGIS 10.0 软件中的 OLS 和 GWR 工具来实现 GWR 模型的构建。在该模型中最优宽带选取至关重要，本书采用 Fotheringham 提出的“使 GWR 模型的 AIC 值最小”准则来确定最优带宽（Fotheringham A S，2002）。

在构建 GWR 模型之前，先对 1990 年、2000 年与 2010 年这三个年份的人口结构与经济发展耦合度做全局空间自相关分析。由分析可知，研究期内，全局 Moran's I 的估计值均大于 0，说明耦合度在空间上呈现集聚状态，由局部空间自相关分析表明人口结构与经济发展耦合度又表现一定的空间差异性，这为构建 GWR 模型进一步分析各变量对老龄化的影响程度及其空间非平衡性态势奠定了理论基础。

设江苏省某年某县域人口结构与经济发展耦合度为 y_i，第 i 个点的坐标为 (u_i, v_i)，根据上文选取的变量信息，构建模型如下：

$$y_i=\beta_0(u_i,v_i)+\beta_1(u_i,v_i)x_{1i}+\beta_2(u_i,v_i)x_{2i}+\beta_3(u_i,v_i)x_{3i}+\beta_4(u_i,v_i)x_{4i}+\beta_5(u_i,v_i)x_{5i}+\beta_6(u_i,v_i)x_{6i}+\beta_7(u_i,v_i)x_{7i}+\beta_8(u_i,v_i)x_{8i} \tag{6-8}$$

式中，$x_1 \sim x_8$ 分别表示某年上述指标变量的数值。

2. 指标选择

根据上述空间误差模型结果，由于自然条件在大尺度范围内可以具有较大的影响力，但在江苏省县域尺度上，自然条件对于人口结构与经济耦合发展的影响力差异较小，故此处剔除。鉴于人口总数、劳动年龄组人口比重、第三产业人口比重、第三产业产值比重 4 个变量，在进行 GWR 模型时产生共线性致使解释变量冗余，使模型估计失真或者难以估计准确，故剩余的变量都能进入 GWR 模型，从而构建人口结构与经济耦合发展的形成机制指标（表 6-3），运用 GWR 模型探讨结构与经济耦合发展的形成机制及其空间演变特征。

表 6-3　人口结构与经济耦合发展动力机制指标体系

机制因子	指标	缩写	单位
经济水平	人均 GDP	perGDP	元
产业结构偏离度	第三产业结构偏离度	thirdpianl	%
人口机械增长率	人口迁入率	migratrate	%
“人口红利”	老年抚养比	oldfyb	%
教育水平	平均受教育年限	averedu	年
交通条件	交通公路客运量	glkyl	万人

（二）GWR 结果分析

在 GWR 模型中，每个空间单元均有特定的系数，表 6-4 对各系数值进行统计，得到平均值、最大值、最小值。（为方便比较，所有回归系数等均保留小数点后 4 位，其余便于比较的如百分比等均保留小数点后 2 位）

表 6-4 GWR 模型参数估计及检验结果

时间	因子变量	perGDP	averedu	migrate	glkyl	thirpil	oldfyb
1990 年	max	0. 3613	−0. 2893	−0. 0163	0. 4828	0. 3651	−0. 1803
	min	−0. 1666	−0. 7388	−0. 3295	0. 2656	0. 1036	−0. 4265
	average	0. 1696	−0. 5027	−0. 1162	0. 3082	0. 2599	−0. 3757
2000 年	max	0. 6165	−0. 2772	0. 0785	0. 5431	0. 7616	−0. 4042
	min	0. 4460	−0. 4977	−0. 5211	0. 1625	0. 4716	−0. 6294
	average	0. 5419	−0. 3446	−0. 2189	0. 2863	0. 6878	−0. 5282
2010 年	max	0. 3396	0. 3330	0. 3212	0. 3145	0. 1808	0. 2845
	min	0. 0816	−0. 3892	−1. 5971	−0. 0113	−0. 0556	−0. 7633
	average	0. 2551	−0. 2628	−0. 2687	0. 1767	0. 0998	−0. 2126
		1990 年	2000 年	2010 年			
	R^2	0. 9869	0. 9872	0. 9848			
	adj. R^2	0. 9802	0. 9816	0. 9826			
	AICc	−340. 38	−330. 42	−278. 33			
	p−value	<0. 001	<0. 001	<0. 001			

由表 6-4 可知，GWR 模型解释了县域人口结构与经济耦合发展总变异分别为 98. 69%（1990 年）、98. 72%（2000 年）和 98. 48%（2010 年），1990 年、2000 年与 2010 年 GWR 模型的拟合优度分别为 0. 9802、0. 9816 与 0. 9826，相比 OLS 对应年份的 0. 9753、0. 9744 与 0. 9701 均有较大提高，说明 GWR 模型的拟合结果要显著优于 OLS 模型。相比于 OLS 分析获取的是常参数，该模型获取的是变参数，能分析影响因素的空间差异。GWR 系数能够很好地反映区域内人口结构与经济耦合发展同各影响因素之间的关系，回归系数为正时，两者呈正相关，回归系数为负时，两者则呈负相关。每一个影响因素对耦合度的影响随区位的变化而变化。以上分析都说明了 GWR 模型的局部回归效果要优于 OLS 的全局回归效果。比较 average 可以发现，三个年份，各影响因素中人均 GDP、交通公路客运量、第三产业结构偏离度等与耦合度主要呈正相关，平均受教育年限、人口迁入率、老年抚养比等与耦合度主要呈负相关。

1. 人均 GDP 主要呈正相关，空间格局由南向北递减演变为由东向西递减

江苏省县域人均 GDP 与耦合度在 1990 年部分呈负相关，2000 年与 2010 年呈正相关，影响力（回归系数绝对值）总体上增大，影响力排名由 1990 年的第 3 名上升至 2000 年的第 2 名，至 2010 年继续上升为第 1 名。除 1990 年苏北部分地区外，其余地区在 2000 年、2010 年均与耦合度呈正相关，说明人均 GDP 低的地区经济欠发达，经济发展无法满足人口规模、人口年龄结构、人口城乡结构等发展的需求，人口结构与经济发展矛盾突出，两者关系较为密切，人口结构与经济发展的耦合度高，因而呈负相关，若伴随经济发展水平的提高，人口结构与经济的矛盾关系有所缓和，人口结构与经济日益相互协调发展，经济的发展水平将促进人口结构与经济的耦合发展，故而呈正相关。

1990~2010 年，人均 GDP 对耦合度的影响空间分异明显，三个年份中江苏省县域回归系数总体上呈现由 1990 年的南向北递减转变为 2010 年的由东向西递减的趋势（图 6-1）；1990 年变量系数介于-0. 1666~0. 3613，高值区在苏州市区、宜兴市等地区，形成以此为中心逐渐向外围递减的趋势，说明人均 GDP 对这些地区耦合度的影响最大，即耦合度对人均 GDP 敏感度高于其他地区；低值区在赣榆县、东海县等地区，说明人均 GDP 对该地的影响最小。2000 年人均 GDP 变量系数介于 0. 4460 ~ 0. 6165，2010 年变量系数转变为 0. 0816~0. 3396，表明 20 年来，人均 GDP 对全省各地区人口结构与经济耦合发展的影响总体上增大，人均 GDP 对耦合度影响最大的区域移至灌云县、响水县等东部地区，说明人均 GDP 对东部地区耦合度的影响程度较大，对南京市区、高淳县等地区的影响最小，到 2010 年，高值区在东部地区扩展，低值区在西部地区扩展，这从侧面说明了在 1990 年处于经济发展的初期，经济最发达的南部地区及经济欠发达的北部地区人口结构与经济的关系均密切度较高，其中南部地区人口结构与经济相对协调而关系密切，北部地区则是人口结构与经济矛盾相对较大的地区，当 2000 年与 2010 年伴随经济发展到一定程度时，经济发展水平虽影响力增大，但对于发达地区而言经济发展水平已不是影响其耦合度最主要的因素，故苏州市区、南京市区等苏南地区人均 GDP 对其耦合度影响最低，而经济欠发达的灌云县等苏北地区却仍受经济发展水平的影响较大。

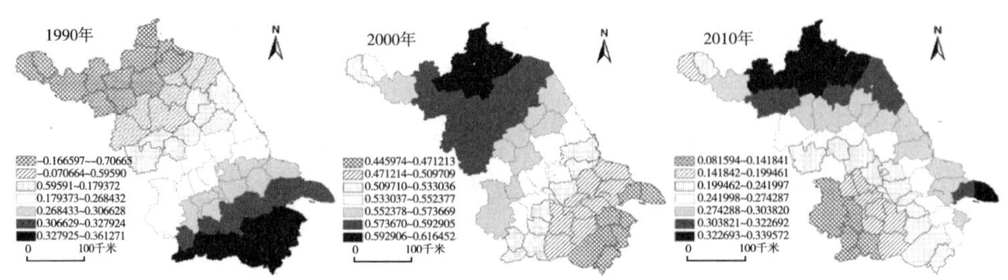

图 6-1　1990~2010 年 GWR 模型人均 GDP 回归系数空间分布

2. 平均受教育年限与耦合度主要呈负相关，空间格局由南向东北递减转变为由西北向东南递减

江苏省县域平均受教育年限与耦合度在 1990 年、2000 年与 2010 年均主要呈负相关，影响力（回归系数绝对值）总体变小，影响力排名由 1990 年的第 6 名上升至 2000 年与 2010 年的第 5 名。说明平均受教育年限越高的地区耦合度越低，主要是由于人口文化素质越高，人口文化结构水平便越高，因而促进经济的发展，从而使得经济发展水平与人口文化结构及其他人口结构间的矛盾减小，故耦合度较小。相反，平均受教育年限越低，人口文化结构水平亦越低，无法满足经济发展的需求，导致人口结构与经济发展矛盾越激烈，故耦合度越高。这与之前空间误差模型研究的 2010 年结果有所出入，但并不矛盾。首先，因为不同模型方法不同、指标选取不同、角度不同，故可能存在不同结果。其次，针对平均受教育年限与耦合度的关系而言，从全局角度看呈正相关，而从局部看呈负相关，主要取决于劳动力素质及技术创新是否与经济发展相协调，共有以下 5 种情况：①当平均受教育年限在较低水平时（例如小学或初中水平时），经济发展水平亦较低，平均受教育水平的小幅提高未能达到促进经济大幅度发展的程度，经济发展急需人口文化素质等的提高但低水平的人口结构无法满足经济发展的需求，同时人口文化素质等的提高又亟待经济的支撑但落后的经济水平亦无法给予其有力支撑，故而两者关系错综复杂、矛盾

异常激烈，耦合度较高，故平均受教育年限与耦合度呈负相关；②但若人口文化素质很低且经济自身发展也较落后，平均受教育水平与经济发展均较缓慢，人口结构与经济发展关系不紧密，故耦合度亦较低，这一阶段平均受教育年限与耦合度则呈正相关；③若平均受教育年限的增高，有利于促进经济的发展，有利于缓解人口结构与经济的矛盾，故耦合度降低，这一阶段平均受教育年限与耦合度呈负相关，即当平均受教育年限所衡量的人口文化结构与人口素质增高并达到一定水平后，若能满足经济发展及产业结构升级转换的需求，使人口结构与经济发展的矛盾缓和，则耦合度较低，故受教育年限与耦合度呈负相关；④若伴随文化素质的不断提高，人口结构与经济发展之间不仅矛盾缓和而且还相互促进协调发展，两者关系非常密切，则耦合度较高，故平均受教育年限与耦合度呈正相关；⑤但若文化素质的提高虽能促进经济发展，却仍无法满足经济发展需求（例如虽本科及以上人口较多，但经济发展急需的专业技工短缺）或超过经济发展速度而使经济发展跟不上人口文化结构水平（例如高新技术人才较多而高新技术产业尚不发达），致使人口结构与经济发展矛盾激烈，故耦合度较高而使受教育年限与耦合度呈正相关。

1990~2010 年，平均受教育年限对耦合度的影响空间分异明显，三个年份江苏省县域回归系数总体上呈现由 1990 年的由南向东北递减转变为 2010 年的由西北向东南递减的趋势（图 6-2）；1990 年变量系数介于-0.7388~-0.2893，高值区在苏州市区、宜兴市等地区，形成以此为中心逐渐向外围递减的趋势，说明平均受教育年限对这些地区耦合度的影响最大，即耦合度对平均受教育年限敏感度高于其他地区；低值区在赣榆县、东海县、响水县等地区，说明平均受教育年限对该地耦合度的限制作用最小。2000 年平均受教育年限变量系数介于-0.4977~-0.2772 之间，2010 年变量系数转变为-0.3892~0.3330，表明平均受教育年限对全省各地区人口结构与经济耦合发展的影响力略有减小，平均受教育年限对耦合度负效应最大的区域移至丰县、沛县及徐州市区等西北部地区，说明平均受教育年限对西北部地区耦合度的影响程度最大，而低值区转变为启东市、如东县、大丰市等东南沿海地区，说明平均受教育年限对启东市等地区耦合度的负效应最小。

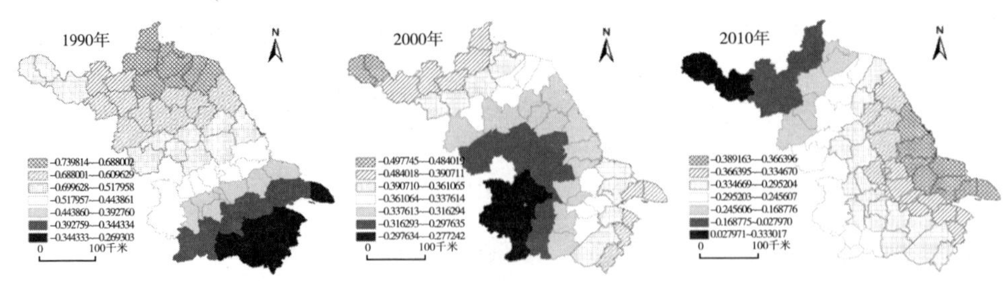

图 6-2 1990~2010 年 GWR 模型平均受教育年限回归系数空间分布

从 1990~2010 年平均受教育年限对耦合度影响机制的空间演变特征可见，苏南地区及启东市等东部沿海地区属于第③种情况，伴随平均受教育年限的增高，促进经济发展水平提高，人口结构与经济的矛盾缓和，故耦合度降低；而苏北地区尤其是西北部地区属于第①种情况，虽然平均受教育年限有所提高，但其提高的程度未能达到促进经济大幅度发展的程度，人口结构与经济发展的关系错综复杂、矛盾异常激烈，耦合度较高，故平均受教育年限与耦合度主要呈负相关。然而 2010 年从全局角度看，全省平均受教育年限与耦合度呈正相关，属于第⑤种情况。

3. 人口迁入率与耦合度主要呈负相关，由中部向南、北递减转变为由南向北递减

江苏省县域迁入率与耦合度在 1990 年、2000 年均呈负相关，到 2010 年已有部分地区呈正相关，影响力（回归系数绝对值）有所增大，影响力排名由 1990 年与 2000 年的第 4 名下降到 2010 年的第 6 名。说明迁入率对人口结构与经济耦合发展的影响主要为限制作用，但 2010 年出现对小部分地区起促进作用的现象，在 20 世纪，由于人口迁入率越高，耦合度越低，两者呈负相关，主要是由于 20 世纪 90 年代初时，人口迁移尚不太频繁，到 2000 年迁入人口规模开始增加，迁入人口中以年轻人口为主，致使净迁入地人口年轻化，有利于当地的经济发展，缓解了人口结构与经济发展的矛盾，人口结构与经济发展的耦合度将随着迁入率的提高而降低，相反，迁入率越低，耦合度越高。进入 21 世纪以来，尤其是 2010 年，伴随经济社会的快速发展，人口迁移活动愈加频繁，然而大量迁入的人口中，文化素质良莠不齐，有进城务工的也有外

地考入大学本科及以上毕业后留在大中型城镇的，因而人口文化结构、城乡结构、就业结构等人口结构与经济发展的矛盾冲突日益突出，导致苏南经济较发达地区人口结构与经济的耦合度日益增高，伴随人口迁入率不断升高，故耦合度开始呈正相关。

1990~2010 年，人口迁入率对耦合度的影响空间分异明显，三个年份江苏省县域回归系数总体上呈现由 1990 年的中部分别向南、北两个方向递减转变为 2000 年与 2010 年的由南向北递减的趋势（图 6-3）；1990 年变量系数介于-0.3295~-0.0163，高值区在金湖县等地区，形成以此为中心逐渐向外围递减的趋势，说明人口迁入率对这些地区耦合度的负效应最大，即耦合度对人口迁入率敏感度高于其他地区；低值区在丰县、沛县等地区，说明人口迁入率对该地耦合度的负效应最小。2000 年迁入率变量系数介于-0.5211~-0.0785，2010 年变量系数转变为-1.5971~-0.3212，表明迁入率对全省各地区人口结构与经济耦合发展的负效应增加，迁入率对耦合度负效应最大的区域移至苏州市区、昆山市、启东市等南部地区，说明迁入率对南部地区耦合度的限制作用最大，而最小值转变为丰县、沛县等西北部地区，说明迁入率对这些地区耦合度的负效应最小，到 2010 年，高值区往南扩展至溧阳市、宜兴市等地区，低值区则依然在丰县、沛县等西北部地区。

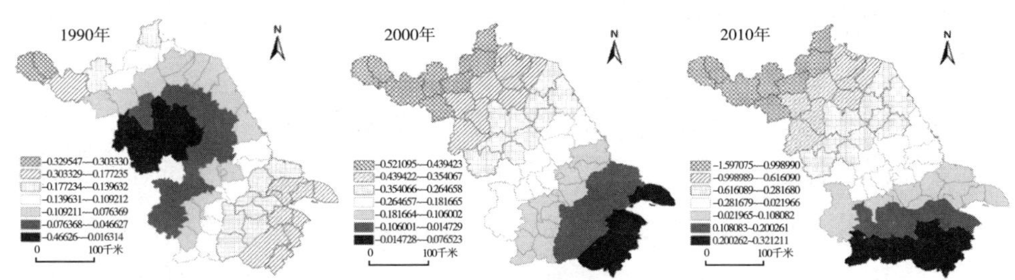

图 6-3　1990~2010 年 GWR 模型迁入率回归系数空间分布

4. 交通公路客运量与耦合度主要呈正相关，由西北向南递减转变为由东北向南部递减

江苏省县域交通公路客运量与耦合度在 1990 年、2000 年与 2010 年均呈正相关，1990 年变量系数介于 0.2656~0.4828，2000 年交通公路客运量系数介于 0.1625~0.5431，2010 年变量系数转变为-0.0113~0.3145，表明交通公路客运量对全省各地区人口结构与经济耦合发展的影响力（回归系数绝对值）变小，影响力排名由 1990 年的第 1 名下降至 2000 年和 2010 年的第 2 名。说明交通公路客运量越高的地区耦合度越高，主要是由于公路运量所表征的交通事业发展条件越高，人口流动、信息流动、生产资料流动等就越频繁，导致人口结构与经济发展的矛盾越激烈，两者的耦合度越高，相反，交通公路客运量越低，耦合度越低。这与上述空间误差模型分析的 2010 年的结果有所出入，但并不矛盾，首先，由于不同模型方法不同、指标选取不同、角度不同，故可能结果不同；其次，针对交通事业发展与耦合度的关系而言，从全局角度看呈负相关，而局部看呈正相关，关键取决于交通事业不断发展所促进的各要素流动是否能让人口结构与经济发展的矛盾缓和，若能，则耦合度降低，故呈负相关，若不能，则耦合度升高，故呈正相关，从全局来看属于前者，从局部来看属于后者。

1990~2010 年，交通公路客运量对耦合度影响的空间分异显著，高低值区域分布在位置与范围上有较大差异。三个年份江苏省县域回归系数总体上呈现由 1990 年的西北向南递减转变为 2000 年的由西北向东南递减，至 2010 年又转变成由东北向南部递减的趋势（图 6-4）。1990 年高值区在丰县、沛县等地区，形成以此为中心逐渐向外围递减的趋势，说明交通公路客运量对这些地区耦合度的影响最大，即耦合度对交通公路客运量敏感度高于其他地区；低值区在高淳县、溧水县、兴化市、大丰市等地区，说明交通公路客运量对该地耦合度的促进作用最小。2000 年交通公路客运量对耦合度影响最大的区域依然在丰县、沛县及徐州市区 3 个西北部地区，说明交通公路客运量对西北部地区耦合度的影响程度最大，而最小值转变为苏州市区、启东市等东南地区，说明交通公路客运量对苏州市区、启东市等地区耦合度的影响最小，到 2010 年，高值区转变为赣榆县、射阳县等地区，低值区转向高淳县、溧水县及苏州市区等南部地区，说明交通公路客运量对耦合度的影响具有一定的空间波动性，同时反映了交通发展条件对于经济较发达的苏南地区人口结构与经济耦合发展已不

能构成关键性影响，但对经济欠发达的苏北地区的耦合度影响却依然较大，甚至成为至关重要的驱动力机制。

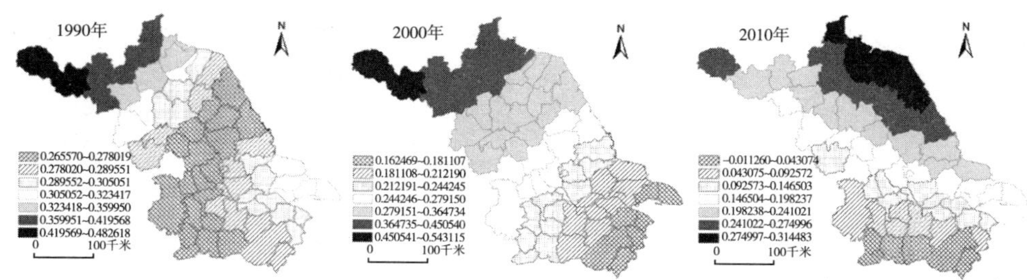

图 6-4 1990~2010 年 GWR 模型交通公路客运量回归系数空间分布

5. 第三产业结构偏离度与耦合度主要呈正相关，由西南向东、北部递减变为由东南向北递减

江苏省县域第三产业结构偏离度与耦合度在 1990 年、2000 年与 2010 年均呈正相关，1990 年变量系数介于 0.1036~0.3651，2000 年第三产业结构偏离度变量系数介于 0.4716~0.7616，2010 年变量系数转变为-0.0556~0.1808，影响力（回归系数绝对值）先增大后变小，影响力排名由 1990 年的第 2 名上升至 2000 年的第 1 名后又下降到 2010 年的第 3 名。说明第三产业结构偏离度越高的地区耦合度越高，偏离度越小、绝对值越接近 0，则第三产业结构与就业结构越接近越合理，人口结构与经济的矛盾越小，两者间的耦合度越低，相反，第三产业结构偏离度越低的地区耦合度越低，说明第三产业结构偏离度越大，则第三产业的产值比重越大于其就业比重，导致人口就业结构滞后于产业结构的发展，人口结构与经济发展的矛盾越尖锐，两者间的耦合度越高。

1990~2010 年，第三产业结构偏离度对耦合度的影响空间分异明显（图 6-5），1990 年江苏省回归系数空间分布上总体呈由西南向东、北部逐渐递减，高值区在南京市区、溧水县、扬州市区等地，形成以此为中心逐渐向外围递减的趋势，低值区在沛县、丰县、赣榆县、连云港市区等地；2000 年江苏省回归系数空间分布上总体呈由东南向西北逐渐递减，高值区在启东市、如东县等东南部地区，低值区在沛县、丰县及徐州市区等西北部地区；2010 年江苏省回归系数空间分布上总体呈由东南向北逐渐递减，高值区在昆山市、太仓市、启东市等地区，形成以此为中心逐渐向周边外围递减的趋势，低值区在丰县、沛县、赣榆县等地区。说明第三产业结构偏离度对耦合度的空间影响具有反复波动性，在一定程度上反映了各地区产业结构与人口就业结构调整的差异性与波动性。

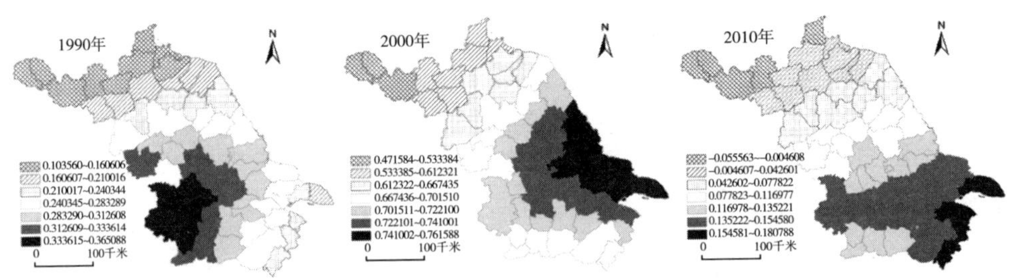

图 6-5　1990~2010 年 GWR 模型第三产业偏离度回归系数空间分布

6. 老年抚养比与耦合度主要呈负相关，由西北向东南部递减转变为由东南向西北递减

江苏省县域老年抚养比与耦合度在 1990 年与 2000 年均呈负相关，2010 年小部分地区呈正相关，1990 年变量系数介于-0.4265~-0.1803，2000 年老年抚养比变量系数介于-0.6294~-0.4042，2010 年变量系数转变为-0.7633~0.2845，表明老年抚养比对全省各地区人口结构与经济耦合发展的影响力（回归系数绝对值）先增大后减小，影响力排名由 1990 年的第 5 名下降至 2000 年的第 6 名后又上升到 2010 年的第 4 名。说明当老年抚养比≤23.0 时，依据瑞典“人口红利”及“人口负债”划分依据（表 2-2），属于“人口红利”期，在这一阶段内，老年抚养比越低，“人口红利”越大，劳动力资源越丰富，然而劳动力数量过多可能会导致人口结构无法满足经济发展的需求，致使人口结构与经济发展的矛盾越尖锐，两者间的耦合度越高，相反，在这一阶

段内，老年抚养比越高，则“人口红利”越小，人口结构与经济发展的矛盾有所缓和，两者间的耦合度越低，故两者间呈负相关。当老年抚养比高于23.0时，老年抚养比越大，劳动力人口压力越大，人口结构与经济发展矛盾越激烈，人口结构与经济的耦合度越高，故到了2010年有极少部分地区老年抚养比与耦合度呈正相关。

1990~2010年，老年抚养比对耦合度的影响空间分异明显（图6-6），1990年江苏省回归系数空间分布上总体呈由西北向东南部逐渐递减，高值区在丰县、沛县及徐州市区等地，形成以此为中心逐渐向外围递减的趋势，低值区在大丰市、如东县、镇江市区等地；2000年与2010年在江苏省回归系数空间分布上总体呈由东南向北逐渐递减，其高值区在宜兴市、苏州市区等南部地区，低值区在丰县、沛县及赣榆县等西北部地区。说明在20世纪90年代，徐州市区等地区老年人口比重相对较低，老年抚养比相对较小，而人口结构与经济的矛盾较为激烈，耦合度较高，因而老年人口抚养比对耦合度的负效应最大，低值区是大丰市、仪征市等地区，其主要由于老年人口比重低、经济条件落后，故老年抚养比对耦合度的影响较低。进入21世纪以来，由于南北差异扩大导致经济较发达、医疗水平较高且比较宜居的苏南与启东市等地区伴随人口老龄化问题越来越严重，老年抚养日益增高，因而对耦合度的空间效应最大。

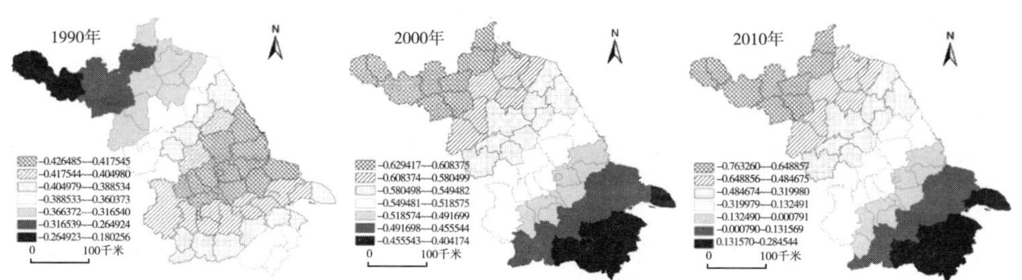

图6-6　1990~2010年GWR模型老年抚养比回归系数空间分布

三、重心空间耦合态势演变的影响机制

采用空间重叠性和变动一致性的方法，比较分析耦合度重心与各指标重心两两重心耦合的静态与动态状况（樊杰，2010），以便从重心空间耦合过程视角探究各指标对耦合度空间格局的主要影响机制。

空间重叠性，用耦合度重心与各指标重心之间的距离表示，距离越近，则重叠性越高，空间重叠性的计算公式如下：

$$s=\sqrt{(x-x_e)^2+(y-y_e)^2} \tag{6-9}$$

变动一致性，用来表征变动轨迹的一致性，可用耦合度重心与各指标重心相对于上一时间节点产生位移的矢量交角 θ 来体现，θ 越小则表示变动越一致，由于 θ 取值范围在 0°～180°之间，因此，本书取其余弦值作为变动一致性指数 C，值越大，则表示变动越一致，如果 C＝1，则表示变动完全相同，C＝−1 则表示完全相反。设重心较上一个时点的经度和纬度变化量分别为 Δx 和 Δy，根据余弦定理可以得出：

$$C=\cos\theta=\frac{(\Delta x^2+\Delta y^2)+(\Delta x_e^2+\Delta y_e^2)-[(\Delta x^2-\Delta x_e^2)+(\Delta y^2-\Delta y_e^2)]}{2\sqrt{(\Delta x^2+\Delta y^2)(\Delta x_e^2+\Delta y_e^2)}}$$

$$=\frac{(\Delta x\Delta x_e)+(\Delta y\Delta y_e)}{\sqrt{(\Delta x^2+\Delta y^2)(\Delta x_e^2+\Delta y_e^2)}} \tag{6-10}$$

（一）各指标重心计算

采取重心分析的方法，分别以老年人口比重、本科及以上人口比重、第三产业人口比重、城镇人口比重、GDP 等指标来代表人口年龄结构、人口文化结构、人口城乡结构、人口产业结构及经济发展，计算并分析各个年份人口年龄结构、人口文化结构、人口城乡结构、人口产业结构及经济等指标的重心（图 6-7），以便下文对重心重叠性、空间变动一致性及人口结构与经济发展

耦合度的重心进行比较。

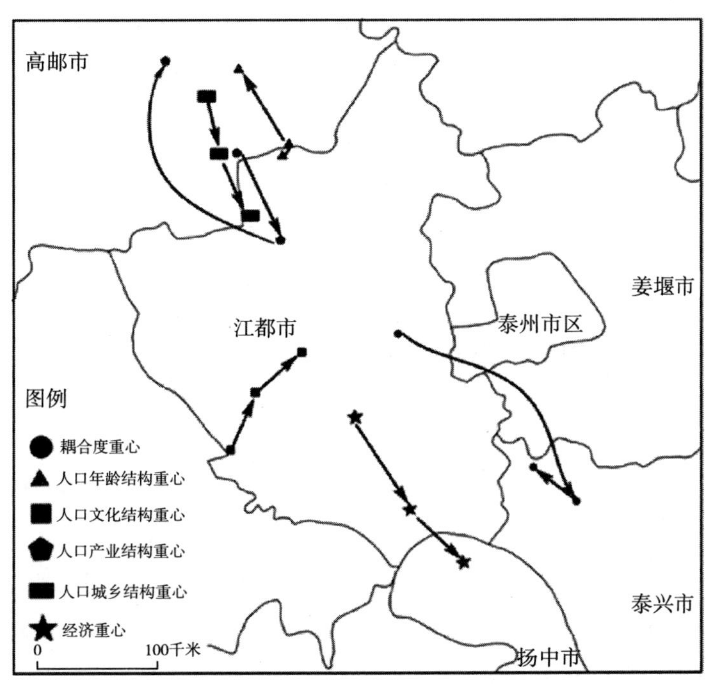

图 6-7 1990~2010 年耦合度与各指标重心空间移动轨迹

从空间布局来看，各指标重心主要在江都市及周边县域进行不同方向的移动。其中，1990~2010 年，相比于上述分析中耦合度重心由江都市东部向东南移动至泰兴市西北部后又往西北回迁至泰兴市西北角（靠近江都市与泰兴市交界处）；人口年龄结构重心从江都市北部移至江都市与高邮市交界处后继续北上移至高邮市；人口产业结构重心由高邮市东南部（与江都市交界处）迁移至江都市后又往回迁移至高邮市；人口城乡结构重心由高邮市一直向东南迁移最终到达江都市西北部（与高邮市交界处）；人口文化结构重心由江都市西部（靠近其与扬州市交接处）不断向西北迁移最终移至江都市中部；经济重心由江都市近中部不断向东南移动最终移至扬中市。

从耦合度重心位置比较来看，1990~2010 年，人口年龄结构、人口产业结构、人口城乡结构重心均在耦合度重心的西北部，人口文化结构与经济结构重心均在耦合度重心的西部。从移动方向来看，总体而言，1990~2010年，仅人口产业结构重心移动轨迹大体与耦合度相似。其中，1990~2000年，耦合度的重心向东南移动，此时，仅有经济重心、人口产业结构重心、人口城乡结构重心与耦合度重心迁移方向相同，而人口年龄结构重心、人口文化结构重心与耦合度重心迁移方向相反即向西北移动。在2000~2010年，耦合度重心向西北回迁，仅有人口年龄结构重心、人口产业结构重心与之方向相同，而人口城乡结构重心、经济重心向东南迁移，人口文化结构重心则向东北移动。

（二）重心重叠性与一致性分析

1. 重叠性

为了更好地量化耦合度重心与其他各指标重心的空间耦合态势，使用空间重叠性从静态视角分析重心的空间耦合，如图6-8所示。

根据公式（6-9），计算结果表明：1990~2010年，各指标重心与耦合度重心的距离总体上均呈上升趋势，重心重叠性下降，其中人口年龄结构重心、人口产业结构重心与耦合度的距离不断上升，重心重叠性下降，而人口文化结构重心、人口城乡结构重心、经济重心与耦合度重心的距离均呈先大幅上升后微幅下降的趋势，重心重叠性先减小后增加。具体而言，1990年，人口产业结构重心与耦合度的重心距离最远，达到26.70km，说明人口产业结构重心与耦合度的重心重叠性最小；经济重心与耦合度的重心距离最近，仅10.94km，说明经济重心与耦合度的重心重叠性最大；人口年龄结构重心、人口文化结构重心、人口城乡结构重心与耦合度重心的距离在20~25km之间，与耦合度重心的重叠性比较高。2000年，各指标重心与优势度重心的距离均上升，重叠性逐渐下降，人口城乡结构重心与耦合度重心距离最远（56.66km），重叠性最小；经济重心与耦合度的重心距离最近（19.60km），重叠性最大。2010年，人口产业结构重心、人口年龄结构重心与耦合度重心的距离大幅度上升，分别上升至61.72km和54.98km，重叠性下降且较小；人口文化结构重心、人口城乡结构重心、经济重心与耦合度重心的距离均下降，分别下降至31.13km、

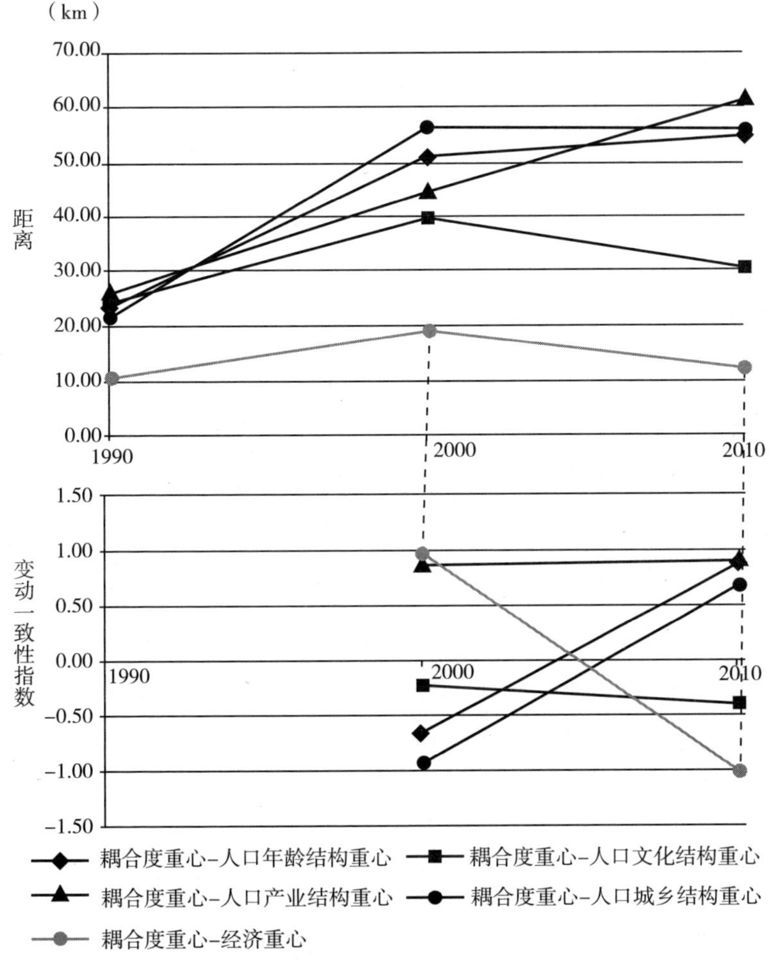

图 6-8　江苏省耦合度重心与各指标重心的距离和变动一致性指数

55.56km 及 12.43km，重叠性逐渐增加，其中人口产业结构重心距离耦合度重心最大，说明其重叠性最小，而经济重心与耦合度重心距离最小，说明其重叠性最大。

2. 变动一致性

根据公式（6-10），利用重心变动的一致性指数，来度量耦合度重心与各指标重心间的变动一致性考察角度变动，如表 6-5、图 6-8 所示。1990~2000年，耦合度重心与人口年龄结构重心、人口文化结构重心、人口城乡结构重心变动一致性指数小于0，表明此阶段，人口年龄结构重心、人口文化结构重心、人口城乡结构重心与耦合度重心的空间格局变动不一致，且相反，其余指标重心与耦合度重心的变动指数均呈现出一致性，其中经济重心与优势度重心的变动一致性指数最大，表明此阶段，经济重心的变化对耦合度重心空间格局的变化影响最显著。2000~2010年，耦合度重心与人口文化结构重心、经济重心变动一致性指数小于0，表明此阶段，人口文化结构重心、经济重心与耦合度重心的空间格局变动相反，其余各指标重心与耦合度重心的变动指数均呈现出一致性，其中经济重心与优势度重心的变动一致性指数绝对值最大，表明此阶段，经济重心的变化对耦合度重心空间格局的变化影响力最明显。1990~2010年，人口城乡结构重心、人口年龄结构重心与耦合度重心变动一致性指数由负变正，说明人口城乡结构重心和人口年龄结构重心对耦合度重心空间演变的影响由限制转变为促进；人口年龄结构重心、人口文化结构重心及经济重心与耦合度重心的变动一致性指数绝对值均上升，表明人口年龄结构重心、人口文化结构重心及经济重心对耦合度重心的空间演变作用增强；人口城乡结构重心与耦合度重心的变动一致性指数的绝对值下降，表明人口城乡重心对耦合度重心的空间演变作用减弱。

表6-5 耦合度重心与各指标重心的变动一致性指数

	1990~2000年	2000~2010年
耦合度重心-人口年龄结构重心	-0.64	0.89
耦合度重心-人口文化结构重心	-0.20	-0.37
耦合度重心-人口产业结构重心	0.91	0.91
耦合度重心-人口城乡结构重心	-0.91	0.69
耦合度重心-经济重心	0.98	-0.99

综合重心移动轨迹、重叠性及变化一致性可以发现，1990~2010年期间，经济发展对耦合度重心空间格局的影响最大，人口产业结构仅次于经济发展，二者均是对耦合度最重要的内生驱动力，虽然各指标重心与耦合度重心的距离

整体上均呈上升趋势，人口年龄结构、人口文化结构及经济对耦合度重心的空间演变逐渐增强，但人口城乡结构对耦合度重心空间格局的影响却逐渐减弱。

（三）重心空间耦合过程机理

人口结构与经济发展的耦合度重心和经济重心以及各人口结构重心的分离与靠近是区域发展过程中客观存在的现象。一般而言，区域发展差异导致区域发展势能差的形成，从而产生了推动人口由低经济发展水平向高经济发展水平地区迁移的动力，驱使人口结构与经济发展的耦合度重心与经济重心及各人口结构重心趋于靠近，区域差异缩小，这便是区域发展空间均衡的基本过程。区域发展均衡过程是市场驱动与政府驱动综合作用的结果，基于市场机制的效益最大化与政府意愿的效益最大化是均衡过程走势的基本动力。鉴于在不同发展阶段，影响区域发展的因素、机制与作用程度不同，亦鉴于市场与政府、中央与地方等对区域发展的价值取向与目标不同，已经或将要形成相对均衡的区域发展格局，在新的发展阶段演变路径被改变，人口结构与经济发展的耦合度重心与经济重心及各人口结构重心产生分离的变动趋势，进而导致区域差异形成与扩大，由此产生新一轮的区域发展空间均衡过程。故均衡点跃迁、区域经济发展势能差的转化在探讨区域发展空间均衡过程与重心空间耦合过程中具有十分重要的意义。

1. 均衡点迁跃

区域发展的均衡状态是指人口结构与经济发展的耦合度重心与经济重心及各人口结构重心趋向一致，均衡点是指各要素重心趋向一致的点位，其具体位置并非一成不变（樊杰，2010）。不同发展阶段驱动人口结构与经济空间配置的因素、机制、需求与目标不同，新发展阶段可能产生新人口结构配置模式与新经济区位，人口结构与经济发展的耦合度重心与经济重心及各人口结构重心迁移轨迹随之发生变化，均衡点的位置亦可能发生变化。即在区域发展空间均衡过程中，人口结构与经济发展的耦合度与经济、各人口结构空间分布的均衡点将发生跃迁。均衡点的跃迁一般发生在耦合度重心与各指标重心空间耦合轨迹的转换点上由趋向均衡转变为趋向非均衡的转折点，故均衡点跃迁是导致耦

合度、经济与人口结构分布空间格局发生质变的重要原因，是引发耦合度重心与经济重心及人口结构重心暂时分离的驱动力机制。

均衡点跃迁的主要成因和产生的结果均主要是由于耦合度重心及经济活动区位的改变。农业社会时期，农业经济发展格局、农村人口分布与人口结构状况、农业发展所需的平均气温及水资源等自然资源条件等形成了低水平的相互适应的区域格局，耦合度重心与经济重心及各人口结构重心基本吻合，这是初始的均衡点。例如，1990 年全省处于初级产品生产阶段Ⅰ阶段，人口结构与经济发展的耦合类型属于低水平耦合型，耦合度重心位于江都市东部。进入工业化时期之后，工业经济活动的区位因素与农业社会时期的区位因素完全不同，在矿产资源、交通条件、地理位置、市场、人口劳动力等影响区域发展因素的作用下，各区域的区位优势度重新排序，经济格局产生变动，耦合度重心与经济重心及人口结构重心出现不同程度的移动，例如 2000 年处于工业化初期，人口结构与经济发展耦合类型属于拮抗型耦合，重心向东南迁移至泰兴市西北部。

2. 区域发展势能差转化

若运用区域发展势能（一个虚拟量 E_p）作为分析区域发展格局变化驱动力的指标，当耦合度重心与经济重心（或人口结构重心）分离时，耦合度分布与经济分布（或人口结构分布）之间将产生势能差（ΔE_p），借用引力势能的概念，即区域发展势能永远为负值、无穷远处势能为 0（樊杰，2010），因此，耦合度重心与经济重心（或人口结构重心）相距越远，势能差越大（图 6-9）。

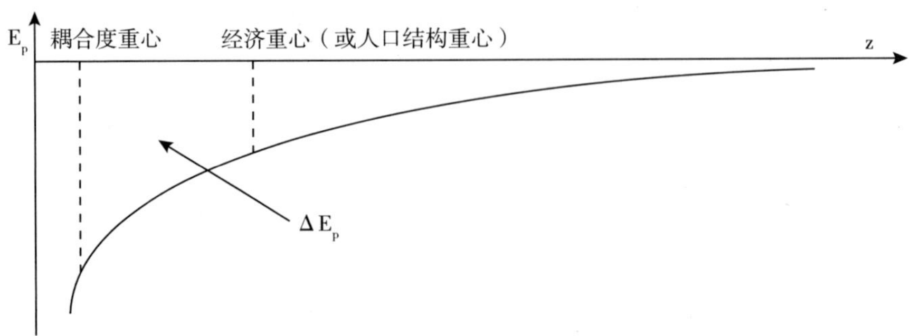

图 6-9 耦合度分布与经济分布（人口结构分布）的区域发展势能差

可见，势能差与区域差异具有密切的正相关关系，势能差越大，区域差异就越大，驱动人口与生产要素流动，导致经济与人口结构分布格局重新配置的力量就越大，从而产生耦合度重心与经济重心（或人口结构重心）向均衡点移动的趋势。这个过程类似势能向动能转化的过程，即区域发展势能差（ΔE_p）转化为动能（Ed）。转化符合如下能量守恒公式：

$$\Delta E_p = \Delta E'_p + E_d = \Delta E'_p + W_y - W_z \tag{6-11}$$

式中，$\Delta E'_p$ 是转化过程后的区域发展势能差，E_d 是转换过程中产生的动能，W_y 是耦合度与经济（或人口结构）分布之间的作用力所产生的效果（引力效应），W_z 是外部对耦合度与经济（或人口结构）空间分布施加作用的效果（阻力效应）。

在整个转换过程中，由于 W_z 能够决定区域发展势能差转换量的大小，从而对耦合度与经济（或人口结构）的空间分布格局以及区域发展差异具有较大影响，故而 W_z 十分重要，在现实生活中，政府通常为 W_z 的施加者，结合江苏省县域实际情况，其作用方式与效果一般包括以下两类：①政府干预抑制了耦合度使其与经济（或人口结构）分布趋于一致，即政府实施维持区域差异的管制行为，$W_z>0$，当 $W_z<W_y$ 时，耦合度重心与经济重心（或人口结构重心）小幅靠近，区域差异缩小；当 $W_z=W_y$ 时，耦合度重心与经济重心（或人口结构重心）维持原距离，区域差异不变；当 $W_z>W_y$ 时，耦合度重心与经济重心（或人口结构重心）继续分离，区域差异扩大。一般而言，此时耦合度与经济（或人口结构）分布之间的作用力被抵消，这类管制行为包括限制人口自由流动、采取有利于苏南等发达地区的区域发展政策、在投资中偏向苏南等发达地区等，导致区域发展势能差得不到有效释放，区域差异扩大或延缓缩小。②政府采取主动缩小区域差异的管制行为。这类政府作为主要包括实施有利于苏北等欠发达地区发展的区域政策，通过行政手段来促进与耦合度重心的转移相一致的经济产业转移（或人口结构迁移）等。这种情况下 $W_z<0$，即阻力效应转化为推力效应，耦合度与经济（或人口结构）空间分布间的引力相叠加，甚至可在耦合度重心与经济重心（或人口结构重心）仍在分离时主动扭转区域差异扩大的态势，使耦合度重心与经济重心（或人口结构重心）加

速靠近，区域差异缩小。

3. 区域差异扩大与缩小的主要原因

区域差异扩大的过程是区域发展势能差累积的过程，区域差异缩小的过程是势能差转化为其他效应的过程。而区域差异开始扩大的时机与程度、转向缩小的时机与程度等均取决于均衡点跃迁及外部作用（政府作为）所引起的综合效应。

（1）区域差异扩大。在发展阶段的初期（如1990~2000年），均衡点跃迁是扩大区域差异的主要原因，均衡点跃迁既影响到耦合度的分布，亦影响经济分布（或人口结构分布）。上述分析已揭示，两个重心的空间分离将导致区域差异扩大。两个重心空间分离以及两个重心变动的非同步性是均衡点跃迁导致区域差距扩大的主要原因。一般而言，耦合度分布的空间变动与经济区位（或人口结构分布）的变迁在时间上是错位的，经济或人口结构不能随着耦合度布局的变化而同步移动。均衡点跃迁所产生的效应为促使耦合度与经济（或人口结构）的空间布局产生分离，这有利于整个区域发展效益的最大化，故此分离态势将会持续一段时间，促进区域发展势能不断积累，但同时亦会导致相对少的人群享受到相对多的发展成果，促使主要经济产出区域的发展水平远远优于其他地区，形成了不断扩大的区域差异。

（2）区域差距的缩小。区域差异持续扩大到一定程度后（如2000~2010年），耦合度重心与经济重心（或人口结构重心）相分离的区域发展空间布局的边际效益将大幅度降低，耦合度与经济（或人口结构）分布间的作用力越来越强，在区域发展效益最大化的驱动下，耦合度重心与经济重心（或人口结构重心）趋向重新融合，有利于经济发展的成果在区域间更加有序、合理地分配，区域发展势能差通过转换得到释放，区域发展差异将缩小。在此过程中，政府施加的阻力效应（W_z）至关重要。

4. 耦合度与经济（或人口结构）重心均衡点跃迁与势能差机理分析

根据江苏省县域耦合度重心与经济重心、各人口结构重心空间耦合态势的计算结果（图6-8）可见，1990~2010年这段时间内，江苏省区域发展差异体现出先扩大后缩小的过程。

归纳其发展过程、均衡特征、均衡点迁跃以及政府效应（表 6-6）。

表 6-6　江苏省区域发展空间均衡过程及其特征

时间段	均衡特征	均衡点迁跃动因与特征	势能差转化外部作用（W_z）
1990~2000 年	耦合度重心向东南移，区域差异扩大	经济建设为中心与全球化，苏南模式；迁向东南部发达地区	第①种类型
2000~2010 年	耦合度重心向西北移，区域差异缩小	中国加入世贸组织，交通发展，“南北挂钩、对口协作”工程；小幅回迁	第②种类型

1990~2000 年，经济（或人口年龄结构、人口文化结构及人口城乡结构等）重心与耦合度重心变动相反且其距离增大导致均衡点跃迁，同时导致势能差增大。变动一致性指数显示，人口年龄结构重心、人口文化结构重心、人口城乡结构重心与耦合度重心的空间格局变动不一致；重心重叠性结果发现，各指标重心与耦合度重心的距离总体上均呈上升趋势（图 6-8、表 6-6）。这一阶段，江苏省以经济建设为中心，实行对外开放，积极融入经济全球化体系，苏南模式的出现和长江三角洲的区域优势促使苏南地区尤其是靠近上海的东南部地区成为全省参与全球化的首选地区，经济（或人口年龄结构、人口文化结构及人口城乡结构等）与耦合度空间分布产生空间错位，进而导致区域发展空间均衡点跃迁并向东南方向产生新的均衡点。

在这一阶段，江苏省政府采用维持区域差异的方式，外部作用属于第①种类型。这一时期内，政府延续非均衡发展战略，对人口结构与经济分布的影响均有体现，首先，在经济政策方面，政府大胆尝试经济体制改革，开创苏南模式，在资金、人力、物力、土地等诸多重要的生产要素方面给予投资与支持。在中国分权化改革的前提下，地方政府获得指导与推动区域经济发展的主动权，为追求财政利益最大化，在苏南经济腾飞的初期，由于市场机制尚不健全，政府进行制度创新，强制性变迁制度，苏南模式由此产生。地方政府掌控创办乡镇企业的资金、土地等生产要素，借助行政、经济力量，发动区域内人口、资金、物质等资源来促进本地经济发展，在动员与组织市场资源方面具有明显的优势，它所形成的投资与发展能力远大于乡镇企业本身。苏南政府还运用各种手段开发人力资源。例如，大胆启用本地“经济能人”，一般通过乡村行政机构正式调动，转而从事经济活动，成为受政府委托的集体经营管理者。又如将国有企业的工程技术人员调入乡镇企业时，由政府出面联系与安排，以克服两种不同所有制企业间调动所面临的阻力。这一阶段，充分发挥了制度创新所带来的巨大效益，苏南的乡镇集体企业快速发展。

其次，在人口政策方面，政府执行中国严格的户籍管理制度，在一定程度上成为人口自由流动的阻碍。伴随苏南模式的兴起，苏南地区经济发展实现迅速腾飞，带动城市化快速发展，使得苏南地区对人口的吸引力与日俱增，但由于户籍限制，大量劳动力人口无法长期留在苏南地区并享受当地居民的社保与医保等福利，导致耦合度与经济发展（或人口结构）的分布仍然脱节，两者重心分离，有利于苏南地区发挥比较优势，培育其增长极，进而提高整个区域的整体竞争力，但同时亦导致区域发展失衡问题凸显，人口结构与经济发展的耦合类型由低水平型转向拮抗型，因而，苏南与苏北地区的区域发展势能差不断增大且不断累积，导致人口结构与经济发展的耦合度、经济以及各人口结构产生南北方向上的空间错位，耦合度重心向东南部迁移，苏北与苏南地区两极分化日益严重。

2000~2010 年，经济（或人口文化结构及人口城乡结构等）重心与耦合度重心变动相反且其距离减小导致均衡点跃迁，同时导致势能差减小。2000~2010 年，人口文化结构重心、经济重心与耦合度重心的空间格局变动相反，人口文化结构重心、人口城乡结构重心、经济重心与耦合度重心的距离均呈微幅下降的趋势（图 6-8、表 6-6）。伴随中国加入世贸组织，对外贸易日益发达，江苏省大力促进高速公路、跨江隧道、地铁、沪宁高铁等交通事业的发展，建设“南北挂钩、对口协作”工程等，促使 2000 年以来人口结构与经济的重心发生移动，导致人口结构与经济发展的耦合度往西北方向回迁，耦合度与经济（或人口结构）空间分布的错位态势得到缓和，从而推动区域发展空间进入新的均衡点。

在这一时期内，江苏省政府采取主动缩小区域差异的管制方式，外部作用属于第②种类型。政府颁布或实施了多项政策措施，旨在缩小不断扩大的区域差异。在经济政策方面，依据十六届五中全会精神与“十一五”规划建议，逐步扭转南北发展差异扩大的趋势，形成三大区域优势互补、协调发展的局面，《中共中央关于制定国民经济和社会发展第十一个五年规划的建议》明确了促进区域协调发展的重大措施与各区域发展的导向，重点加强“三横一纵”产业带建设。即加快苏北振兴步伐，推动苏中快速崛起，提升苏南国际竞争力。特别是要加强县域经济发展，赋予县一级政府更多的经济、行政管理权限。完善南北挂钩机制，促进区域间资源整合与分工协作。在人口政策方面，政府开始尝试逐步改革户籍制度，促进城乡一体化与医疗、退休等保障体系一体化，试图改善城乡“二元结构”差异局面，降低对人口自由流动的限制，减少人口结构与经济发展的矛盾。因而这一时期，区域发展势能差减小，耦合度与经济（或人口结构）等重心距离减小，重叠性增大，区域差异总体亦有所减小，故耦合度重心向西北回迁。

但是其回迁的幅度，即2000~2010年耦合度重心移动的距离较短，小于1990~2010年间，其主要是由于长期以来，江苏省在促进区域协调发展过程中的协调手段单一，缺少真正意义上的经济一体化。在发展中更多地注重资金与项目的转移，基本上停留在“扶持”与“援助”的层面上，区域与区域间缺少深层次的文化交融、组织变革和制度变迁，区域与区域之间在经济发展与人口结构等方面处于一种绝缘的状态，使得区域经济与人口结构耦合发展难以从简单的叠加转向一体化的有机融合。

四、本章小结

运用古典经济模型、空间滞后模型、空间误差模型、地理加权回归模型以及空间重叠性和变动一致性的方法，对人口结构与经济耦合发展的驱动力进行分析，揭示了人口结构与经济发展耦合度的主导因素静态特征及主要机制的动态特征，来探析耦合度重心与各指标重心两两重心耦合的动态与静态态势，利用区域势能差与均衡点跃迁来分析重心空间耦合过程，进而探讨各指标对耦合度空间格局的影响机理。得到以下结论：

（1）空间误差模型相对于古典经济模型与空间滞后模型而言，对于2010年江苏省人口结构与经济耦合发展的空间极化现象模拟得更好。依据模型最优拟合的判别方法，故选择空间误差模型进行区域人口结构与经济耦合发展的空间极化现象模拟。依据空间误差模型模拟检验结果来看，进入空间误差模型（SEM）的共有12个因素，其中，人均GDP、人口数、劳动年龄组人口比重、第三产业人口比重、人口迁入率、第三产业结构偏离率、平均受教育年限、平均降水量8个因素与耦合度呈正相关，平均气温、交通公路客运量、第三产业产值比重、老年抚养比4个因素与耦合度呈负相关。经济水平对于耦合度影响最大，老年抚养比对耦合度的阻碍作用最大。

（2）1990~2010年，整体而言，各影响因素中人均GDP、第三产业结构偏离度、交通公路客运量等与耦合度主要呈正相关，平均受教育年限、人口迁入率、老年抚养比等与耦合度主要呈负相关。其中：①人均GDP对耦合度的影响以促进作用为主，影响力不断增大，空间格局由南向北递减演变为由东向西递减。②平均受教育年限与耦合度主要呈负相关，影响力总体略有减小，空间格局由南向东北递减转变为由西北向东南递减。③人口迁入率与耦合度主要呈负相关，影响力有所增大，由中部向南、北递减转变为由南向北递减。④交通公路客运量与耦合度主要呈正相关，影响力变小，由西北向南递减转变为由东北向南部递减。⑤第三产业结构偏离度与耦合度主要呈正相关，影响力先增大后变小，由西南向东、北部递减转变为由东南向北递减。⑥老年抚养比与耦合度主要呈负相关，影响力先增大后减小，由西北向东南部递减转变为由东南向西北递减。

（3）1990~2010年，经济发展对耦合度重心空间格局的影响一直最大，人口产业结构仅次于经济发展。虽然各指标重心与耦合度重心的重叠性下降，但人口年龄结构、人口文化结构及经济重心对耦合度重心的空间演变逐渐增强，人口城乡结构重心对耦合度重心空间演变的影响由限制转变为促进作用且作用力逐渐减弱。1990~2010 年，江苏省区域发展差异先扩大后缩小。均衡点跃迁是导致耦合度、经济与人口结构分布空间格局发生质变的重要原因，是引起耦合度重心与经济重心及各人口结构重心暂时分离的驱动力机制。从本质上而言，江苏省内典型的南北差异导致区域发展势能差较大进而促进各指标重心向均衡点不断地移动与跃迁。

第七章　结论与讨论

一、主要结论

本书以江苏省县域为基本研究单元，基于全国第四次、第五次、第六次人口普查数据，围绕“演变特征—空间格局—形成机制”的研究主线，综合运用数理统计方法、数学模型、GIS10.0 与 Geoda 空间分析技术等多种研究方法，研究 1990~2010 年江苏省人口年龄结构、人口文化结构、人口产业结构及人口城乡结构等典型人口结构的演化特征与空间格局，立足整体上宏观把握人口结构与经济的时空耦合关系，系统而深入地挖掘人口结构与经济发展的耦合关联及其动力机制，补充并丰富人口结构与经济社会发展关系及其互动机制的理论与实证。主要研究结论如下：

（1）江苏省人口结构时间演变特征：人口年龄结构转向老年型并呈现“中间高、两头低”的锥形特征，正处于“人口红利”阶段。人口文化结构从初中阶段上升为高中阶段。人口产业结构由“一、二、三”演变为“二、三、一”。人口城乡结构主要由低水平型转变为中高水平型。

（2）江苏省人口结构空间布局：绝大多数县域处于“人口暴利”的黄金阶段。苏南“人口红利”明显高于苏中与苏北地区。苏中地区老龄化程度最高。人口文化结构与人口产业结构均呈南高北低趋势。人口城乡结构呈现典型

的“核心—边缘”结构。

（3）江苏省人口结构与经济耦合度、耦合类型时间演变及耦合关联特征：1990~2010年，耦合度下降，耦合类型升级，两者矛盾有所缓解。耦合类型由低水平型为主转变为拮抗型向磨合型过渡的阶段。一般在市场开放的前提下，经济发展阶段提高，人口结构与经济发展的耦合类型等级亦不断升级。高素质人口文化结构对经济发展起决定性作用。第三产业产值比重与人口结构的关联度一直都非常高。

（4）江苏省耦合度与耦合类型空间格局演化特征：耦合度苏北普遍高于苏中、苏南地区。耦合类型南北两极分化显著且北低南高。冷、热点地区均增加，江苏中部地区呈现“俱乐部趋同”现象。耦合度标准差椭圆在西北—东南方向上呈极化趋势。耦合度重心先向东南转移，后向西北转移。

（5）人口结构与经济耦合发展的驱动力机制：20年来，经济水平对耦合度的促进效用最大，老年抚养比的阻碍作用最大。不同机制在空间上具有非均衡性，同一机制在不同阶段对不同地区人口结构与经济耦合发展的影响可能不同。江苏省各驱动力南北差异较大而产生的区域发展势能差，推动各指标重心向均衡点不断地移动与跃迁，这是导致人口结构与经济耦合发展空间差异的本质原因。

二、政策建议

加快经济发展阶段升级，同时注重调整人口使其与经济发展相适应，以推动人口与经济耦合类型转向更高水平，故从以下几个方面探讨人口结构与经济耦合发展的政策建议：

1. 减缓人口老龄化进程

应制定政策应对全省老龄化速度快、程度高的问题。人口老龄化是人口结构中很重要的一部分，而且随着中国经济的不断发展，老龄化程度不断加深。

老龄化社会的到来，对未来社会经济的发展带来挑战，其不仅影响人口结构，造成劳动力短缺，还影响着消费结构。全国已经逐步实施退休年龄延长的政策，将有效缓解劳动力短缺的趋势，同时，“全面二孩”政策的实施，也将改善江苏省人口年龄结构，缓解人口老龄化。还应更新理念，看到老龄化带来挑战的同时亦带来隐藏的机会，即老年需求的巨大潜力，这也是释放经济活力的另一源泉。

首先，鼓励老年人再就业。老年人口有着丰富的经验、专业技能，应该进行老年人口的就业再分配，发挥老年人口在经济中的“余热”，充分利用老年人力资源，特别是有某些特殊专业的老年人的再就业，从而降低对经济的负面影响，增加社会财富和经济活力。

其次，发展老年产业。江苏省老年人口急剧增加，但是与老年人口相对应的产业却滞后于老年人口的增长，相关政府部门不仅应该出台相关政策来进行产业结构的改革，更应该鼓励更多的民间资本，以老年人口为原型，为其量身定做专业化的产业，严格规范养老服务产业，保障老年人消费的权益。同时，全省各地区应因地制宜，改善社会养老制度，使得老年人口不再是经济发展的阻力，构建家庭养老、社区养老和社会养老等养老体系，满足不同层次、不同需求老年人的养老需求，实现老有所养。

最后，创造关爱老人的社会环境。加强人文关怀，关注老年人的心理、文化需求，政府应及时配套相关政策，建立或者鼓励社会构建相关机构，服务老年人文化教育、心理疏导等，满足老年人的精神需求，为经济发展提供稳定、和谐的社会环境。

2. 提高人口质量延长“人口红利”

通过推广“全面二孩”政策、普及终生教育等手段来延长“人口红利”期，以带动经济社会的发展。人口文化结构是改变人口就业结构的基础，是解决人口问题的一个重要途径，更是延长“人口红利”期、促进经济可持续发展的重要保障。改革开放以来，江苏省尤其是苏南地区，求学、务工人口大量迁入，得益于庞大、廉价的人口红利，经济发展迅速。面对人口老龄化到来、劳动力成本上升及数量短缺，传统的产业结构难以适应经济发展的需要，势必

需要增加高新技术产业的比重。高新技术产业发展，必然要求高素质人才与之配套。虽然新世纪以来，高等院校扩招，接受过高等教育的劳动者数量明显上升，但与庞大的劳动力数量相比，仍显偏小。应提高人口质量与技术创新水平，加大人力资本投入，培养“高、精、尖”技术型人才，注重知识创新与技术成果转化，以科技激活传统产业，发展农业现代化与农业产业化，提高工业化率，以促进高新技术产业与现代服务业的发展。

首先，应推进教育体系改革，形成基础研究、应用技术与职业教育等完善的教育体系，满足不同层次的人才需求。特别是增强各个层次内部的改革，逐渐完善硬件设施的配置，同时提高师资力量的整体水平。

其次，完善职业培训机构，为就业人员提供后期的职业教育环境，为人口的跨行业流动提供技能保障。作为人口大省，江苏省具有丰富的劳动力资源，然而长期的文化教育资源短缺，造成劳动力素质较低。通过一系列文化教育制度调整，提高人口文化结构，既是江苏省由人口大省向人力资源强省跨越的要求，又是实现江苏省经济转型发展的必然要求。

再次，还要关注农村教育事业。农民一直都是经济发展中必不可少的角色，关注农村教育，一方面可以提高江苏省的整体素质，另一方面，农民文化水平的提高能促进更多的农村剩余劳动力再就业，从而刺激消费，扩大内需，促进江苏省经济的发展。

最后，转变经济发展方式，抓住“人口红利”机会。劳动力人口与经济发展水平的关系越来越紧密，据联合国人口预测，虽然“人口红利”将逐渐消失，但因为中国很大的人口基数，还存在一定的“缓存带”阶段，因此，江苏省应抓住“人口红利”的机会，进一步推动经济水平的提高。转变经济发展方式，“人口红利”带来的较轻劳动力负担和丰富的人力资源，都给劳动力密集型产业提供了良好的基础，同时也吸引了大量的外资企业，但是不能因此而产生依赖。全省不同地区要尽快转变经济增长结构，在已有的劳动密集型产业的基础上，创建自己的品牌，形成具有自身特色的具有竞争力的新型产业，从而把握“人口红利”，推动经济发展。

3. 优化人口城乡结构

城镇化是经济发展的重要推手，新型城镇化是以人为核心的城镇化，人口的城乡结构必将影响区域经济的发展。江苏省城镇化水平南北差异较大，苏南地区城镇化水平高、经济发达，人口城乡结构与经济发展高水平耦合；苏北地区城镇化水平低、经济落后，人口城乡结构与经济发展水平低水平耦合。针对这一问题，苏北地区应积极推动产业转移，扩大经济规模，促使本地农业剩余劳动力就业，提高人口城市化率。积极实施农村土地使用制度改革，完善土地确权，鼓励成立农村土地合作社等机构，承接土地流转，实现土地规模化经营，提高农业效率，使劳动力脱离农业、农村，推进人口城市化率。发展现代农业，实施公司加农户等新型农业生产模式，提高农村人口收入水平，实现城乡人口结构与经济协同发展。针对苏南等经济发达地区，城乡人口结构基本稳定，未来应注重质的提升。城市应构建完善的教育、医疗、住房等体系，满足城乡不同阶层人口的需求，解决农民市民化问题，优化人口城乡结构，推动社会经济稳定、持续的发展。

4. 调整人口产业结构

人口的就业结构与经济发展水平是一脉相承的，目前江苏省北部地区正处于工业化阶段，第二产业人口比重较大，南部地区处于后工业化阶段，第三产业就业比重不断增加。第三产业既能够吸纳大量劳动力，又属于污染少，效益高的低碳行业，在当前中国经济转型期，经济发展的重心必然从制造业向信息、服务产业转型。未来江苏省应大力发展第三产业，通过信息技术、旅游等新型产业，吸引或设立一批“高、精、尖”的企业，淘汰落后产业，切实提高江苏省经济发展的效益和质量。同时，建立健全劳动力市场体制，促进劳动力在各产业间流动，通过设立为劳动者设立公众服务平台、培训机构，吸引高素质人才流入，提升高新技术产业人才在就业人口中的比重，为江苏省产业升级提供保障。

5. 合理引导人口流动

建立流动人口监管网络系统与机制。建立统一的人口迁移网络管理体系，合理引导人口迁移，完善流动人口管理机制并在人才引进时注重性别平衡和适

应产业结构调整，调整人口产业结构以适应经济结构发展的需要。

依据产业结构及经济发展需求合理引导人口迁移流动，控制人口流动规模，注重人口素质，制定人才引进策略以促进与经济发展相适应的人口质量结构和人口年龄结构的合理发展，从而延长苏南地区“人口红利”窗口期，调控因迁入人口而导致的相对老龄化的进程。从长远来看，注重迁移人口的产业结构、文化结构、城乡结构等亦是提高老年人力资源、促进迁入地与迁出地人口结构和经济耦合发展的重要措施。

6. 因地制宜制定差异化发展策略

提炼全省、三大区域或具体某县域的人口结构时空特征、人口结构与经济耦合关联特征及其形成机制，针对不同地区不同尺度存在的人口结构与经济耦合发展问题而提出不同对策。例如：

（1）全省正视南北两极分化长期存在且短期内很难改变的现状，发挥外部作用制定政策统筹规划，利用区域势能差的变化驱动人口结构与经济耦合发展的均衡点不断跃迁，在区域非均衡性协调发展中实现共同发展，在“一带一路”背景下，坚持“T”型发展战略，引领“长江沿岸经济带”的发展，增强全省整体实力，通过沿海与沿陇海线开发建立苏北城市群“发展极”促进苏北经济起飞，完善城乡医疗与养老等保障体系一体化，统筹城乡规划、推动“城乡一体化”发展。加快产业结构调整，通过税收优惠、政府拨款等措施，积极发展新兴产业，淘汰落后产业；采取措施改善第一产业效率低于全国且第二产业效率高于全国的局面。由于目前南轻北重的工业结构依然影响着发展思路，影响着两区域的经济发展，在苏南工业结构不断提升时，苏北仍然以重工业为支柱产业，因此，苏北还应该改变发展思路，借鉴苏南这些年来的发展经验，加快产业结构升级改造。

（2）三大区域应根据各自人口结构与经济耦合发展的特征与问题，因地制宜制定相关的策略。①苏北地区首先应加快产业结构升级，以应对其产业结构在三大区域中最不合理的问题；其次应采取措施将劳动力资源转化为人力资本、留住人才，以便抓住“人口红利”机会促进经济发展。②鉴于研究发现，苏中地区老龄化程度全省最高，故苏中地区采取措施积极应对老龄化问题，加快实施“二孩政策”普及生育率，同时面对人口大量迁出而制定调整政策，以缓解“农村空心化”问题，关注留守儿童和空巢老人等问题。③苏南地区虽然人口结构与经济的耦合发展水平比较高，但是苏南地区各县域人口结构与经济发展的耦合度总体呈升高趋势，说明人口结构与经济之间的矛盾渐增，应引起重视。主要问题包括：①第三产业效率高，还有劳动力进一步转移的空间；②第三产业产值比重与人口结构的关联度一直都非常高，故应采取政策措施加快人口产业结构升级，提高第三产业从业人口比重，优化人口产业结构以适应经济产业结构的需求，推动人口结构与经济趋向协调发展。此外“城镇化率虚高”问题不容忽略，应依据“边际人”理论与社会认同理论，采取措施加快“农民市民化”，通过解决“农民市民化”问题与加快“城乡一体化”来推动人口结构与经济耦合发展；建立合理的人口流动管理制度，根据产业发展需要而合理引进人才，控制人口迁移规模并提高迁入人口的素质等。

（3）针对具体某县域制定相关决策时，亦可根据其人口结构时空特征及人口结构与经济的耦合度与耦合类型，找出其问题所在，针对人口结构与经济耦合发展的关联机制，因地制宜地制定对策与措施。例如，灌云县（1990 年耦合度最高），耦合类型属于低水平型，人口结构与经济发展矛盾异常突出，人口文化素质低，经济落后，第一产业从业人口比重过高（86.82%）成为限制经济产业结构升级的瓶颈。鉴于本书得出了“经济对耦合度影响最大，高素质的人口比重对经济发展起到决定性作用，人口第三产业结构对经济产业结构转换至关重要”等结论，故灌云县应加快产业结构升级，尽快将劳动力从第一产业向第二、第三产业转变，加大人力资本投入、提高本科及以上学历人口比重。

参考文献

[1] 曹明国．理论人口学［M］．长春：吉林大学出版社，1989.

[2] 大卫·李嘉图．政治经济学及赋税原理［M］．北京：商务印书馆，1962.

[3] 邓聚龙．灰色系统基本方法［M］．武汉：华中理工大学出版社，1987.

[4] 董银兰，周艳华，解鸿泉．人口学概论［M］．北京：科学出版社，2004.

[5] 国际货币基金组织．世界经济展望：全球人口变化［M］．北京：中国金融出版社，2004.

[6] 李建新．中国人口结构问题［M］．北京：社会科学文献出版社，2009.

[7] 李小建．经济地理［M］．北京：高等教育出版社，2006.

[8] 刘长茂，张元纯．人口结构学［M］．北京：中国人口出版社，1991.

[9] 刘思峰，郭天榜．灰色系统理论及其应用［M］．河南：河南大学出版社，1991.

[10] 刘铮．刘铮人口论文选［M］．北京：中国人口出版社，1994.

[11] 吕荣侃．人口科学概论［M］．北京：北京师范大学出版社，1996.

[12] 罗庆成，徐国新．灰色关联分析与应用［M］．南京：江苏科学技术出版社，1989.

[13] 毛况生，李树莳，周光复．人口学原理［M］．北京：中国财政经济出版社，1989.

[14] 田雪原．人口学［M］．杭州：浙江人民出版社，2004：294-295.

[15] 吴殿廷．区域经济学［M］．北京：科学出版社，2003.

[16] 徐建华．现代地理学中的数学方法（第二版）［M］．北京：高等教

育出版社，2004：93-95.

［17］朱国宏．人口质量经济分析［M］．上海：上海三联书店，1994.

［18］毕其格，宝音，李百岁．内蒙古人口结构与区域经济耦合的关联分析［J］．地理研究，2007，26（5）：995-1004.

［19］毕其格．内蒙古人口结构与区域经济耦合的关联分析［D］．内蒙古师范大学硕士学位论文，2006.

［20］蔡昉．人口与经济关系的范式和大人口政策框架［J］．人口与计划生育，2003（8）：8-10.

［21］蔡昉．人口转变、人口红利与经济增长可持续性——兼论充分就业如何促进经济增长［J］．人口研究，2004，28（2）：2-9.

［22］曹广忠，王纯洁，齐元静．我国东部沿海省区城镇化水平影响因素的空间差异［J］．地理研究，2008，27（6）：1399-1406.

［23］曹瑞瑞，蒋震．上海市能源—经济—环境（3E）系统协调发展的实证研究［J］．统计与决策，2015（12）：134-136.

［24］曹文莉，张小林，潘义勇，等．发达地区人口、土地与经济城镇化协调发展度研究［J］．中国人口·资源与环境，2012，22（2）：141-146.

［25］常亮，贾金荣．房价与城镇化进程关系及影响研究［J］．经济经纬，2012（3）：50-54.

［26］车士义，郭琳．结构转变、制度变迁下的人口红利与经济增长［J］．人口研究，2011（2）：3-14.

［27］陈波，吴丽丽．人口红利、劳动力素质与中长期经济增长的关联［J］．改革，2011（6）：152-159.

［28］陈浩．中国农村劳动力外流与农村发展［J］．人口研究，1996，20（4）：1-11.

［29］陈明星，陆大道，张华．中国城市化水平的综合测度及其动力因子分析［J］．地理学报，2009，64（4）：387-398.

［30］陈艳华，韦素琼．闽台主要城市人口迁移模式及其与经济发展耦合关系的比较分析［J］．世界地理研究，2008，17（2）：129-136.

[31] 陈友华．人口红利与人口负债：数量界定、经验观察与理论思考［J］．人口研究，2005，29（6）：21-27.

[32] 陈友华，吴凯．人口现代化对人口结构的影响分析［J］．人口学刊，2007（2）：3-8.

[33] 程前昌．人口文化素质与经济发展的互动关系模型研究［J］．云南地理环境研究，2008（4）：23-25.

[34] 程叶青．东北地区粮食单产空间格局变化及其动因分析［J］．自然资源学报，2009，24（9）：1541-1549.

[35] 崔功豪，马润潮．中国自下而上城市化的发展及其机制［J］．地理学报，1999，54（2）：106-115.

[36] 代富强，吕志强，周启刚．生态承载力约束下的重庆市适度人口规模情景预测［J］．人口与经济，2012（5）：80-86.

[37] 党安荣．人口密度分级的一般原则与定量标准的探讨［J］．地理科学，1990，10（3）：264-292.

[38] 党建华，瓦哈甫·哈力克，张玉萍，等．吐鲁番地区人口—经济—生态耦合协调发展分析［J］．中国沙漠，2015，35（1）：1-7.

[39] 党兴华，赵璟．关中地区城市化水平地域差异及影响因素分析［J］．当代经济科学，2005，27（1）：99-112.

[40] 都阳．人口转变的经济效应及其对中国增长持续性的影响［J］．中国人口科学，2004（5）：1-9.

[41] 杜忠潮，黄波，陈佳丽．关中—天水经济区城市群人口经济与资源环境发展耦合协调性分析［J］．干旱区地理，2015，38（1）：135-147.

[42] 樊杰，陶岸君，吕晨．中国经济与人口重心的耦合态势及其对区域发展的影响［J］．地理科学进展，2010，29（1）：87-95.

[43] 方远平，谢蔓．创新要素的空间分布及其对区域创新产出的影响——基于中国省域的 ESDA-GWR 分析［J］．经济地理，2012，32（9）：8-14.

[44] 付云鹏，马树才．中国区域人口、经济与资源环境耦合的时空特征分析［J］．区域经济，2015（3）：31-33.

[45] 桂世勋．单独两孩政策的定位、意义和有序实施［J］．人口与计划生育，2014（3）：13-14.

[46] 顾朝林．改革开放以来中国城市化与经济社会发展关系研究［J］．人文地理，2004，19（2）：1-5.

[47] 辜胜阻，李华，易善策．均衡城镇化：大都市与中小城市协调共进［J］．人口研究，2010（5）：3-11.

[48] 何丹，金凤君，周璟．基于 Logistic-CA-Markov 的土地利用景观格局变化——以京津冀都市圈为例［J］．地理科学，2011，31（8）：903-910.

[49] 何海林，涂建军，孙祥龙，等．中国人口结构与经济结构耦合的关联分析［J］．西南大学学报（自然科学版），2013，35（10）：140-145.

[50] 胡雪丽，徐凌，张树深．基于 CA-Markov 模型和多目标优化的大连市土地利用模型格局［J］．应用生态学报，2013，24（6）：1652-1659.

[51] 黄金川，方创琳．城市化与生态环境交互耦合机制与规律性分析［J］．地理研究，2003，22（2）：211-220.

[52] 贾晓峰．南京市人口结构的现状与调整［J］．江苏统计，2002（10）：1-5.

[53] 江小涓，李辉．服务业与中国经济：相关性和加快增长的潜力［J］．经济研究，2004（1）：4-15.

[54] 蒋晓娟，王月菊，陈兴鹏，等．中国人口—经济—空间—社会城市化耦合协调的时空演变分析［J］．兰州大学学报（社会科学版），2015（5）：63-71.

[55] 靳诚，陆玉麒．基于县域单元的江苏省经济空间格局演化［J］．地理学报，2009，64（6）：713-724.

[56] 敬嘉．关于当前农村人口结构的经济分析［J］．中国人口科学，1997（5）：22-30.

[57] 靖学青．城镇化对西部地区经济增长的影响［J］．经济问题探索，2014（3）：100-106.

[58] 雷社平，黄银兵，吴媚，朱记伟．基于 VEC 模型的陕西省人口结构

变化与经济增长关系研究［J］. 西北人口，2012，33（6）：103-106.

［59］李东航．广西区域高等教育与区域经济发展的适应性研究［D］. 广西师范大学硕士学位论文，2006.

［60］李丽莎．论城镇化对产业结构与就业结构的影响［J］. 商业时代，2011（18）：15-16.

［61］李细归，吴清，廖天．武汉城市圈人口分布与区域经济空间耦合研究［J］. 统计与决策，2015（12）：136-140.

［62］李晓壮．北京人口结构的变迁及优化［J］. 国家行政学院学报，2014（6）：50-54.

［63］李杏，M. W. Luke Chan. 基于 SYS-GMM 的中国人口结构变化与经济增长关系研究［J］. 统计研究，2012，29（4）：81-85.

［64］李秀霞，刘春艳．吉林省人口城市化与经济发展相关分析研究［J］. 人口学刊，2007（3）：8-12.

［65］李秀彬．地区发展均衡性的可视化测度［J］. 地理科学，1999，19（3）：255-256.

［66］刘朝臣．经济发展与人口结构对农村城市化的影响［J］. 城市问题，2005（6）：53-56.

［67］刘盛和，蒋芳，张擎．我国城市化发展的区域差异及协调发展对策［J］. 人口研究. 2007（3）：7-10.

［68］刘彦随，刘玉，翟荣新．中国农村空心化的地理学研究与整治实践［J］. 地理学报，2009，64（10）：1193-1202.

［69］刘焱序，吴文恒，温晓金．晋陕蒙能源区城镇化过程及其对生态环境的影响［J］. 地理研究，2013，32（11）：2009-2020.

［70］刘耀彬，李仁东，宋雪峰．中国区域城市化与生态环境耦合的关联分析［J］. 地理学报，2005，60（2）：237-247.

［71］刘耀林，刘艳芳，张玉梅．基于灰色马尔柯夫链预测模型的耕地需求量预测研究［J］. 武汉大学学报（信息科学版），2004，29（7）：575-579.

［72］逯进，郭志仪．中国省域人口迁移与经济增长耦合关系的演进［J］.

人口研究，2014，38（6）：40-55.

[73] 陆军，汪文姝，宋吉涛．纽约、东京与伦敦的人口规模演变［J］．城市问题，2010（9）：84-90.

[74] 陆汝成，黄贤金，左天惠，等．基于 CLUE-S 和 Markov 复合模型的土地利用情景模拟研究——以江苏省环太湖地区为例［J］．地理科学，2009，29（4）：577-581.

[75] 罗迎新．梅州市县域经济发展水平空间差异与开发［J］．经济地理，2006，26（1）：32-36.

[76] 马晓冬，马荣华，徐建刚．基于 ESDA-GIS 的城镇群体空间结构［J］．地理学报，2004，59（6）：1048-1057.

[77] 马晓冬，马荣华，蒲英霞．苏州地区城市化空间格局及演化分析［J］．城市问题，2007（9）：19-24.

[78] 马晓冬，沈正平．江苏省城市化的空间格局及其演化［J］．经济地理，2007，27（5）：783-795.

[79] 米红，徐益能．深圳人口结构与产业结构的关联模式研究［J］．特区经济，2006（10）：58-59.

[80] 欧向军，甄峰，秦永东，等．区域城市化水平综合测度及其理想动力分析——以江苏省为例［J］．地理研究，2008，27（5）：993-1002.

[81] 欧阳金琼，朱晓玲，王雅鹏．城镇化影响城乡收入差距的时空差异分析［J］．统计与决策，2015（4）：108-111.

[82] 庞瑞秋，腾飞，魏冶．基于地理加权回归的吉林省人口城镇化动力机制分析［J］．地理科学，2014，34（10）：1210-1217.

[83] 彭希哲．把握机遇收获“人口红利”［J］．人民论坛，2006（8）：18-19.

[84] 彭秀健．中国人口老龄化的宏观经济后果——应用一般均衡分析［J］．人口研究，2006（4）：14-24.

[85] 蒲英霞，马荣华，葛莹，等．基于空间马尔可夫链的江苏区域趋同时空演变［J］．地理学报，2005，60（5）：817-826.

［86］覃一冬．我国城市人口规模分布演化影响因素研究［J］．人口与经济，2012（4）：21-26.

［87］秦振霞，李含琳，苏朝阳．河南省 1987~2006 年人口重心与经济重心的空间演变及对比分析［J］．农业现代化研究，2009，30（1）：16-19.

［88］任永泰，马文昊，邢金阁．人口结构与区域经济社会发展的耦合分析——以黑龙江省为例［J］．中国农学通报，2015，31（20）：278-283.

［89］任远．人口城市化与破解城乡二元结构［J］．探索与争鸣，2004（3）：24-25.

［90］沈续雷，王桂新，孔超．中国人口分布与经济发展空间不均衡性对比研究［J］．人口与发展，2009，15（6）：69-73.

［91］宋健．结构问题是 21 世纪中国人口的核心问题［J］．市场与人口分析，2002，8（1）：26-30.

［92］宋仁登．城市化进程中的村民市民化问题研究［D］．中国海洋大学博士学位论文，2012.

［93］沙吉才．中国城市老年人口文化和经济的相关分析［J］．中国人口科学，1989（5）：1-5.

［94］珊丹．深圳市人口结构分析与经济发展［J］．西北人口，2002（4）：10-12.

［95］尚正永，张小林，卢晓旭，等．安徽省区域城市化格局时空演变研究［J］．经济地理，2011，31（4）：584-590.

［96］沈续雷，王桂新，孔超．中国人口分布与经济发展空间不均衡性对比研究［J］．人口与发展，2009，15（6）：69-73.

［97］盛光耀．我国三大城市密集区人口结构演化［J］．城市问题，2006（5）：1-6.

［98］盛骤，谢式千，潘承毅．概率论与数理统计（第二版）［M］．北京：高等教育出版社，1989.

［99］帅友良．中国人口城市化对城镇住宅市场需求的影响［J］．统计研究，2005（9）：75-79.

[100] 苏雪串．产业结构升级与城市化［J］．财经科学，2002（S1）：182-184.

[101] 覃成林，唐永．河南区域经济增长俱乐部趋同研究［J］．地理研究，2007，26（3）：548-556.

[102] 滕菲，中国人口老龄化背景下的产业结构调整［D］．吉林大学硕士学位论文，2011.

[103] 涂建军，周艳．主体功能区人口—经济耦合协调关系研究——以四川省重点开发区为例［J］．西南大学学报（自然科学版），2013，35（4）：118-124.

[104] 汪发元，邓娜．城镇化与第三产业发展水平动态互动分析［J］．统计与决策，2015（4）：112-115.

[105] 汪伟．经济增长、人口结构变化与中国高储蓄［J］．经济学，2009，9（1）：29-52.

[106] 王德，朱玮，叶晖．1985~2000 年我国人口迁移对区域经济差异的均衡作用研究［J］．人口与经济，2003（6）：1-9.

[107] 王桂新．中国人口迁移与区域经济发展关系之分析［J］．人口研究，1996，20（6）：9-16.

[108] 王桂新．中国区域经济发展水平及差异与人口迁移关系之研究［J］．人口与经济，1997（1）：50-56.

[109] 王桂新，魏星，刘建波，张伊娜．中国长江三角洲地区城市化与城市群发展特征研究［J］．中国人口科学，2005（2）：42-50.

[110] 王桂新．我国大城市病及大城市人口规模控制的治本之道——兼谈北京市的人口规模控制［J］．探索与争鸣，2011（7）：50-53.

[111] 王宏卫，刘勤，柴春梅，等．新疆渭干河库车河绿洲人口、经济、环境耦合协调发展研究［J］．生态经济，2015，31（3）：78-83.

[112] 王广州．北京市生育政策调整对出生人口规模的影响［J］．北京社会科学，2011（3）：44-52.

[113] 王红蕾，陈吉磊．江苏人口职业结构变迁与影响因素分析［J］．西

北人口，2010（5）：45-49.

［114］王化波．西部大开发中的人口产业结构问题研究［J］．吉林大学社会科学学报，2001（1）：49-54.

［115］王庆丰．中国产业结构与就业结构协调发展研究［D］．南京航空航天大学博士学位论文，2010.

［116］王青，叶衣广．我国区域城镇化发展差异及其分解［J］．城市问题，2008（4）：15-17.

［117］王瑞鹏，冯晓华．基于VAR模型的新疆城市化动力机制研究［J］．企业经济，2013（2）：149-153.

［118］王维国，徐勇，李秋影．我国人口年龄结构变动对经济发展影响的定量分析［J］．市场与人口分析，2004，10（6）：1-8.

［119］王霞．人口年龄结构、经济增长与中国居民储蓄消费［J］．浙江社会科学，2011（10）：20-24.

［120］王秀兰，包玉海．土地利用动态变化研究方法［J］．地理科学进展，1999，18（1）：81-87.

［121］王学萌．中国人口结构的灰色动态预测［J］．中国管理科学，2004（10）：722-725.

［122］王颖，佟健，蒋正华．人口红利、经济增长与人口政策［J］．人口研究，2010（5）：28-34.

［123］王颖，黄进，赵娟莹．多目标决策视角下中国适度人口规模预测［J］．人口学刊，2011（4）：21-29.

［124］王振，周海旺，陈国政，高慧．上海市人口规模和结构调控形势与对策研究［J］．社会科学，2014（2）：56-65.

［125］吴连霞，赵媛，马定国，管卫华．江西省人口与经济发展时空耦合研究［J］．地理科学，2015，35（6）：742-747.

［126］吴连霞，赵媛，管卫华．江苏省人口城乡结构差异的多尺度研究［J］．长江流域资源与环境，2016，25（1）：25-38.

［127］吴连霞，赵媛，管卫华．江苏省人口-经济耦合与经济发展阶段关

联分析［J］. 地域研究与开发，2016，35（1）：57-63.

［128］徐建华，岳文泽．近20年来中国人口重心与经济重心的演变及其对比分析［J］. 地理科学，2001，21（5）：385-389.

［129］徐艳艳，于洋．甘肃省人口与社会经济重心的动态演变及其对比分析［J］. 中国林业经济，2009，33（2）：249-252.

［130］许屹．我国女性人口的文化素质及其影响［J］. 科学决策，1995（3）：40-42.

［131］许月卿，李双成．我国人口与社会经济重心的动态演变［J］. 人文地理，2005，20（1）：117-120.

［132］薛凤旋，杨春．外资：发展中国家城市化的新动力——珠江三角洲个案研究［J］. 地理学报，1997，52（3）：193-205.

［133］颜俊，毛广雄．俄罗斯人口结构研究［J］. 世界地理研究，2009，18（3）：119-127.

［134］严利军，王华东．可持续发展评价指标体系建立原理与方法研究［J］. 环境科学学报，1998，18（5）：526-532.

［135］严小兵．中国省域犯罪率影响因素的空间非平稳性分析［J］. 地理科学进展，2013，32（7）：1159-1166.

［136］杨舸．日、韩、印人口结构变动趋势及给中国的启示［J］. 北京社会科学，2013（4）：147-153.

［137］杨江权．现阶段我国人口结构问题分析及对策研究［D］. 吉林大学博士学位论文，2013.

［138］杨竞．“单独二孩”政策对陕西人口结构的影响［J］. 中国统计，2014（7）：12-13.

［139］阳立高，廖进中．城市化拉动中国经济增长实证研究［J］. 经济问题，2009（1）：35-37.

［140］杨洋．山西省人口构成现状及预测研究［D］. 山西医科大学硕士学位论文，2011.

［141］杨勇，杨忍．河南省人口城镇化特征及影响因素的空间异质性

[J]. 地理与地理信息科学，2014，30（5）：60-65.

[142] 叶信岳，李晶晶，程叶青. 浙江省经济差异时空动态的多尺度与多机制分析 [J]. 地理科学进展，2014，9（33）：1177-1186.

[143] 衣保中，张凤龙. 吉林省人口老龄化的特点及其对策 [J]. 人口学刊，2008（6）：37-39.

[144] 于潇，崔仟. 长吉图开发开放先导区人口与经济协调发展研究 [J]. 人口学刊，2011（5）：25-31.

[145] 于学军. 中国人口转变与“战略机遇期” [J]. 中国人口科学，2003（1）：9-14.

[146] 袁俊，吴殿廷，吴铮争. 中国农村人口老龄化的空间差异及其影响因素分析 [J]. 中国人口科学，2007（3）：41-47.

[147] 曾芬钰. 论城市化与产业结构的互动关系 [J]. 经济纵横，2002（10）：19-22.

[148] 张景华. 城市化驱动经济增长的机制与实证分析 [J]. 财经科学，2007（5）：47-54.

[149] 张开洲，陈楠. 1990~2010 年福建省县域人口老龄化时空演变特征及其驱动机制 [J]. 地理科学进展，2014，33（5）：605-614.

[150] 张旭，朱欣焰，鲍曙明. 中国人口生育率的时空演变与空间差异研究 [J]. 武汉大学学报（信息科学版），2012，37（5）：516-519.

[151] 张耀军，任正委. 基于地理加权回归的山区人口分布影响因素实证研究——以贵州省毕节地区为例 [J]. 人口研究，2012，36（4）：53-63.

[152] 张莹瑞，佐斌. 社会认同理论及其发展 [J]. 心理科学进展，2006，14（3）：475-480.

[153] 张泽厚，陈玉光. 试论我国人口结构与国民经济发展的关系 [J]. 中国社会科学，1981（4）：29-46.

[154] 赵晶晶. 中国人口流动与农村产业结构互动关系研究 [D]. 陕西师范大学硕士学位论文，2011.

[155] 赵文哲，董丽霞. 人口结构、储蓄与经济增长——基于跨国面板向

量自回归方法的研究 [J]. 国际金融研究，2013 (9)：29-42.

[156] 赵新平，周一星．改革以来中国城市化道路及城市化理论研究述评 [J]. 中国社会科学，2002 (2)：132-138.

[157] 赵岳．论我国人口文化素质对经济可持续发展的影响 [D]. 河北大学硕士学位论文，2007.

[158] 郑娜．我国人口结构对经济增长影响的动态计量分析 [J]. 现代经济，2008 (7)：21-22.

[159] 郑卫，丁康乐．中国人口城市化与非农化关系的再思考 [J]. 社会科学辑刊，2003 (6)：178-180.

[160] 钟水映，李魁．人口红利、空间外溢与省域经济增长 [J]. 管理世界，2010 (4)：14-23.

[161] 钟业喜，陆玉麒．鄱阳湖生态经济区人口与经济空间耦合研究 [J]. 经济地理，2011，31 (2)：195-200.

[162] 朱江丽．城市人口规模增长机理：出口开放视角——基于长三角城市的面板分析 [J]. 财经科学，2013 (9)：83-91.

[163] 朱孟楠，尤海波，李威．建国以来人口结构变迁与经济增长关系研究 [J]. 生产力研究，2013 (4)：8-12.

[164] 朱勤．城镇化对中国城乡人口老龄化影响的量化分析 [J]. 中国人口科学，2014 (4)：24-126.

[165] David E. Bloom, Divid Canning, Jaypee Sevilla. The demographic dividend: a new perspective on the economic consequences of population change [M]. Virginia, United States: Rand, 2002.

[166] Fotheringham A S, Brunsdon C, Charlton M. Geographically Weighted Regression: the analysis of spatially varying relationships [M]. Chichester. Wiley, 2002.

[167] Sauvy, Alfred. General Theory of Population [M]. Weidenfld Nicolson Ltd, 1969.

[168] Akita T. Decomposing Regional Income Inequality in China and Indone-

sia Using Two-Stage Nested Theil Decomposition Method [J]. Annals of Regional Science, 2003: 37-77.

[169] Andersson B. Scandinavian evidence on growth and age structure [J]. Regional Studies, 2001, 35 (5): 377-390.

[170] Andrew, Mark, Meen, Geoffrey. Population Structure and location choice: A study of London and south East England [J]. Papers in Regional Science, 2006, 85 (3): 401-419.

[171] Anselin L. Local indicators of spatial association: LISA [J]. Geographical Analysis, 1995 (27): 93-115.

[172] Anselin L. Interactive techniques and exploratory spatial data analysis. Longley P A, Goodchild M F, Maguire D J, et al (eds). Geographical Information Systems, Principles, Technical Issues, Management Issues and Applications [M]. New York: John Wiley & Sons, Inc, 1999: 253-266.

[173] Balnchet, Didier. On Interpreting Observed Relationships Between Population Growth and Economic Growth: A Graphical Exposition [J]. Population and Development Review, 1991, 17 (1): 105-114.

[174] Bloom D E, Williamson J G. Demographic Transitions and Economic Miracles in Emerging Asia [J]. World Bank Economic Review, 1998, 12 (3): 419-456.

[175] Bloom D E, Finlay J E. Demographic change and economic growth in Asia [J]. Asian Economic Policy Review, 2009, 4 (1): 45-64.

[176] Bloom D E, Canning D, Fink G. Implications of population ageing for economic growth [J]. Oxford Review of Economic Policy, 2010, 26 (4): 583-612.

[177] Bruckner M. Size of the Agricultural Sector, and Urbanization in Africa [J]. Journal of Urban Economics, 2012, 71 (1): 26-36.

[178] Chang G H, Brada J C. The paradox of China's growing under-urbanization [J]. Economic Systems, 2006 (30): 24-40.

[179] Clement F, Orange D, Williams M, et al. Drivers of afforestation in

Northern Vietnam: assessing local variations using geographically weighted regression [J]. Applied Geography, 2009, 29 (4): 561-576.

[180] Croix, Lindh and Malmberg. Demographic change and economic growth in Sweden: 1750-2050 [J]. Journal of Macroeconomics, 2009 (31): 132-148.

[181] Daniels P W, O'Connor K and Huton T A. The Planning Response to Urban Service Sector Growth: An International Comparison [J]. Growth and Change, 1991 (4): 3-26.

[182] Fougere M, Mdrette M. Population aging and economic growth in seven OECD countries [J]. Economic Modelling, 1999, 16 (3): 411-427.

[183] Getis A, Ord J K. The analysis of spatial association by the use of distance statistics [J]. Geographical Analysis, 1992 (24): 189-206.

[184] Gong J. Clarifying the standard deviational ellipse [J]. Geographical Analysis, 2002 (34): 155-167.

[185] Guan D-j, Gao W-j, Wateri K, et al. Land use change of Kitakyushu based on landscape ecology and Markov model [J]. Journal of Geographical Sciences, 2008, 18 (4): 455-468.

[186] Hondroyiannis Q Papapetrou E. Demographic changes, labor effort and economic growth: empirical evidence from Greece [J]. Journal of Policy Modeling, 2001, 23 (2): 169-188.

[187] Huang J C, Fang C L. Analysis of coupling mechanism and rules between urbanization and eco-environment [J]. Geographical Research, 2003 (2): 211-220.

[188] Jager, Peter, Sagitor, Serik. The growth of general population-size-dependent branching processes year by year [J]. Joural of Applied Probability, 2000, 37 (1): 14.

[189] Poot J. Demographic change and regional competitiveness: The effects of immigration and ageing [J]. International Journal of Foresight and Innovation Policy, 2008, 4 (1): 129-145.

[190] Kelley A C, Schmidt R. Aggregate Population and Economic Growth Correlation: The Role of the Components of Demographic Change [J]. Demography, 1995 (32): 543-555.

[191] Lee, Sang-Hyop, Mason, Andrew. Who gains from the demographic dividend? Forecasting income by age [J]. International Journal of Forecasting, 2007, 23 (4): 603-619.

[192] Lindh T, Malmberg B. Age structure effects and growth in the OECD, 1950-1990 [J]. Journal of population Economics, 1999, 12 (3): 431 -449.

[193] Malmberg B. Age structure effects on economic growth—Swedish evidence [J]. Scandinavian Economic History Review, 1994, 42 (3); 279-295.

[194] Mason Andrew, Ronald Lee. Reform and Support Systems for the Elderly in Developing Countries: Capturing the Second Demographic Dividend [R]. China Centre for Economic Research, Beijing: Peking University, 2004.

[195] Messina J. Institutions and service employment panel study for OECD countries [Z]. European Central Bank Working Paper Series, 2004 (3): 320.

[196] Peng X. Demographic shift, population ageing and economic growth in China: A computable general equilibrium analysis [J]. Pacific Economic Review, 2008, 13 (5): 680-697.

[197] Prettner K. Population aging and endogenous economic growth [J]. Journal of Population Economics, 2013, 26 (2): 811-834.

[198] Terrasi M. Convergence and Divergence across Italian Regions [J]. Annals of Regional Science, 1999 (33): 491-510.

[199] Wang Feng, Andrew Mason. Demographic Dividend and Prospects for Economic Development in China [C]. United Nations Expert Group Meeting on Social and Economic Implications of Changing Population Age Structure [C]. Mexico City, 2005 (2).

[200] Wei and Hao. Demographic structure and economic growth: evidence from China [J]. Journal of comparative economics, 2010 (38): 472-491.

[201] Wong S W D . Several fundamentals in implementing spatial statistics in GIS: Using centrographic measures as examples [J]. Geographic Information Sciences, 1999 (2): 163-173.

[202] Wu Q, Wang R-S, Li H-Q, et al. Statistiacl properties of Markov chain in land use and landscape study [J]. Chinese Journal of Applied Ecology, 2006, 17 (3): 434-437.

[203] Yang Q, Zhang B. Research on the "Two-oriented" social composite index and coordination development index [C]. 2010 the 2nd IEEE International Conference on Information Management and Engineering (IEEE ICIME 2010). IEEE PRESS, 2010: 476-481.

[204] Yoshima Araki. Socioeconomic factors and dental caries in developing countries [J]. Soc. Sci. Med, 1997, 44 (2): 267-272.

后　记

天道酬勤，勤能补拙，在经历无数个夜不能寐的深夜，在本人的博士生导师赵媛教授、博士后合作导师吴开亚教授等的指导与启发下，终于完成这本书的写作。幸得众多关心和支持，在此谨向所有支持、鼓励、帮助和关心过本人的师长、同学、朋友及家人表示最衷心的感谢，大家给予的无私帮助，本人将终生铭记于心。

本书从选题、框架、构思、撰写到反复修改的整个过程中，凝聚着赵媛教授和吴开亚教授全部的心血和汗水，倾注着恩师的谆谆教导、关键启发和不断督促。感谢恩师孜孜不倦的教诲，本书才能顺利完成。感谢复旦大学彭希哲教授，南京师范大学张小林教授、陆玉麒教授、黄震方教授，江西师范大学马定国教授、钟业喜教授，华东师范大学丁金宏教授、顾高翔讲师，中央财经大学戴骏骋副教授等在学术研究前沿、概念界定、数据资料搜集等方面提供的帮助。

感谢家人。感谢父母的养育之恩，感谢他们在生活上的嘘寒问暖，他们是本人的坚强后盾。

完成本书，只是本人从事人口与经济可持续发展研究新的开始，未来的科研之路还很长，机遇与挑战并存，唯有创新与合作，不断努力，方能在人口与经济发展研究中获得新的突破。本人将不断完善自我，踏踏实实做学术，用自己的努力回报所有给予本人关心和帮助的人。

革命尚未成功，同志仍须努力，谨以此与大家共勉。